网络与新媒体
概论

郭 栋◎编著

WANGLUO YU
XINMEITI
GAILUN

陕西师范大学出版总社

图书代号：JC18N1631

图书在版编目（CIP）数据

网络与新媒体概论／郭栋编著．—西安：陕西师范
大学出版总社有限公司，2018.12（2019.7 重印）
ISBN 978－7－5695－0285－5

Ⅰ．①网… Ⅱ．①郭… Ⅲ．①计算机网络—传播媒介—
教材 Ⅳ．①G206.2

中国版本图书馆 CIP 数据核字（2018）第 240074 号

网络与新媒体概论

郭 栋 编著

责任编辑 /	张建明 宋英杰
责任校对 /	刘 荣
封面设计 /	鼎新设计
出版发行 /	陕西师范大学出版总社
	（西安市长安南路 199 号 邮编710062）
网 址 /	http：//www．snupg．com
经 销 /	新华书店
印 刷 /	西安市建明工贸有限责任公司
开 本 /	787mm×960mm 1/16
印 张 /	19.75
字 数 /	334 千
版 次 /	2018 年 12 月第 1 版
印 次 /	2019 年 7 月第 2 次印刷
书 号 /	ISBN 978－7－5695－0285－5
定 价 /	45.00 元

读者购书、书店添货或发现印装质量问题，请与本社营销部联系调换。
电话：（029）85307864 85303622（传真）

目　　录

第一章 绪 论

施拉姆有个著名的"最后7分钟"观点认为，如果把人类历史的100万年假设为一天，那么这一天中，人类文明的进展如下：

晚9点33分（10万年前），出现了原始语言；晚11点（4万年前），出现了正式语言；晚11点53分（3500年前），出现了文字；午夜前46秒（1450年），古登堡发明了近代印刷术；午夜前5秒（1926年），电视首次公开展出；午夜前3秒，电子计算机（1946年）、晶体管（1947年）、人造卫星（1957年）问世。

施拉姆认为："在人类传播史上几乎全部是空白，一切重大的发展都集中在这一天的最后7分钟。"①

在人类历史发展的历程中，出现过五次传播革命，当下互联网媒介的迅猛发展即属于第五次传播革命的范畴：国家对信息的垄断被打破，社会权力被重构，社会、个人与国家的博弈能力大幅提升，形成了全新的传播生态和政治生态，人类从数字化生存向网络化生存转变，媒体组织结构和生产方式正在分子化，传播权力回到公民手上，出现了新一轮的技术革命，这一切发生在施拉姆七分钟理论中的最后三秒钟。

技术指运用科学知识，以一种可以复制的方式，来详述做事情的方法，信息技术包括微电子、电脑（硬件和软件）、电信、广播以及光电汇合而成的整套技术。当前的技术革命指互联网技术贯穿了人类活动的所有

---

① 西门柳上、马国良、刘青华：《正在爆发的互联网革命》，机械工业出版社，2010，第3页。

场域，不是一种外来冲击，而是涉及了所有活动的方方面面。与其他革命不同的是，现在所经历革命的变迁核心，是信息处理与沟通的技术。当前技术革命的特征，是如何将这些知识与信息应用在知识生产和信息处理与沟通的设施上。①

第一节　人类交往中的五种媒介

文字突破了时空的限制，能保证信息不被扭曲、变形、重组、丢失。结绳记事时代的结束标志着人类社会由野蛮时代迈向文明时代。"语言是文化的集体面具。诗人首先关注的，是它疏导感知的资源和力量。有了语言，诗人就带上了集体的面具。他就像操纵木偶那样地使用语言。"②

一、语言媒介

第一次影响力较大的传播媒介是文字。由于语言转瞬即逝，因而具有很强的地域色彩。世界上不同国家或地区的语言不同，形成了不同的地域习惯和文化传统。语言传播和巴比塔的传说密切关联：古时候，天下都说一种语言，挪亚方舟建好后，人们在迁徙时，来到一个叫是那的地方，计划修建一座高耸入云、直达天庭的塔，以显示人类团结的智慧与力量。塔很快就破土开工，且越建越高。为了惩罚世人的骄傲，人们的情感交流被上天扰乱，出现障碍，误解、猜测不断产生，因此无法继续合作，建造通天塔的工程也就此荒废，后人把这个故事中的塔称为"巴比塔"，"巴比塔"造成不同民族、不同国家交往的障碍。但这种障碍被人类发明的媒介一次次突破，今天的互联网把全球密切地联系在一起。③

---

① ［美］曼纽尔·卡斯特：《网络社会的崛起》，夏铸九等译，社会科学文献出版社，2001，第34—36页。

② ［加］埃立克安·麦克卢汉、［加］弗兰克·秦格龙：《麦克卢汉精粹》，何道宽译，南京大学出版社，2000，第425页。

③ 张冠文：《互联网交往形态的演化——媒介环境学的技术文化史视角》，博士学位论文，山东大学历史文化学院，2013，第36页。

二、文字媒介

从语言到文字发明的发展道路并不是一条直线。在论述文字发明的著作中，比较流行的观点是：在语言和文字之间经历了其他原始记事方法、图画记事以及文字。大概可以用如下公式：个人记号——帮助记忆的表意符号——图画文字、象形文字。施拉姆说："文字的发明在当时也许被认为是理所当然的事，但回想起来则似乎是历史上震撼地球的大事之一。这一发明使得有可能携带信息越过地球的曲线，带到比讲话的人的声音能传到的或烽火信号或旗帜或标识能被看到的或鼓声能被听到的更远的地方。"① 对于信息传播而言，文字的出现是一个里程碑式事件，信息借此得以保存，在传播的过程中不会失真，传播的距离和范围大为延展。但在前现代社会，文字传播的劣势也很明显，受制于大众的教育水平，文字传播的范围小，成本也高。

三、印刷媒介

中国人在公元 704—751 年间发明了印刷术，第一本印制的图书《金刚经》出现于 868 年。1401—1408 年间，毕昇发明了活字印刷，但是技术推广缓慢，和汉字的复杂性有关。德国铁匠古登堡出生于德国莱茵河畔，1440 年前后，经过几年的秘密实验，古登堡掌握了系统性复制长篇文字所需的所有元素。第一个元素是活字：用金属铸造而成的字母排列出单字、字行，进而是整篇书页。第二个元素是油墨，这种油墨比墨水粘，能牢牢粘在铅字上。第三个元素使古登堡的发明千古留名，为了把沾满油墨的铅字平均压在纸上，古登堡对螺旋压床改造。一旦排好一页纸的字，古登堡的机器一天就能复制出好几百页，比手工抄录快 100 倍。三个人使用一部印刷机工作三个月，可以印出 300 册书，这么多书要是用手工抄录，需要三个抄写人一辈子的时间。古登堡印刷机印出的第一部著作是拉丁文版本的《圣经》，共印了 180 册，在 1455 年出版前就被订购一空。虽然印刷机是古登堡发明的，但是成功把它用于商业生产的，是他的同事。印刷术的

---

① ［美］威尔伯·施拉姆、［美］威廉·波特：《传播学概论》陈亮、周立方、李启译，新华出版社，1984，第 14 页。

传播和宗教争端导致许多懂印刷术的人逃亡到外地。到了1471年，欧洲的大城市都建立了印刷厂。印刷机的数量迅速增加，到1500年，大约1000架印刷机在欧洲的250个大小城镇轰鸣，总共印出大约1000万册图书。①

古登堡发明铅活字和手压印制设备的重大意义在于它首先在欧洲运用和推广了印刷术，使信息的机械化生产和文字信息的批量复制成为可能，促进了书籍的廉价化，为近代报刊的诞生奠定了基础，使历史从中世纪发展到近代。这期间，能够阅读的大众日益增多，导致思想的广泛传播，推动了哲学与科技的变革，产生新的政治、经济、社会和宗教制度。

印刷术使信息的传播速度加快，传播规模前所未有的扩大，中古社会中的知识垄断被打破，引发宗教革命和启蒙运动，宛如中世纪漫长黑夜里的一颗明星。印刷术还掀起大众传播时代来临的序幕，封建制度走向没落，资本主义作为一种新型的生产制度诞生。在印刷时代，国家容易形成政府舆论本位、对民众造成沉默的螺旋效应，而在网络时代，自由出版、匿名发表促使舆论本位分散而不定，社会对舆论的控制力与日俱增。②

四、电子媒介

电子技术最重要的贡献是使跨越时空的实时远距离交往成为现实。电子技术的出现，摆脱了印刷时代的物质束缚，带领人类社会进入电子时代。

1837年，美国人塞缪尔·莫尔斯发明了第一台电报机。

1844年，美国第一条电报线开通时，莫尔斯从华盛顿巴尔的摩发出了第一封电报，从此，人类的信息传播时间进入以"秒"为单位计量的时期。

1895年，在莫尔斯、贝尔、赫兹的三大发明的基础上，俄国人波波夫、意大利人马可尼先后成功完成了无线电的通讯试验，为广播电视的问

---

① ［英］汤姆·斯丹迪奇：《从莎草纸到互联网：社交媒体2000年》，林华译，中信出版社，2015，第75—77页。

② 杜逡飞：《最好的时代，最坏的时代（代译序）》，载［英］安德鲁·查德威克：《互联网政治学：国家、公民与新传播技术》，任孟山译，华夏出版社，2010年，序005页。

世奠定了基础。[①]

作为一种新型传播技术，电报最初供航海使用，是电子媒介的先驱，主要解决长距离即时点对点传播。其影响表现在，使大规模贸易、大兵团作战成为可能，引发政治、经济、军事各领域剧变。电报技术的出现给通讯社的建立和发展带来福音，成为现代通讯社发展的助推器。1850年，路透社在德国亚琛创办（次年迁往英国伦敦）。电报取代了信鸽，在德国与比利时之间传递信息，从此开启通讯社的辉煌时代。这是电报对传媒业最为直接的贡献。[②] 但是电报介入下的新闻报道不再情文并茂，倾向明显，而是以简单干脆的文体（即电报体）陈述事实，按重要性的大小顺序排列——所谓的倒金字塔体。好处是可以在任何报纸上刊载，无论其政治倾向如何。这种电报式的新体裁影响到了公共演说，简短的讲话开始流行。同时，电报加快了新闻传播的速度，了解外国新闻因此更加容易。速度就是一切；报纸把时间看得比什么都重要，因而牺牲了报道的深度，有人认为，这种对速度的痴迷不仅不可取，而且是危险的。[③] 20世纪30年代，电报的地位与今天的互联网相当，当时也有人认为电报会变革政治和商业的实践，引发一系列新的犯罪形式，海量的信息会让人们无所适从，等。

📇 知识链接：电报也有一定的生命周期

2004年荷兰的电报服务停止。

2006年1月27日起美国最大的电报公司西联电报公司（Western U-nion telegram）终止所有电报服务。

2008年5月1日泰国电报技术走入历史。

2013年7月14日印度国有电信有限公司终止电报业务。

2015年7月，整个上海仅剩1家营业厅可发电报，每月仅发10份电报。

---

① 张冠文：《互联网交往形态的演化——媒介环境学的技术文化史视角》，博士学位论文，山东大学历史文化学院，2013，第40—41页。

② 郑保卫、叶俊：《从印刷、电报到互联网——论马克思主义媒介技术观的历史演变》，《新闻大学》2016年第2期。

③ ［英］汤姆·斯丹迪奇：《从莎草纸到互联网：社交媒体2000年》，林华译，中信出版社，2015第，269—270页。

2015 年 3 月，西安钟楼、含光路等多个邮局已经取消电报业务。

电话、BP 机等是 20 世纪下半叶相继出现的电子传播媒介，20 世纪 90 年代购买 BP 机，一台普通的数字机 1 000 多元，随后逐渐出现大哥大、小灵通、手机等。最短命的传播媒介或许就是 BP 机，流行没几年就被移动电话取代。麦克卢汉说："在机械化时代，我们完成了身体在空间范围内的延伸。今天，在经过了一个世纪的电力技术发展之后，我们的中枢神经系统又得到了延伸，以至于能拥抱全球。"[①]

五、互联网媒介

如果古登堡和他的印刷术创造了一个银河系的信息量，那么互联网则创造了整个宇宙的信息量。"互联网是当地的、国家的、全球信息和传播技术以相对开放的标准和协议以及较低的进入门槛形成的一对一、一对多、多对多、多对一的网络之网络。"[②] 互联网在 20 世纪最后 30 年间的创造和发展是军事策略、大型科学组织、科技产业以及反传统文化的创新所衍生的独特混合体，开启了人类信息传播的第五次革命，使人类传播进入信息时代。20 世纪以来，从没有一项发明如此深刻改变人们的生活，计算机拥有海量的几乎没有限制的存储信息的能力，其发明是现代科技发展最大的推动力。

（一）网络

在新技术环境中，网络具有三个主要特征：灵活性、可扩展性和可存活性，这使得网络成为最有效的组织形式：[③]

1. 灵活性

网络能根据变化的环境进行重新配置，在改变组成部分的同时仍能坚持目标。它们徘徊于通信道上的阻塞点以便发现新的连接。

---

① ［加］马歇尔·麦克卢汉：《理解媒介：论人的延伸》，何道宽译，商务印书馆，2000，第 20 页。

② ［英］安德鲁·查德威克：《互联网政治学：国家、公民与新传播技术》，任孟山译，华夏出版社，2010，第 9 页。

③ ［美］曼纽尔·卡斯特：《网络社会：跨文化的视角》，周凯译，社会科学文献出版社，2009，第 6 页。

2. 可扩展性

网络能在没有中断的情况下扩大或缩小规模。

3. 可存活性

因为网络没有中心，且能在广泛的配置上操作，因此能抵抗来自节点和代码的攻击，因为网络中心的代码被包含在若干个节点中，这样就能再生指令，并发现执行指令的新路径。

（二）信息处理与移动技术①

技术专家共创造了四次信息处理的浪潮走向移动技术：大型电脑、小型电脑、台式电脑和互联网个人电脑，这些终端的更替对社会的影响一次比一次深刻。

1. 大型电脑

查尔斯·巴贝奇在19世纪发明了一台机械计算机，用来制作对数和三角的数学表，没有商务需求。在第二次世界大战期间，出现了对电脑的迫切的新需求，盟军需要迅速并精确地计算炮弹的弹道以射中目标，而由于公式复杂，一个数学很好的人也需要花费20多小时计算。因此，科学家研发出第一台现代计算机埃尼阿克（电子数字微积分计算机），只需要30秒便可完成上述计算。它没有对战争产生影响，却直接推动了大型电脑的开发。

此类计算机的重量超过30吨，而且占地面积超过167.2平方米，创建了前所未有的功业：发射卫星和登月；在商业活动中能自动化制表，消除重复计算和记错账的可能；简化了后勤物流；等。

2. 小型电脑

小型电脑有冰箱大小，价格也比大型电脑便宜。1965年，美国数字设备公司制造出PDP-8，取得第一次商业上的成功，在当时，买一台大型电脑的钱可以买5台小型电脑，之后，小型电脑的价格不断降低。价格优势和小巧使得很多在大型电脑上无法实现的应用程序成为可能。小型电脑的问世引发电脑新应用的井喷：

工厂应用小型电脑在各处操作设备。在普利策获奖作品特雷西·基德

---

① ［美］迈克尔·塞勒：《移动浪潮：移动智能如何改变世界》，邹涛译，中信出版社，2013，第23—36页。

尔 2000 年所著《新机器的灵魂》(*the soul of a new machine*) 一书中, 小型电脑市场的风起云涌被展现得淋漓尽致。

3. 台式电脑

1975 年,《大众电子学》杂志的封面文章介绍了第一台台式电脑"牛郎星", 震惊世界。它是一个自主组装装备, 可以放在家里, 也可以放在办公桌上。1980 年, 台式电脑的销量为 50 万台, 是同年小型电脑销售量的 6 倍。它把计算机信息处理技术带入新的发展阶段, 书写、计算、存储、文件传递等工作皆能完成。台式电脑实现了办公自动化, 影响最大的是电子制表软件。

4. 互联网个人电脑

苹果公司于 1978 年创立, 在 1984 年推出 Macintosh 电脑和鼠标界面, 这彻底改写了电脑, 同时, 手机也发展迅猛, 而且, 手机看起来越来越不像手机, 而更像电脑。20 世纪 70 年代第一批蜂窝电话问世, 1973 年, 摩托罗拉研制出手机, 1979 年日本电信株式会社发布第一代蜂窝移动电话网络 (1G), 网络覆盖全东京 2 000 万用户, 并于 1984 年覆盖全日本。世界上第一部智能手机 IBM 的个人通信器"西蒙"在 1993 年投入生产, 被形容为"看起来和拿起来都像一块板砖", 第一部拍照智能手机诞生于 2002 年, 即索尼爱立信的 P800, 迅速流行。2007 年, GPS (全球定位系统) 出现, 诺基亚 N95 上市。还出现了桌面出版, 被称为真正意义上的印刷革命, 让每个人都可以控制排印, 让用户体验到从统一印刷到大规模定制印刷的变化。每个人都有一个印刷厂, 每个人都变成了印刷工。

(三) 网络社会

网络社会以扎根于信息技术中的权力为特征, 是一种全新的科技范式, 其特点是: 统治动态与反统治动态都依赖于网络的形成及进攻和防守的网络战略。网络社会是有选择的向全世界扩散。这个社会结构是全球性的, 传统社会都被形成生产、消费、通信以及权力的全球网络排除或包含的双重逻辑分割成很多片段。因此, 对于网络社会的理解和分析, 要基于以下两点: 首先, 它是自我重新配置网络的一个全球体系结构, 来自各个方面的力量不断进行编写和重新编写; 其次, 它是网络的各种布局和排列之间相互作用的结果, 包含的核心行为塑造了社会生活和工作。

在网络社会中, 有流动的空间和永恒的时间。流动的空间指在不接触的情况下，同时发生社会实践在技术和组织上的可能性。网络社会中的大多数支配性功能，都是围绕流动空间进行组织的。流动的空间由节点和网络组成，由电子推动通信网络连接的地方，通过这种方式，信息流才能流通和交互。流动的空间由三个元素结合而成：活动所处的位置、连接这些活动的物质通信网络、在功能和意义方面完成这些活动的信息流的内容和几何特性。网络社会中的时间关系是由信息和通信技术的使用来定义的，并不断否定序列来消磨时光。一方面，通过压缩时间来实现，另一方面，通过模糊社会实践的序列，以随机的顺序打乱过去、现在和未来，这促使事件同时发生，流动的空间消解了时间概念。网络社会建立在结构无常的事物上：存在取消了流变。①

（四）互联网技术的基本价值观

互联网世界中的价值观多元，传输控制协议/互联网协议（TCP/IP）支撑了互联网技术的基本价值观。首先，每个不同的网络必须代表自己，当它接入互联网时不应该被要求进行内容调整。其次，网络传输应该基于最小努力的基础上。如果数据包不能抵达最终目标，那么这个数据包应从其来源处迅速被再次传输。最后，以网关和路由器来连接网络。信息流动数据包通过网关时不应该有信息滞留，要使信息数据包简单化、避免复杂匹配，能够复原各种失败信息。这几项基本价值中包含了无限扩张理念、活力与灵活性特征、去中心化等观点。② 互联网对社会的影响深远，它重塑了世界，具体表现在：改变了全球经济的游戏规则；挑战了各国的治理和统治方式；此外，科技创新、知识经济、市场行为、个人生活方式、社会思潮以及民主法治等领域都发生改变。

第二节 网络权力

权力通俗的定义是把事情处理得当。社交网络权力有水平扩散的特

---

①　[美] 曼纽尔·卡斯特：《网络社会：跨文化的视角》，周凯译，社会科学文献出版社，2009，第40—42页。

②　[英] 安德鲁·查德威克：《互联网政治学：国家、公民与新传播技术》，任孟山译，华夏出版社，2010，第55页。

点，颠覆了文化精英主义。一般而言，权力分三类：应得权力、补偿权力、调控权力。应得权力是强迫执行的，包括身体攻击，军事入侵；补偿权力是以金钱报酬为基础的；调控权力是通过说服而赢得对方的服从（例如文化价值吸引力，是一国软实力的体现）。在网络社会中，权力得到重新定义，对其他人进行控制的能力依赖于两个基本机制：在分配给网络的目标方面，对网络进行编程/改编的能力；通过共享公共目标和增加资源的方式将不同的网络连接在一起以保证写作的能力。第一种权力的拥有者被称为"程序员"，第二种权力的拥有者被称为"交换机"。权力的形成过程须从两方面来考虑，一方面，掌握和/或行使权力；另一方面，反抗权，为在网络编程中被排除或者不具备代表性的兴趣、价值和规则进行反抗，通过它们的交互作用，这两个过程最终配置权力结构。权力拥有者说到底还是网络本身，它们是根据计划和兴趣组织起来人群。既不是单个的参与者，也不是抽象的、无意识的网络。①

社交网络权力还可界定成弥散性权力，即更倾向于水平式的，执行起来不具有那么多的强迫性。弥散性权力以一种更具有自发性，而非直接的命令同样产生体现权力关系的社会实践，具有普遍性、广泛性并得到协作执行，是一种符号权力。对国家而言，靠官僚机构控制网络社会行动愈发困难，这是因为在线社交网络超越了国家范围内的时间和空间逻辑，在线社交网络把权力分散给社会各界，使中央集权控制缺少强制性。

一、新传播革命的本质

丹尼尔·贝尔（Daniel Bell）的后工业"信息社会"概念、弗雷德·威廉姆（Fred William）的"传播革命"概念、卡斯特（Manuel Castells）的网络社会三部曲构成了信息时代社会影响广泛的理论研究。新传播革命的本质内涵是：互联网赋予公民传播权力，实现传播的权利向传播权力的转移。"在因特网和社会共同的演化过程中，我们生活中的政治范围已经被大大改变了。权力基本上围绕着文化代码和信息内容的生产和传播进行。"当今，当数十亿人平等地在这个网络社会中围绕着各种议题以

---

① ［美］曼纽尔·卡斯特：《网络社会：跨文化的视角》，周凯译，社会科学文献出版社，2009，第25—26、36—40页。

节点的方式运动时，第四种权力、第五种权力乃至第 N 种权力都会由此而生，使得网络本身具有了权力特征。①

二、新的传播权力

自互联网产生起，这种新技术改变的核心问题便是权力的转移。互联网用户通过自我赋权真正享受到言论自由，同时又通过多种渠道的公共空间，"自媒体"延伸了传播的"象征权力"。

（一）信源蜂窝式高速膨胀，知情权回归

网络媒体首先打破传统媒体对信源的垄断权。在前互联网时代，传统媒体有固定的信息源，个体要想发声，只能依赖大众媒体。互联网则赋予信源蜂窝式增长的可能，造成的一个结果是政府行为被全方位监督，同时，个人隐私极易暴露在公众的视野中。

（二）自媒体即时化传播，表达权回归

自媒体（We Media）又称"公民媒体"或"个人媒体"，指私人化、平民化、普泛化、自主化的传播媒介，以现代化、电子化的手段，向不特定的大多数或者特定的单个人传递规范性及非规范性信息的新媒体的总称。在自媒体时代，普通大众经由数字科技强化、与全球知识体系相连以后，一种开始理解普通大众如何提供与分享他们本身的事实与新闻途径出现了。自媒体最大特征是表达权的回归。

自媒体的作用体现在两方面：对名人而言是表达观点、传播信息的有效渠道；对普通人来说则是维权抗争、监督政府、观点交流的新形式。成就了公民"想说就说"的表达权，摆脱了传统媒体的报道框架，影响国家的政治参与结构。

（三）权利上升为权力，社会监管面临转型

未来社会，权力斗争集中于对获得与传播知识权力的控制，控制传播系统的斗争将成为一切斗争的核心。自上而下的全面国家信息监管迫切需要转型，这一点被中东、北非国家所发生的社会变革所验证。例如，2009年 6 月，伊朗大选。媒体称伊朗当时正经历两场革命，一场在街头，另一场在网络。大选期间，伊朗暂停用手机发送短信，要求境内网站和博客删

---

① 蔡之文：《网络传播革命：权力与规制》，上海人民出版社，2011，第 24 页。

除所有"制造紧张"的消息。Twitter、全球最大的视频网站 Youtube 和图片相册服务商 Flickr 等西方国家的媒介，成为伊朗网民彼此沟通并主动向外传递信息的重要载体。国家在信息权力上式微，拥有注意力资源的公民（新意见领袖）在信息权力上强势。

（四）无组织的组织力量在成长

随着新社交工具的普及性应用，社会层面的无组织的组织力量兴起。此种力量在传播中不仅成为一种超越组织的力量，而且在网络权力关系中形成一种新的权力形式，并对传统科层制的权力结构和制度提出针对性的挑战。这种无组织的组织力量正在被政府和组织重视利用，甚至被现实社会的权力制度用来嫁接和改良。[①]

（五）微力量进入权力视野

人和人通过有效地采用即时通信、微博客、维基百科等新的社会工具联合起来，使得微力量进入权力视野。微力量能进入权力视野，是知识创造的合作增值过程，是因为技术聚合，还是因为一种围绕着非政治因素的政治且只对公共事务的关注。[②]

三、互联网传播的基本特征

在媒介化社会，互联网传播的基本特征是：去中心化——再中心化。[③]互联网技术本质上是以个人为中心的传播技术，具有天然的反中心取向。"去中心化"指新媒体的多极性传播打破了传统媒体自上而下的单向传播，使传播参与者不再是被动的信息接收者和"听讲者"，他们都能够参与到传播的过程之中，建造个人传播平台，并自由地发言与传播信息，成为传播系统中"独特的我"。传播资源的泛社会化和传播权力的全民化，传播力量由国家转移到社会，对国家组织和治理能力提出严重挑战。再中心化则指网络信息离散后又重聚的特征。公民开始委托新人，通过意见领袖筛选信息，研判事实，进行新一轮的中心建构。互联网社会形成了新的权力中心，在这个中心出现一些前所未有的现象，比如，能获得足够信任的新

①　蔡之文：《网络传播革命：权力与规制》，上海人民出版社，2011，第29页。
②　蔡之文：《网络传播革命：权力与规制》，上海人民出版社，2011，第31～32页。
③　李良荣：《网络与新媒体概论》，高等教育出版社，2014，第5页。

行为个体被授权，新的解释框架替代个体独立思考。

互联网相当于人类在另一个空间的延伸和存在。纵观当今互联网，这一虚拟空间社会生活已逐步走向公共化并成为主流。具体表现为普通民众大规模介入公共信息传播，个人生活大规模浮现公共平台，公共领域的散点建构。① 总之，网络作为一个新的权力空间打破了现代社会的力量平衡结构，在这个社会空间发生的变化将直接影响人类社会结构的革命性变革，其直接作用是使战略地位和力量对比格局发生反传统变化，使团体和个人甚至弱小者也能取得战略优势或暂时的局部优势，强化了网络间的权力特征和权力关系。互联网技术权力是一种软权力，褪去了传统权力强大的威慑力，表现为一种诱导力和控制他人偏好的俘虏式能力，目的是取得垄断权。②

第三节　新技术的发展

新技术尤其像互联网这样的技术发展与很多因素有关，包括用户、互联网服务提供商、硬件生产商、搜索引擎公司、社交网络公司等。在发展过程中，会出现重新配置渠道的情形，即用户经常以技术研发者未曾设想的方式重新设计技术。从这个角度来说，技术的发展既适应于现存实践，也改变现存实践。③ 数字技术、计算机网络技术和移动通信技术是互联网与新媒体发展的三大关键支撑技术，新技术的发展趋势体现在数据化、移动化和信息化等方面。

一、数据化

数据化是互联网的关键技术也是新媒体的显著特征，当前数字技术走向大数据时代，基于现有数据进行预测成为大数据的核心所在。如谷歌搜索、脸书帖子和微博使得人们的行为和情节细化测量成为可能（见图1－

① 刘津：《博客传播》，清华大学出版社，2008，第86—89页。
② 蔡之文：《网络传播革命：权力与规制》，上海人民出版社，2011，第32、59页。
③ ［美］马克·格雷厄姆、威廉·H.达顿：《另一个地球：互联网＋社会》，胡泳等译，电子工业出版社，2015，第16—17页。

1)。数据量的发展也是十分惊人的。从人类文明出现到 2003 年，人类留下的所有信息可装满 100 万个 1 000G 的硬盘，但是仅相当于如今人类两天创造的数据量。2020 年，全球数据使用量预计增 44 倍，需 376 亿个 1 000G 硬盘。在网上花费 7 分钟就有 1 分钟在脸书上，把世界上所有人每个月花费在脸书上的时间加起来，有 60 万年。一家微博网站一天内发布的信息超过纽约时报工作 60 年，全球最大的视频网站一天上传的影像，可连续播放 98 年。①

图 1-1　一些公司能轻易知道用户秘密

　　关于大数据的详细内容见本书的第六章。和大数据有关的产业往往投资规模大，典型的案例如下：

案例 1：

　　美国加利福尼亚州发生罕见的雷雨天气，沃尔玛的工作人员发现，除了方便食品、手电筒、雨具、干燥剂等产品脱销外，啤酒的销量也明显增加了。沃尔玛的管理人员对此很不解，想探究啤酒销量增加的驱动因素。沃尔玛假设影响啤酒销量的因素有天气、消费者的消费习惯、消费者的消费心理等。数据分析师通过自己的数据仓库搜集了大量的二手数据，同时

---

① 　互联网时代主创团队：《互联网时代》，北京联合出版公司，2015，第 17、21 页。

也把最新的和研究相关的条码数据纳入一手数据分析。发现在购买啤酒的这些消费者中，有63%的人也购买了尿不湿纸片。这是一个很大的发现，接下来用预测模型进行仿真，发现男性消费者的购物清单上啤酒和尿不湿这个产品呈高度相关。因此，沃尔玛的管理层预测暴雨天气下，多是男性消费者前来购物，在为孩子购买尿不湿的同时，也给自己捎带点啤酒。在这样的认识下，沃尔玛的管理层认为，年轻爸爸去购买纸尿布时更倾向于购买啤酒。①

案例2：

"谷歌流感趋势"是谷歌公司多年前推出的一款预测流感的产品。该公司的工程师认为，搜索流感信息的人数与实际患病人数之间存在密切关联。通过汇总用户的相关搜索记录，"谷歌流感趋势"可以预测出世界上不同国家和地区的流感传播情况。2009年，甲型H1N1流感暴发的几周前，"谷歌流感趋势"成功预测了流感在美国境内的传播，其分析结果甚至具体到特定的地区和州，并且非常及时，令公共卫生官员倍感震惊。因为传统上，美国疾病控制中心要在流感暴发一两周之后才可以做到这些，"谷歌流感趋势"的社会意义不言而喻。②

案例3：

2012年2月16日《纽约时报》刊登了Charles Duhigg撰写的一篇题为《这些公司是如何知道您的秘密的》（How Companies Learn Your Secrets）的报道。文中介绍了这样一个故事。一天一位男性顾客怒气冲冲地来到一家折扣连锁店Target（中文常译作"塔吉特"，为仅次于沃尔玛的全美第二大零售商），向经理投诉，因为该店竟然给他还在读高中的女儿邮寄婴儿服装和孕妇服装的优惠券。但随后这位父亲与女儿进一步沟通发现自己女儿真的已经怀孕了。于是致电Target道歉说他误解商店了，女儿的预产期

---

① 王永周、邓燕：《基于大数据预测的消费者购买决策行为分析》，《商业经济研究》2016年23期。

② 蔡肖兵：《"谷歌流感趋势"不起作用了?》，《人民日报》2014年5月13日第21版。

是 8 月份。这里就需要用到"关联规则 + 预测推荐"等大数据挖掘技术。①

二、移动化：通信技术从 1G 到 5G

第五代移动通信是指第五代移动电话行动通信标准，也称第五代移动通信技术（缩写 5G）。"5G 网络下，手机上网速度将比 4G 快五十倍，通讯延迟将减少到十毫秒。另外，5G 网络也可以支持更多的上网和通信设备，尤其是支持各种内置上网装置的物联网和智能家居产品。"② 手机不断挤压其他个人上网设备的使用，以手机为中心的智能设备，成为"万物互联"的基础，构筑个性化、智能化应用场景。

三、信息技术的基地与新范式

（一）基地的都会特质

基地的都会特质指信息技术基地所具有的文化与商业优势，为新技术革命提供有利环境，该基地使知识和信息发挥核心效果。

（二）信息技术范式

信息技术范式概念有助于理解当前技术转型的本质，并掌握其与经济社会的互动。特征是③：

1. 信息是原料

当前的新技术是处理信息的技术，而不仅是处理技术的信息，后者是先前技术革命的状况。

2. 新技术效果无所不在

信息是人类活动的一部分，个人与集体存在的所有过程都直接受到新技术媒介的塑造。

3. 网络化逻辑

罗伯特·梅特卡夫提出一个公式 $V = n^{(n-1)}$，显示出网络价值随着网络

① 知乎：《思考大数据——预测女孩怀孕"大数据"智慧还是愚蠢》，访问日期：2018 年 7 月 27 日，https：//zhuanlan.zhihu.com/p/28208246。

② 腾讯科技：《美国 Verizon 宣布 5G 网络明年试用 2017 年商用》，访问日期：2018 年 7 月 27 日，http：//tech.qq.com/a/20150909/014320.htm。

③ ［美］曼纽尔·卡斯特：《网络社会的崛起》，夏铸九等译，社会科学文献出版社，2006，第 83—86 页。

里节点数目的乘方而增加，其中 n 代表网络中的节点数目。

4. 弹性，重新构造组织的能力

经过重新排列其组成，不仅所有的过程都可以逆转，组织和制度也可以修正，甚至是彻底改变。

5. 技术聚合能形成高度整合的系统

在此系统中，原本有所分别的旧技术轨迹，完全无法区别。在物质层面与方法层面，技术的聚合也逐渐扩展为生物革命和微电子革命之间的互相依赖。

本章小结

在人类历史发展的历程中，出现过数次传播革命，而当下的互联网媒介的迅猛发展属于最新的一次传播革命范畴。互联网对社会的影响深远，它重塑了世界，体现在改变了全球经济的游戏规则；挑战了各国的治理和统治方式；此外，科技创新、知识经济、市场行为、个人生活方式、社会思潮、民主法治等领域都发生改变。新传播革命的本质是互联网赋予公民传播权力，实现传播的权利向传播权力的转移。赋权是相对于"无权"提出的，无权即缺乏资源或能力，无权对于社会个体而言，是一种主观感受的无力感，通常让社会个体陷入缺乏自信、自我低估的消极个人价值观。在媒介化社会，互联网传播的基本特征是：去中心化——再中心化。

关键名词

万物互联；古登堡；第五媒体；象征权力；自媒体；新意见阶层；平台型媒体；网络围观

思考题

1. 为什么说自媒体延伸了传播的象征权力？
2. 为什么说互联网重塑了世界？
3. 新传播革命的本质是什么？
4. 网络的主要特征有哪些？
5. 新技术的发展趋势体现在哪些方面？

延伸阅读

①视频资料：胡占凡等：CCTV 大型纪录片《互联网时代》，http：// jingji. cntv. cn/special/internetage/01/。

②《互联网时代》主创团队：《互联网时代》，北京联合出版公司，2015。

③［美］保罗·莱文森：《新新媒介》，何通宽译，复旦大学出版社，2011。

第二章　互联网的发展进程

互联网的产生和冷战密切相关，关于该方面的媒体报道，最早可追溯到 20 世纪 50 年代，人类历史上首个卫星在苏联发射，名为史伯尼克卫星，重达 83 千克。1957 年 10 月 4 日，《纽约先驱报》对史伯尼克卫星进行了报道。这则报道引发了美国的警觉，互联网被研发出来，最早作为军事用途，冷战结束之后，互联网的商用取代军用，从而使人类的社会生活全方位地发生了深刻改变。

第一节　互联网的发展历史

16 世纪以来，人类经历了蒸汽机、电气、原子和计算机等数次科学和技术革命。技术革命每隔 40 年至 60 年爆发一次，每次技术革命的发展浪潮持续半个世纪左右，随着新技术的渗透和技术革命的扩散，技术革命可划分为两大时期，前二三十年称为"导入期"，后二三十年称作"展开期"。目前，第五次技术革命正如火如荼展开（约 1945—2020 年），如大数据、云计算、物联网、智能化制造和绿色能源等技术正在对世界经济产生影响，人类社会将进入互联网经济时代。

一、起源：军用计算机网络、阿帕网

1946 年，美国宾夕法尼亚大学埃克特等人成功研制了世界上第一台计算机"ENIAC"（电子数字积分计算机），标志着人类开始迈入数字时代，为各类媒介数字化及互联网的发展奠定了坚实的技术基础。随着数字技术

的发展，计算机软、硬件的不断更新，计算机的体积越来越小，造价越来越低，而功能却越来越多，操作也越来越方便。

1957年底，美国建立"国防高级研究计划署"，简称阿帕，地址位于五角大楼，花费约2亿美元。保罗·巴朗（Paul Baran）曾提出，核战争下的生存需要一个分布式网络。这一想法促使美国政府在1966年启动一个研究此类网络的项目，该项目由麻省理工学院的科学家劳伦斯·罗伯茨（Lawrence Roberts）领导进行。他曾经创建过一个最早的计算机对计算机的通信系统。1969年10月，阿帕网诞生，它有四个节点，其中三个在加利福尼亚州，加州大学洛杉矶分校的列奥纳德·克莱因洛克（Leonard Kleinrock）的实验室、斯坦福大学研究所的道格拉斯·恩格尔巴特主持的益智研究中心、加州大学圣芭芭拉（Santa Barbara）和犹他大学。每个节点被配备了一个接口信息处理器，各处理器通过软件推送出信息，在普通的电话线上进行通信。

20世纪40年代，英国是计算机发展较早的国家。20世纪60年代，日本经历世界上最壮观的经济繁荣。只有这两个国家可能同美国竞争。但其情况并不相同，英国计算机产业有着与美国的发展相匹敌的全球领先技术，而日本的计算机产业则在20世纪50年代需要从零开始。两国政府均制定了长期计划，在制造商之间安排了战略联盟。在英国，起领导作用的机构是国家研究开发公司（NRDC），而在日本则是通产省（MITT）。①

电子计算机延伸了人类的记忆。所谓记忆延伸，由万尼瓦尔·布什于1945年提出，认为中心是靠不住的，每个点都是重要的，同时每个点又是不重要的。扁平化结构变得越来越重要。现在的信息检索和网络建设即是人类记忆延伸最基本的表征。

二、发展阶段

（一）1970—1989年为爆发阶段

在此阶段互联网的雏形基本形成，联网的终端逐渐增多，此时的互联网是由政府部门投资建设的，它最初只限于研究部门、学校和政府部门使

---

① ［美］阿伦拉奥、皮埃罗、斯加鲁菲：《硅谷百年史：伟大的科技创新与创业历程：1900—2013》，闫景立、侯爱华译，人民邮电出版社，2014，第132—139页。

用。除了直接服务于研究部门和学校的应用之外，真正的商业应用不多，发展速度比较缓慢，对生活方方面面的影响有限。

1972 年，波士顿咨询公司下属的博尔特－贝拉尼克－纽曼公司的雷·汤姆林森发明了电子邮件，从此，计算机用户之间可以用它来收发信息。到 1973 年，阿帕网有 2 000 个用户，斯坦福大学的温顿·斯夫把它命名为"互联网"，访问量中的大约 75% 是电子邮件：互联网已成为电话和邮件通信的一种替代方式。互联网存在所谓的梅特卡夫定律："网络的价值随着其连接设备数量的增长呈指数级增长"，即网络的价值随着其连接的人的数量呈指数级增长。①

1981 年 8 月，IBM 推出了 PC 机，基本配置包括 16KB 的内存和一个磁带机。在不到三年的时间销售了 100 万台，其中大部分在美国。在此之前，还没有公司进入个人电脑市场。②

1982 年，电脑出现在《时代周刊》封面，这是封面首次由非人物获得，当年 Internet 初具规模，单独存在的计算机互相联系起来形成一个网络，对计算机的发展具有里程碑的意义。

1984 年 1 月，苹果公司推出麦金塔电脑，这是第一个使用图形用户界面的廉价电脑，开创了一个新时代，也开创了新的行业桌面出版。1985 年，苹果公司推出了 Laser Writer，是第一台带有软件的打印机，能轻松出版书籍，同时，绘图的应用软件也被推出，所有页面实际上都在打印机上生成，意味着激光打印机包含着一个更强大的处理器。1987 年，一个图像文件格式的国际标准 JPEG（联合图像专家组）诞生。③

（二）1990—2000 年为狂热阶段

该阶段的标志性事件是 1989 年分类互联网信息协议被提出，第一个检索互联网出现。1990 年 9 月，Merit、IBM 和 MCI 公司联合建立了一个非营利的组织——先进网络科学公司 ANS（Advanced Network & Science Inc.）。

---

① ［美］阿伦·拉奥、皮埃罗·斯加鲁菲：《硅谷百年史：伟大的科技创新与创业历程：1900—2013》，闫景立、侯爱华译，人民邮电出版社，2014，第 169—170 页。

② ［美］阿伦·拉奥、皮埃罗·斯加鲁菲：《硅谷百年史：伟大的科技创新与创业历程：1900—2013》，闫景立、侯爱华译，人民邮电出版社，2014，第 206 页。

③ ［美］阿伦拉奥、皮埃罗、斯加鲁菲：《硅谷百年史：伟大的科技创新与创业历程：1900—2013》，闫景立、侯爱华译，人民邮电出版社，2014，第 234、250 页。

ANS 的目的是建立一个全美范围的 T3 级主干网，能以 45 Mbps 的速率传送数据。到 1991 年底，NSFnet 的全部主干网都与 ANS 提供的 T3 级主干网相联通。此后，20 世纪 90 年代初商业网络开始发展，商业机构踏入 Internet 领域，很快发现其在通信、资料检索、客户服务等方面的巨大潜力。于是世界各地的企业纷纷涌入 Internet，带来互联网发展史上的第一次飞跃。

互联网从 20 世纪 90 年代开始走向民间，产生了惊人的发展速度。从 1993 年到 1997 年，用户已达到 5 000 万。

作为一种新媒体，要使其受众达到 5 000 万：

广播用了 38 年；

电视用了 13 年；

有线电视用了 10 年；

互联网用了 4 年；

微博仅用 14 个月；

微信则只需短短的 11 个月；

抖音成立 500 天，拥有 7 亿注册用户。

20 世纪互联网的演变过程可概括为：①

50 年代的电脑技术属于先知；

60 年代属于精英；

70 年代属于亚文化；

90 年代属于数量不断增长的社会公众；

21 世纪电脑属于人人，属于新的互联网文明的人人时代。任何时间、任何地点、任何人、任何物都能顺畅地通信。

1998 年 5 月，联合国秘书长安南在联合国新闻委员会上将互联网称为"第四媒体"。之后，移动互联网又获得了"第五媒体"的称号。网络媒介的权力属性在理念和实践层面都得到普遍认可。

（三）2003 年后，互联网发展进入"Web2.0 时代"

该阶段出现了技术、产品、业务、市场和组织等方面融合的趋势。互联网技术发展使计算处理、存储、带宽等设备的制造成本大幅下降，云计算、数据挖掘和分析成为可能，一些依靠大数据提供解决方案的新型服务

---

① 蔡之文：《网络传播革命：权力与规制》，上海人民出版社，2011 年，第 4 页。

开始出现。世界范围内的第五次技术革命正处于展开期的协同阶段，以信息技术、移动互联网、大数据、云计算、搜索引擎、社交网络、物联网等技术为主的第五次技术革命飞速发展，整个社会正处于"黄金时代"，享受技术革命带来的便利，信息经济在全球范围内迅速兴起。①

2010 年，美国新闻网站 Propublica 获得普利策奖，这是历史上首次由网络媒体获得的奖项。

知识链接：

软件工程师雷·汤姆林森，试图通过网络与朋友隔空聊天，于是，世界上第一封电子邮件诞生了；热恋中的皮埃尔·奥米迪亚为了帮助女友实现搜集天下糖果盒的愿望，于是世界上第一家拍卖网站——eBay 问世了；剑桥大学实验室的学生们，想要随时关注楼下咖啡壶里是否还有剩余的咖啡，于是，世界上第一个网络摄像头出现了。②

知识链接：互联网大事年表③

20 世纪 50 年代，国家用途计算机早期发展。

1967，L. G. Robert 在美国国防部先进研究项目局（DARPA）公布了阿帕网（ARPANET）计划。

1967，Englebert 申请鼠标专利。

1972，阿帕网首次与公众见面，电子邮件系统在阿帕网诞生。

1973，TCP/IP 协议被研发出来，阿帕网上建立第一个国际链接。

1976，伊丽莎白女王二世发送她的第一封电子邮件。

1981，美国国家科学基金会（NSF）建立了计算机科学网络（CSN），后来又建立了 NSFNET，扩展了阿帕网。

1982，互联网协议（TCP/IP）标准化。

---

① 欧阳日辉：《从"＋互联网"到"互联网＋"——技术革命如何孕育新型经济社会形态》，《人民论坛·学术前沿》2015 年第 10 期。

② 《互联网时代》主创团队：《互联网时代》，北京联合出版公司，2015，第 29 页。

③ ［美］马克·格雷厄姆、威廉·H·达顿：《另一个地球：互联网＋社会》，胡泳等译，电子工业出版社，2015，第 1 页。

1990，阿帕网退役。

1993，浏览器 Mosaic 诞生，后来商业化为网景浏览器。

1994，万维网联盟成立。

1995，互联网商业化来袭，NSFNET 退役，网景上市，亚马逊、eBay 诞生。

1998，全球第一亿名用户接入互联网，谷歌在斯坦福大学开展研究项目。

2000，维基百科诞生。

2001，中文搜索引擎百度诞生；伯纳斯·李等人呼吁建立语言网。

2004，社交网站 Facebook 诞生、网络语音、通信工具和照片分享网站兴起。

2005，全球第 10 亿名用户接入互联网。

2006，推特诞生。

2007，中国成为全球互联网用户数量最多的国家；移动应用 APP 蓬勃发展。

2011，人脸识别和语音搜索功能商业化。

2012，互联网电视 IP 化时代来临。

三、中国互联网的发展①

中国互联网的发展阶段大致可分为：引入期（学术牵引期）、商业价值发展期和社会价值凸显期三个阶段：

（一）第一阶段：引入期（1980—1994）

引入期指互联网作为舶来品从美国引入中国的过程，互联网从书面获许到信息检索、全功能接入，从推动科研到商业化萌芽，发展的过程曲折。在这一过程中，学术需求推动了互联网在中国的落地、生根、发芽。互联网在中国的应用主要体现在两个方面：作为信息检索的工具和作为信息传播的工具，应用的主体也主要集中在学术科研机构。

---

① 陈建功、李晓东：《中国互联网发展的历史阶段划分》，《互联网天地》2014年第 3 期。

1. 作为信息检索的工具

中国对互联网的实际应用并不晚。最早在 1980 年 3 月，就已经在中国香港建成了一个国际在线信息检索终端，随后向国内科研机构提供服务。1981 年 12 月，北京通过传真设立了一个国际在线检索终端。通过租用的卫星线路，这条线连接到美国，实现与阿帕网相连，最终进入到 DIALOG 数据库系统。国内第一个检索终端就是当时的兵器工业研究所在北京设立的。这些操作都是以民间学术科研的形式开展的。

2. 作为通信工具的互联网

改革开放之初，我国的许多科研机构都和国外同行开展学术合作和交流。在这些合作和交流过程中，传统的信息传递方式效率低而成本高，一些学者便开始尝试新型的信息传输方式——电子邮件。1986 年 8 月 25 日，中国科学院高能物理研究所的研究人员在北京所的一台电脑上，通过卫星连接，远程登录到日内瓦欧洲核子研究组织的一台机器，并使用王淑琴（SHUQIN）的账号，向斯坦伯格（Sternberger）教授发送了一封电子邮件，这是目前所知的第一封在中国境内发出的电子邮件（见图 2 - 1）。

```
#13        25-AUG-1986 04:11:24                    NEWMAIL
From:   VXCRNA::SHUQIN
To:     STEINBERGER
Subj:   link

dear jack,i am very glad to send this letter to you via computing link which
i think is first succsaful link test between cern and china.i would like
to thank you again for your visit which leads this valuable test to be success.
now i think each collaborators amoung aleph callaboration have computing link wh
ich
is very important.ofcause we still have problems to use this link effectively
for analizing dst of aleph in being. and need to find budget in addition,but mos
t
important thing is to get start.at the moment,we use the ibm-pc in 710 institute
to connect to you,later we will try to use the microwave communicated equipment
which we have used for linking ml60h before,to link to you dirrectly
from our institute.
lease send my best regards to all of our colleagues and best wishes to you.cyat
hia
and your family.
by the way,how about the carpet you bought in shanghai?
weimin
```

图 2 - 1　第一封从中国发出的电子邮件（图片来源 CNNIC）

1987 年 9 月，在北京计算机应用技术研究所（ICA）建成一个电子邮件节点，向德国成功发出了著名的"越过长城，走向世界"的电子邮件

(见图2－2)，这个电子邮件节点，是目前所知的中国第一个电子邮件节点。①

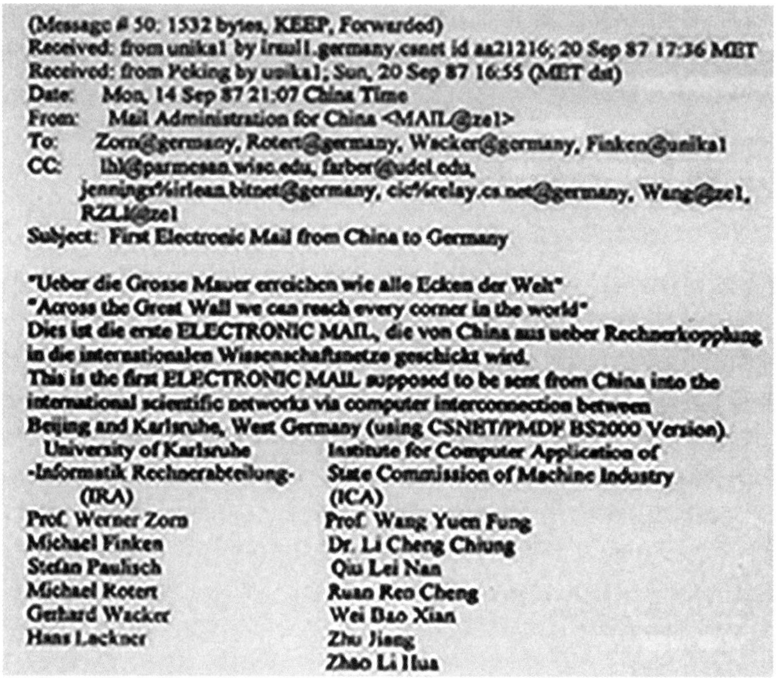
(Message # 50: 1532 bytes, KEEP, Forwarded)
Received: from unika1 by iraul1.germany.csnet id aa21216; 20 Sep 87 17:36 MET
Received: from Peking by unika1; Sun, 20 Sep 87 16:55 (MET dst)
Date: Mon, 14 Sep 87 21:07 China Time
From: Mail Administration for China <MAIL@ze1>
To: Zorn@germany, Rotert@germany, Wacker@germany, Finken@unika1
CC: lhl@parmesan.wisc.edu, farber@udel.edu, jennings%irlean.bitnet@germany, cic%relay.cs.net@germany, Wang@ze1, RZLI@ze1
Subject: First Electronic Mail from China to Germany

"Ueber die Grosse Mauer erreichen wie alle Ecken der Welt"
"Across the Great Wall we can reach every corner in the world"
Dies ist die erste ELECTRONIC MAIL, die von China aus ueber Rechnerkopplung in die internationalen Wissenschaftsnetze geschickt wird.
This is the first ELECTRONIC MAIL supposed to be sent from China into the international scientific networks via computer interconnection between Beijing and Karlsruhe, West Germany (using CSNET/PMDF BS2000 Version).

University of Karlsruhe	Institute for Computer Application of
-Informatik Rechnerabteilung-	State Commission of Machine Industry
(IRA)	(ICA)
Prof. Werner Zorn	Prof. Wang Yuen Fung
Michael Finken	Dr. Li Cheng Chiung
Stefan Paulisch	Qiu Lei Nan
Michael Rotert	Ruan Ren Cheng
Gerhard Wacker	Wei Bao Xian
Hans Lackner	Zhu Jiang
	Zhao Li Hua

图2－2 “越过长城，走向世界”的电子邮件（图片来源CNNIC）

3. 正式接入国际互联网

该阶段，中国实现与国际互联网的全功能连接，互联网被正式引入中国，标志着引入期的结束。在这一时期，无论是推动力量还是应用者，都来自学术和科研机构。中国实现与国际互联网的全功能连接，也标志着中国互联网时代的帷幕拉开，中国进入互联网发展期。同时，中国互联网的应用和推动力量快速向民间转移。

（二）第二阶段：商业价值发展期（1994—2006年）

中国互联网进入商业发展期，又可以进一步细分为几个阶段：准备期、加速期、泡沫期、可持续发展期。

① 《互联网时代》主创团队：《互联网时代》，北京联合出版公司，2015，第13页。

1. 准备期（1994—1996 年）

在这期间中国互联网的基础设施、骨干网络开始布局。1994 年 5 月，中国科学院计算机网络信息中心完成中国国家顶级域名（.cn）服务器的设置，改变中国的 .cn 顶级域名服务器一直放在国外的历史；同年 9 月，中国公用计算机互联网（CHINANET）建设启动，并于 1996 年 1 月完成第一期骨干网建设；1995 年 1 月，邮电部电信总局分别在北京、上海设立的通过美国 Sprint 公司接入美国的 64K 专线开通，并且通过电话网等方式开始向社会提供 Internet 接入服务。

这一时期，主要是国有力量在推进互联网基础设施、基础网络的搭建。同时民营力量也开始介入：1995 年 5 月，北京瀛海威科技有限责任公司成立，主营 ISP（互联网服务提供商）业务。1996 年 12 月，瀛海威的 8 个主要节点建成开通，初步形成了全国性的主干网。1996 年深冬，在北京中关村白颐路南端的街角处，一块广告牌上写道："中国人离信息高速公路有多远——向北 1 500 米。"这是中国首家中国互联网民营企业的广告牌。

2. 加速期（1996—1999 年）

在这一时期，来自民间的、商业的力量开始大举进入互联网（主要体现在网站建设上），互联网显现出蓬勃发展之势。国际上，1989 年万维网的发明，使互联网的应用门槛大大降低。一些公司或机构纷纷建立自己的互联网信息站点：

1995 年 4 月 12 日，YAHOO! 上市；

在中国，1996 年 6 月，新浪网的前身"四通利方网站"开通；

1996 年 8 月，搜狐的前身"爱特信信息技术有限公司"成立；

1997 年 5 月，网易公司成立；

1998 年 11 月 12 日，腾讯公司成立，1999 年 2 月 OICQ（腾讯 QQ 的前身）上线；

1999 年 3 月，阿里巴巴成立；

2000 年 1 月，百度公司成立。

根据中国互联网络信息中心的统计，从 1997 年到 1999 年，中国的网站规模从 1 500 个迅速发展到 1 5000 余个。后来形成中国互联网商业格局的大公司，在这一时期基本都已诞生。

3. 泡沫期（1999—2002 年）

泡沫多来自人们短期内对新技术、新应用前景的过度乐观和非理性追捧。尽管互联网的泡沫在 1999 年才开始在纳斯达克指数上显现，其实在更早的 1995 年，泡沫就已经开始出现。

案例：

1995 年 4 月 12 日，YAHOO!（雅虎）在华尔街上市，上市第一天股票总价就达到了 5 亿美元，而 YAHOO! 在 1995 年的营业额才不过 130 万美元。在中国，互联网的泡沫则是从中华网上市开始显现出来。1999 年 7 月 12 日，中华网在纳斯达克首发上市，这是第一个在美国上市的中国互联网公司。上市当天，股价报收于 67 美元，而在 2000 年 3 月的泡沫顶峰时，中华网的市值一度高达 50 亿美元。中华网的上市，极大地刺激了中国的互联网企业。[①]

1999 年中国的网站总量只有 15 153 个，而到了 2000 年底，这一数字剧增到 26 540 个。在这期间，新浪、网易、搜狐等互联网公司相继在纳斯达克上市。在当时，无论是国外还是国内，尽管互联网都受到了资本市场的极力追捧，但是互联网并无成熟的盈利模式，无法给投资者带来预期的收益。正是这一原因，导致互联网泡沫的破裂。

4. 可持续发展期（2002—2006 年）

移动增值业务为互联网公司赢得探索盈利模式的时间，时间则为互联网公司积累了市场。尽管互联网行业遭遇了泡沫，但用户并未停止上网热情，从 1997 年到 2005 年底，中国的网民规模迅速从 62 万增长到 1 亿以上。随着网民规模的快速扩大，中国互联网的商业价值也逐渐得到认可，盈利模式逐渐成熟。一些互联网公司开始摆脱对移动增值模式的过度依赖。[②]

从 1994 年到 2006 年，在全功能接入国际互联网之后，经过基础准备、

---

① 《互联网时代》主创团队：《互联网时代》，北京联合出版公司，2015，第 248 页。
② 陈建功、李晓东：《中国互联网发展的历史阶段划分》，《互联网天地》2014 年第 3 期。

加速发展、泡沫膨胀与破裂、可持续发展等阶段后，中国互联网的主要商业模式逐渐确立并成熟起来，互联网市场价值不断取得突破性增长。

（三）第三阶段：社会价值凸显期（2006 年至今）

2006 年 12 月，美国《时代》杂志评出了 2006 年时代人物——你（you）。《时代》周刊对此解释说："从机构向个人过渡，个人正在成为新数字时代民主社会的公民。今年的年度人物将是互联网上内容的所有使用者和创造者。""你"的当选，标志着在全球范围，互联网已经成为一支影响社会进程的重要力量。

在社会价值初显期，互联网在信息源上对传统媒体还存在较大的依赖性。然而，从 2005 年开始，随着以博客为代表的 Web2.0 类应用的兴起，自媒体的影响力不断增强，草根群体借助此类媒体，为互联网输送了大量接地气的新闻素材。Web2.0 不但弱化了互联网对传统媒体信息源的依赖，甚至使互联网成了一些热点事件的原发地，而传统媒体则成了跟进者——互联网与传统媒体位置开始倒置，互联网逐渐从传统媒体的舆论放大器，发展成为舆论引导者。互联网媒体地位的提升，在 2006 年的"中国新闻奖"的评选结果中体现出来，互联网获得主流媒体地位。

互联网的双面性也日益体现出来：一些网站的内容出现了低俗化倾向，甚至一些网站传播淫秽色情内容；盗版侵权案件屡屡发生；网络攻击也在不断侵犯人们的财产和信息安全；等。

知识链接：碎片化与浅阅读①

在互联网时代，信息成为商品。更好地迎合用户心理，提供更多的信息服务成为运营商共同遵循的原则，这导致文字越来越少，链接越来越多，视频越来越短，片段越来越多。在碎片化的信息中，人类的时间和精力也被切割得七零八落。互联网鼓励人们蜻蜓点水般地从多种信息来源中广泛采集碎片化信息，一切速度至上、效率至上，人们对扫描和略读越来越得心应手。人们身处一个患了注意力分散症的文化中。

海量的信息、便捷的搜索引擎改变了人们的阅读习惯，人的身体从书斋里解放出来，整个世界都变成了书房。阅读变得越来越简单随意，看时

---

① 互联网时代主创团队：《互联网时代》，北京联合出版公司，2015，第 229 页。

一目十行、看后即忘，"读屏"时代的浅阅读走进人们的生活。浅阅读具备了大众流行文化的基本特征：快速、快感、跳跃式浏览。在高科技浪潮中，很多网络发达国家反而强调传统式阅读，美国政府陆续提出了"美国阅读挑战"，英国政府设定"阅读年"，要打造一个读书人的国度。

四、移动场景出现

2014年7月，手机网民数量超越 PC 网民数量。通过互联网产生的经济，在中国 GDP 中的占比已从 2010 年的 3.3% 增加到 2013 年的 4.4%，超越美国，进入"互联网发达国家行列"。

1. 移动传播的发展

20 世纪 80 年代，中国开启了现代无线技术的发展进程。1984 年出现 BB 机，1987 年出现蜂窝电话。该时期的发展速度慢、用户群体局限性强（高端用户多）。其中，寻呼机在 20 世纪 90 年代发展迅速，在 2000 年前后发展到高峰成为普通民众常用的通信工具，随后下滑。移动电话开始发展，具体表现在渗透率高、短信使用频繁，到 2004 年，中国成为世界上拥有最大移动电话用户规模的国家。[①]

2. Wi-Fi 技术的发展

Wi-Fi 技术的使用基于笔记本电脑的普及，热点地区一般在机场、咖啡馆甚至公园等公共空间。作为一种协调无线访问数字化数据的方式，Wi-Fi 在全球范围内普及，关于其发展潜力方面，研究认为该技术对于网络进入贫困社区方面有着巨大优势。因为 Wi-Fi 系统的普及提供了免费访问数字化信息的机会，无论在何时何地都可能有这种便利，此技术的优势是增强社区价值，而非产生经济收益。

3. 移动传播的影响

从应用方面看，即时通信、搜索引擎、网络新闻是中国网民上网时经常用到的三大应用。还有一些应用虽然覆盖率不高，但正在手机端高速增长，其中手机旅行预订、手机支付、手机银行的增速最快。形成了一场

---

① ［美］曼纽尔·卡斯特等：《移动通信与社会变迁：全球视角下的社会变革》，傅玉辉等译，清华大学出版社，2014，第 18 页。

"指尖上的风暴"：①

　　首先，移动端流量的数据表明，下一个十亿用户来自移动端。具体表现在：智能移动终端出货量和渗透率持续攀升，全球智能手机数量超过非智能手机，超过 35 亿部，成为超级终端。移动互联网使用率持续上扬，有超过 50％的访问量都来自手机。移动端人口流量超过 PC 端。

　　其次，移动广告收入大幅攀升。移动广告市场规模呈现井喷态势，尽管全球用户转移到移动端的速度非常快，但是广告支出却没有与这些趋势同步，尤其是媒体行业的移动流量变现能力，仍相对较弱。

　　再次，移动用户内容消费、场景发生很大变化。人们在移动端消费内容的取向与 PC 差异巨大。在 PC 端，人们 80％的时间都在消费 B2B 内容；而在移动端，用户 79％的时间花在浏览流媒体内容上。

　　最后，移动视频规模迅速扩张，渗透率高。移动端的另一重要趋势是移动视频需求和消费的激增。未来，在线视频会成为渗透率最高的媒介，增长速度将超过有线数字电视、延时电视、视频点播、在线音乐、在线游戏和社交网络。移动和视频将是人们消费媒体的首要形式。

　　移动场景的出现是当前传播的一大变量。场景常常表现为与游戏、社交、购物等与互联网使用行为相关的、通过支付完成闭环的应用形态。场景代表着用户对内容更深的理解度；代表着触发用户的沉浸式体验；意味着对个人需求的满足和情感的共鸣；也意味着强烈的付费和分享欲望以及忠诚度和黏性。②

　　4. 新商业模式出现

　　BAT 模式，指百度、阿里和腾讯三家互联网公司构建的不同商业模式，三家视频网站年营业额达到百亿量级，包括广告收费、会员付费、游戏点卡和在线直播等。③ BAT 摆脱传统媒体中心和门户网站自我中心理念，以满足用户多元需求为核心，技术产品和交互模式创新，服务经营策略体

　　① 腾讯传媒研究院：《众媒时代：文字、图像与声音的新世界秩序》，中信出版集团，2016，第 3—8 页。

　　② 腾讯传媒研究院：《众媒时代：文字、图像与声音的新世界秩序》，中信出版集团，2016，第 65 页。

　　③ 王臣：《BAT 江湖加速影视 IP 增值　视频网站盈利突围待考》，《21 世纪经济报道》2015 年 11 月 10 日第 20 版。

系协同，调动用户深度接触的积极性，持续占有人气资源。

BAT 经营共同战略都是以争取最大化的普通用户群及其忠诚度为起点，经营也不偏离此大方向。这是对国情和用户整体情况的准确把握，也是理性尊重网络技术传播精髓，呼应普通用户民主平等传播的诉求。反观传统媒体，长期秉持精英主义经营理念、为广告效益而采用的二八原则的群体经营主导模式、单向传播偏颇路线、管理体制保守等，被用户尤其年轻普通用户日渐抛弃，广告商离去，媒体行业地位下跌，难行可持续发展大计。①

"互联网＋"时代到来了。"互联网＋"就是利用互联网对现有行业进行改造，产生新的行业模式。从社会的角度看，这种"改造"体现在：压缩社会的连接层次，建立新的、便利的社会连接关系，加强社会的连接效果，以及对传统模式的革命性创新。"互联网＋"时代就是在互联网时代发展到特定阶段，随着经济发展方式升级、人们思想观念转变、互联网技术成熟等多重因素的叠加和交互影响，国家利用互联网从战略层面全面深入推进对现有各行各业的升级改造，从而产生新的政务模式、经济模式、社会模式和文化模式。②

第二节　理解互联网的维度

隐喻是指把抽象的概念和现象，还原成一个具体的事物，使人类的认知结构能理解该抽象的概念或现象。在互联网的发展过程中，不同的阶段有不同的隐喻，在互联网刚出现的时期，如果没有隐喻，可能很多普通人根本不知互联网为何物。互联网有哪些隐喻呢？从 1990 年到当前，有 9 个关键词意味着不同的隐喻，这些词语坐落在不同的时段坐标里，也构成了理解互联网的不同维度。③

---

① 樊拥军：《BAT "三国争霸" 的传媒经济战略共性》，《传媒观察》2015 年第 4 期。
② 王国华、骆毅：《论 "互联网＋" 下的社会治理转型》，《人民论坛·学术前沿》2015 年第 10 期。
③ 胡泳：《关于互联网的十一种隐喻》，访问时期：2018 年 8 月 10 日，http：// sike. news. cn/statics/sike/posts/2015/01/218851741. html。

一、赛博空间

Wikipedia 大百科全书对赛博空间（Cyberspace）的解释为：赛博空间是可以通过电子技术和电磁能量调制来访问与开发利用的电磁域空间，并借助此空间以实现更广泛的通信与控制能力。从词源上来看，赛博是控制论（cybernetics）和空间（space）两个词的组合。美国科幻小说家威廉·吉布森在《神经漫游者》一书中普及了该概念。1984 年，吉布森还在大学攻读英国文学学位时，完成了处女作《神经漫游者》，虽然当年他完全不懂电脑，更连不上网络，但这部在打印机上逐字敲出的科幻作品，却将科幻文学正式带进"电子时代"。吉布森创造的赛博空间，现已成为互联网哲学领域的重量级术语，将"人造世界"的边界大大推延到纯数字领域，并通过人—人链接，人—机链接和物—物链接交织在一起。① 吉布森受温哥华少年打街机游戏现象的启发，认为那些打游戏的青年虽然身体在现实空间，但其实在另一个空间里活动，赛博空间概念后来甚至影响到军事领域，2007 年，美国防部提出赛博空间战；2008 年，美国成立空军赛博司令部，强化了赛博空间的定义；2009 年，美国组建赛博作战部队；2010 年，赛博空间作战部队准备就绪，同年，美国实施第六次"施里弗"太空演习。

赛博空间这一说法经历了两个阶段：第一个阶段是 Cyber 源自希腊语单词 kubernetes，其含义是舵手。第二个阶段是 1948 年控制论奠基者、美国数学家诺伯特·维纳发表了《控制论》一书，宣告了控制论的诞生。维纳从希腊语中借用了控制一词，并将其在英语中改写为 cybernetics，表示为控制论，从此，该词成为控制领域中的标准概念。1982 年，美国科幻作家吉布森在发表于 omni 杂志的短篇小说 Burning Chrome 中首次将 cyber 和 space 结合创造出来 cyberspace，并在后来的小说《神经漫游者》中普及，这部小说描述了网络与人的意识融为一体的 cyberspace。

案例：第二人生游戏

Second Life（第二人生）是全球最大的虚拟世界游戏，注册用户超过六百万。"第二人生"的总部位于旧金山的 Linden Lab。2003 年推出一款

---

① 段永朝：《互联网思想＋讲：北大讲义》，商务印书馆，2014，第 91 页。

以"合作、交融和开放"为特色的大型 3D 模拟现实网络游戏。与其他的网络游戏不同，这个虚拟世界里没有诡秘灵异的怪物与魔兽，也没有长袍马褂刀枪剑戟，有的就是现实世界里有的一切。在这个游戏中，每个人可以建立自己的一个虚拟的"第二人生"，与同在这个虚拟世界中的其他人发生各种各样的关系，实现自己在第一人生中没能实现的梦想。①

赛博空间是一个由电脑生成的空间，人们只要插上电源插头即可进入，空间有复杂性。赛博空间的特点是：技术创新性，不稳定性，无界性，高速性。赛博空间是种集体幻象。成千上万的人接入网络，把自己完全包裹在媒体中，不再关心周围实际发生什么。它的核心是：存在这样一个空间，要从你的现实空间中迈出，迈过某门槛进入到另一个空间。把人的生活空间分成现实空间和虚拟空间。在所有的关于互联网的隐喻中，赛博空间最持久、最有影响力，它具有乌托邦属性，这暗含了日后的网络空间主权争夺。与此同时，赛博空间也有负面的因素，如这个空间里有色情、黑客、犯罪等存在，这也意味着对赛博空间的规制是必要的。我国的互联网管理机构——中国国家网络信息管理办公室被翻译成"The Cyberspace Administration of China"。

知识链接：

DECLARATION OF THE INDEPENDENCE OF CYBERSPACE

Governments of the Industrial World, you weary giants of flesh and steel, I come from Cyberspace, the new home of Mind. On behalf of the future, I ask you of the past to leave us alone. You are not welcome among us. You have no sovereignty where we gather. ②

《赛博空间独立宣言》于 1996 年刊发，始作俑者是摇滚乐者，"工业世界的铁血巨人们，不管你们是政府还是企业，你们躲开我们这个赛博空

---

① 互动百科：《第二人生》，访问日期：2018 年 7 月 1 日，http：//www.baike.com/wiki/《第二人生》。

② 豆瓣网，《赛博空间独立宣言》，访问日期：2018 年 7 月 1 日，https://www.douban.com/group/topic/20771202/。

间，这个空间是我们的！"

二、电子边疆

电子边疆这个提法最早出现在美国，具有浓郁的西部情节，电子边疆基金会是一个著名的机构，号称致力于保护互联网自由的事业。电子边疆产生的三个条件：传统领土的延伸；赛伯族的出现；国家憧憬的投射。

在电子边疆的范围内，现实国家依靠控制基础设施的优势，努力扩大自身施治范围，建立与维持信息秩序，而黑客们则凭借技术纵横驰骋，到处插上所谓"信息自由"的旗帜。

电子边疆这个提法意味着网络是一个充满斗争的场所，且非常激烈。它可能产生三种形态的网络民主：远程式民主、参与式民主、半直接式民主。

参与式民主，以自由主义民主理论为基础，强调在代议制民主的基础上引进更多的直接民主因素，扩大公民对公共事务的直接参与。深入研究西方参与式民主理论的发展逻辑，掌握并借鉴西方扩大公民政治参与的实践和经验，有利于进一步推进我国的社会主义民主政治建设。[1]

"电子民主""网络民主"指在高度发达的电子网络技术的影响下当代政治的未来发展趋势，这种政治形式在当今世界上还只是以萌芽形式存在，但已经显露出与传统和现代政治完全不同的面貌。从政治信息的角度来看，其主要特征就是政治信息生产和发布的平面化、非中心化。[2]

三、万维网

Internet 提供的主要服务有万维网（WWW）、文件传输（FTP）、电子邮件（E - mail）、远程登录（Telnet）、手机（3GHZ）等。万维网是无数个网络站点和网页（多媒体）的集合，由超级链接连接成，通过浏览器上网观看的，就是万维网的内容。万维网是因特网最主要的部分。万维网意味着遍布世界各地的物理计算机通过网络连在一起，代表一些经由共同的

---

① 于峰、卢瑾：《政治参与：参与式民主的核心》，《人民论坛》2011 年第 20 期。

② 匡小阳、邹艳斌：《网络媒体助推新型公民政治文化的形成和发展》，《苏州科技学院学报（社会科学版）》2005 年第 4 期。

结构保持在一起的交叉点。

伯纳斯·李（Berners - Les）在 1990 年 12 月 20 日建立首个万维网网页，当时万维网只是使用互联网的信息检索系统之一。在第一个万维网页面上，显示出来的信息不过只是解释了万维网是什么、如何使用网页浏览器和如何建立一个网页服务器等（见图 2 - 3）。万维网的成功在于制定了一套标准的、易为人们掌握的超文本开发语言 HTML、统一资源定位器 URL 和超文本传送协议 HTTP。人们平常访问的网站前有 http 的，实际上就是在访问万维网。早期互联网靠 BBS、邮件或论坛联系，搭建网站的做法还鲜有人问津。伯纳斯·李改变了这一切，他在 1990 年免费向世界发放了代码，1993 年首个网络浏览器 Mosaic 诞生。在 2012 年的伦敦奥运会上，李获得了"万维网发明者"的美誉，并且将万维网技术无偿开放给全世界。

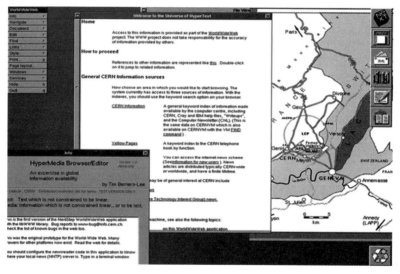

图 2 - 3　第一个万维网页面（图片源于搜狐科技）

万维网是 Internet 的一部分，但是又有区别。互联网（Internet）和万维网（World Wide Web）的区别：互联网在 20 世纪 60 年代被提出，泛指"全世界"各国家利用 TCP/IP 通讯协定建立的各种网络。而万维网是一个由许多互相链接的超文本组成的系统，通过互联网访问。

四、信息高速公路

信息高速公路由美国前副总统戈尔提出，标志是 1991 年通过的《高性能计算法案》（HPCA），信息高速公路（information super highway）是一种通俗的形象化的称呼，正式名称是"国家信息基础设施"（national information infrastructure，缩写 NII），指一个国家的信息网络，能使任何人，在任何地点、任何时间，可将文本、声音、图像、电视信息传递给在任何地点的任何人。有的国家又称作高速信息网。其特点较明显：

（1）商业色彩强烈。信息流动快速，使企业交易更加便利，为以后的互联网企业的兴起奠定了基础。

（2）给人一种感觉是网络由政府主导。信息高速公路理念下的互联网是一种公共品，这意味着对互联网的规制和管理也有了一定的合法性。

信息高速公路这个提法由政府点燃火花，而发扬光大的则是个人和一些互联网公司。这种说法一度十分流行，发展到 21 世纪前十年，尽管使用的很少，但也没消失，一些做法还延续了其中的逻辑。

对于信息高速公路的提法，也有人提出批评观点。比尔·盖茨在《未来之路》一书中对信息高速公路比喻多批评：认为高速公路让人想起两点之间的距离，还只能欣赏沿途风景，政府起主导作用等，也就是说企业被忽略了。他认为互联网应是一个超级大的市场，是世界的中心商场，应实行一种无摩擦的资本主义，让消费者花少量费用即可获得大量信息，让互联网成为购物者的天堂。如果将 1965 年日本的信息化水平定量为 100，则美国为 242，德国为 103，中国 1985 年才到 38，相当于 1965 年美国的1/6，大约相差 40 年。1995 年，中关村南面的一个广告牌上写着"中国人离信息高速公路还有多远——向北 1 500 米"，中文"瀛海威时空"网络创建，向普通家庭开放，成为中国第一个互联网接入服务商（见图 2 - 4）。

信息高速公路强调互联网是一种基础设施，更多是在日常生活中起作用。而赛博空间则更多被赋予乌托邦的想象意义，超出日常生活中的琐碎，如水、电、煤、气的意义，赛博空间给人类潜力带来更大可能性。不同的群体选取不同的隐喻，背后有各自的诉求。

图 2-4　我国早期成立的互联网企业（图片源于互动百科）

知识链接：

　　1992 年 2 月，美国总统在发表的国情咨文中提出，计划用 20 年时间，耗资 2 000 亿—4 000 亿美元，以建设美国国家信息基础结构（NII），作为美国发展政策的重点和产业发展的基础。年底，副总统戈尔又宣布：美国正在制定"信息高速公路"的政策，并投入几十亿美元，着手兴建全国光纤信息网，以确保在 21 世纪初建成"信息高速公路"。1996 年，为进一步促成电信行业的自由竞争，克林顿政府颁布了《1996 电信法》。此法案打破了地方电话与长途电话经营范围的界限，允许任何人或公司参与到电信领域的竞争中。同时，法案还迫使地方网络商以较低的价格把线路提供给互联网服务提供商使用。在这项法案的刺激下，从 1996 年到 2001 年，5 年间美国建设的光缆，占全世界光缆总长的 40%。这引发了西方、亚洲国家的效仿，西方各个国家的垄断电信体系纷纷崩溃，向市场化靠拢。德国、英国将促进电信市场的竞争写入当时出台的《通讯法》，韩国政府则要求本国最大的运营商 SK 电讯的市场份额不能超过 50%，否则每天罚款 80 万美元。对互联网而言，至关重要的电信和个人电脑，在这场几乎全球性的开放运动中，以这样的步履迎接了新时代。[①]

五、浪潮

1980 年，美国未来学家阿尔文·托夫勒在《第三次浪潮》一书中提出，人类社会可分为三次浪潮：第一次浪潮发生在农业阶段，大约在 1 万年前开始；第二次浪潮发生在工业社会阶段，从 17 世纪末开始；第三浪潮发生在信息化（或者服务业）阶段，从 20 世纪 50 年代后期开始。盖茨担心互联网会颠覆微软，在 1995 年写了一封信，题目为"互联网浪潮"。在当时就预测到海啸要到来，已经预测到了智能手机、在线视频、在线广告的出现。

六、网络社区

1996 年，美国学者曼纽尔·卡斯特（被称为当今的韦伯）在信息时代三部曲之一《网络社会的崛起》一书中，把信息化的本质称为信息空间，包括三个层次：技术层次、地点层次、人的层次。认为互联网中所有节点只要有共同信息编码，包括共同的价值观和成就目标，就能实现联通，构成今天的网络社会。传统意义上说，社区由面对面交流互动的人组成，地方认同和社会资本是社区的基础，是社区联系或阻隔的纽带，是个人、物理环境、人际交流的黏合剂。而互联网社区从属于整体心理上的认同感，不是由砖头、水泥建构的物理社区，网络社区是一种去物化的、概念上的心理现象，提供一种归属感以及供成员在一定规则下表达自己的安全地带。[②]

虚拟社区的提法最早见诸霍华德·莱茵戈德 1993 年的著作《虚拟社区：在一个电脑化的世界里寻找联系》。到了现在，网络社区被用来泛指各种各样的通过网络进行交往的社会群体，但它不意味着群体成员之间存在非常强的纽带。网络社区是草根群体的出版和表达之地，也是一个巨大

---

① 《互联网时代》主创团队：《互联网时代》，北京联合出版公司，2015，第48—49 页。

② ［美］马克·格雷厄姆、威廉·H. 达顿《另一个地球：互联网＋社会》，胡泳等译，电子工业出版社，2015，第8页。

的跳蚤市场，类似于 17 世纪的巨大咖啡馆，也类似在线版海德堡公园。

有了互联网，人们有两种观点：一种观点是一切都变了，另一种观点是太阳底下无新事。

本书的观点是反对数字二元论。在当今的社会生活中，存在原子和比特的混合，共同造成了人们的增强现实。不存在线下和线上完全对立的空间，不要试图再去区分什么叫线上，什么叫线下。社交媒体上所有的活动就是真实生活，不是虚拟生活。真实自我 = 数字自我（THE SECOND SELF），数字空间行动主义越来越普遍，以朋友圈中的点赞行为为例，某人在朋友圈中发了一条信息，说自己失恋或者离婚了，在传统社会中，他的朋友如果看到这条信息，会过来安慰他，但是在虚拟社区中，他的朋友可能会纷纷对他离婚或失恋的消息点赞。再比如 A 男孩和 B 女孩是恋人，但是 A 在西安读书，B 在上海读书，在国庆节即将来临时，A 千辛万苦终于买到车票，到上海看望 B，但是等他们一起在咖啡馆落座之后，却双双拿起了手机上网，这些发生在日常生活中常见的现象，恰恰是数字行动主义的表征。

七、流

流的意思是及时更新的，如果使用智能手机，每次使用都期待只要下拉就应该产生新的信息，如果不产生新信息，用户便觉得它不是新媒体。最新的东西不管重要与否，永远在最上面。这个理念对于传统的"议程设置"是个修正。

📥 知识链接：互联网发展的六个层次

第一层是计算机，代表事件是 1941 年德·祖斯发布可编程的计算机，1976 年，苹果机问世。

第二层是网络，代表事件是 1969 年阿帕网问世，到了 1990 年便正式退役，阿帕网奠定了 TCP/IP 的基础。

第三层是万维网，指网址中的 http 的发明。

第四层是浏览器，浏览器最早发明于 1993 年，名为 Mosaic，后来陆续又有微软、谷歌、腾讯、搜狗等推出浏览器。

第五层是搜索引擎，最早出现于 1990 年，名为 Archie，1998 年谷歌问世，成为影响力最大的浏览器。

第六层是移动互联网，指的是智能手机被普遍使用，同时互联网技术从1G到4G的推广，使得短视频等有取代文字的趋势。

八、云

2006年，亚马逊推出云服务。之后，思科提出雾计算Fog Computing，在该模式中数据、（数据）处理和应用程序集中在网络边缘的设备中，而不是几乎全部保存在云中（见图2-5）。雾计算也十分形象，它贴近地面，就在人们身边。它没有强力的计算设备，只有一些较弱的、更为分散的计算机，处理家电、汽车、路灯等设备的数据。[①]

图2-5 云的影响广泛

云报纸的出现值得注意。所谓云报纸，指利用图像识别技术，通过移动终端，将纸质载体与互联网相结合，既不是报纸内容的电子化，也不是互联网的平面化。

2010年，云报纸概念被提出。2012年，《京华时报》首次将图像识别

---

① https：//baike.baida.com/item/雾计算/3983136？fr=aladdin。

技术与纸媒相结合。"京华云拍"手机客户端软件，发京华云报纸。2013年《人民日报》也推出云报纸。标志云媒体时代正式到来。读者通过手机客户端拍摄报纸图像，经过"云计算"，即可查看图像所链接的视频等内容。云形容任何可以在远端存储和处理的电子数据。云会让你产生幻觉，觉得数据似乎在远处一个很美丽的地方存着，不需操心，任何好处都可享受，还有人（企业）替你操心。①

九、全景监狱

全景监狱指所有的地方都能被看到，来源于政治哲学家杰里米·边沁为一个高效率的监狱所做的著名的建筑设计，方案于1791年公开出版。全景监狱是一个有着中心监视塔的环形建筑。每一个建筑有两扇窗户，其中一扇窗户是囚犯通光之用，另一扇窗户则使监视者能够在塔上轻易地观察到囚犯的活动。全景监狱是通过可视性来加以控制。当然，监视行为既是可视性的，也是无法核实的。中心监视塔无时无刻不在监视，这不断提醒囚犯有一个没有现身的监视者一直在监视他们。该系统有自我监视性，住在里面的囚犯很快发现自己内心里总是感觉无时无刻不在被监视，他们也会自我审视。全景监狱是18世纪启蒙时代的典型产品，是转向理性的社会中广泛的意识形态的组成部分，原则是通过经验观察来进行科学测度与控制，而不是使用野蛮暴力。②

乔治·奥威尔在著作《1984》中塑造了一个老大哥形象，在"大洋国"中，老大哥从不露面，大幅照片却到处张贴。炯炯有神的眼睛，紧盯臣民。一个无时无刻无所不在的"老大哥"监视着所有人的一举一动：吃饭、睡觉、工作或者走在街上、躲进洞穴——包括思想活动。但是，全景监狱理论和奥威尔的集权理论完全不同。全景监狱理论揭示的是监视方式深深嵌入人们的社会行为，以至于在期望自身不断被监视之时，也开始监

---

① 周逸梅：《首家图像识别与纸媒结合京华时报云报纸首发》，访问日期：2018年7月1日，http://media.sohu.com/20120517/n343396758.shtml。

② ［英］安德鲁·查德威克：《互联网政治学：国家、公民与新传播技术》，任孟山译，华夏出版社，2010，第350—351页。

控自己。①

以上9个关键词指向两大种类：第一类是乌托邦，代表人物是托夫勒、尼葛洛庞帝、凯文·凯利等，他们对互联网都赋予了不同于现实的、美好的想象。第二类是反乌托邦，代表人物斯诺登，这种观点认为互联网带来的是反面的效果，而不是革命性的。互联网没有带来拯救和联合，反而让人彼此隔离，以至于每个人都产生异化。

第三节　互联网在传播中的应用

互联网传播过程中有六种主要的应用：信息传播、知识生产、社会交往、娱乐休闲、商务推广、观点争议的场域与平台。就知识生产而言，其中生产主体、生产方式、整合途径与传播手段发生巨大变化。互联网形成全民性的生产与传播，突破既有媒介的短板，如广播和电视的时段限制，报纸的出版周期限制和地域限制等。

一、常用的互联网传播工具

（一）电子公告板系统（BBS）

电子公告板系统（Buletin Board System）简称BBS，作为一种传播手段，20世纪70年代，美国最早出现BBS，借助PC调制解调器、电话线等，成为一种共享工具，20世纪90年代初，BBS用户已有几百万个。② 我国的BBS起步于1996年左右，在中国教育科研网（CERNET）上，活跃着以学生、教师、科研人员为使用对象的BBS，比较著名的有清华大学水木清华站③（见图2-6）。21世纪初是BBS的黄金时代，之后BBS站点数量大幅减少，其中原因有多媒体网页出现，另外更为方便的互动媒介出现也挤压了BBS的生存空间。

---

① ［英］安德鲁·查德威克：《互联网政治学：国家、公民与新传播技术》，任孟山译，华夏出版社，2010年4月第1版，P352。

② 陈洁：《BBS：中国公共领域的曙光》，《中国青年研究》1979年第9期。

③ 朝辉：《网上"布告栏"—国内电子公告系统（BBS）印象》，《中国计算机用户》1996年第17期。

（二）超链接与门户网

超链接是一种非线性的信息组织方式，设计成模拟人类思维方式的文本，即在数据中又包含与其他数据的链接。门户网站指某类综合型互联网信息资源，提供有关信息服务的信息系统，类型较多，如个人门户、新闻门户、政务门户等，仅就政务门户网站而言，纪录片《互联网时代》第四集中的数据表明，我国有超过 5 万个 gov. cn 网站，各部门微博拥有亿万粉丝。

图 2-6　影响力较大的 BBS 水木清华（图片源于百度）

（三）搜索引擎

搜索引擎是根据一定的策略，运用特定的计算机程序从互联网上搜集信息，在对信息进行组织和处理后，为用户提供检索服务。具体的类型可分为全文索引、目录索引、门户索引等。

1994 年，雅虎公司提供了可供搜索的分类目录。1995 年，诞生了 EX-CITE 搜索引擎，通过不间断的搜索未知网站，确定网页上信息得到主题。后来多数搜索引擎多以分类目录和爬虫程序结合为主。当前有代表性的搜索引擎有谷歌、百度、搜狗等。

知识链接：谷歌模式：7:2:1

谷歌公司的员工超 2 万，员工以 7:2:1 安排：70% 的人负责当下工作；

20％的人将眼光瞄准未来 5 年市场需求。10％的员工是异想天开者，谷歌眼镜、自动驾驶汽车、谷歌大脑等就是由这部分异想天开的人产生。

搜索引擎的盈利模式。搜索引擎优化，通过总结搜索引擎的排名规律，对网站进行合理优化，使网站在百度和 Google 的排名提高，带来新客户。通过这样一套基于搜索引擎的营销思路，为网站提供自我营销解决方案，让网站在行业内占据领先地位。

二、作为知识生产平台的互联网

互联网是重要的知识生产平台。信息知识平台的基本特质有：互动、海量信息、超链接等。SNS 成为社会大众消费、生产、传播信息与知识的重要手段。知识生产的分类：

（1）原创性知识生产。即利用现有的知识基础，创造出新的知识产品，如软件开发企业、研发企业等。

（2）复制性知识生产。这种类型不涉及知识产品的研究和开发，即把已有的知识产品进行简单复制生产，如出版印刷、文印服务等。

（一）信息聚合

1997 年 Netscape（网景）公司开发了 RSS，"推"的概念诞生，这是一种描述和同步网站内容的格式。2013 年 1 月，RSS 规格的作者 Aaron Swartz 在纽约市自杀，年仅 26 岁。斯沃茨在孩童时期便开始接触电脑程序开序，在 14 岁时参与编写 RSS 1.0。RSS 订阅能快速获取信息，分三类：

（1）运行在计算机桌面上的应用程序。

（2）内嵌在计算机运行的应用程序中。

（3）在线的 WEB RSS 阅览器，不需安装任何软件。

（二）网络百科

1768 年，《大不列颠百科全书》价值 12 英镑，可买下 1/10 个岛屿，到了 19 世纪，全书可以作为重要的礼物献给在位国王，被赞誉为权威仅次于上帝。受互联网的冲击，1999 年《大不列颠百科全书》上线，宣布向用户收取 69.95 美元的年费，上线初期每天的访问用户可达到 1 500 万。2013 年 3 月 13 日，《大不列颠全书》不再发行纸质版，仅提供数字化服务，《大不列颠百科全书》纸质版总共存在了 245 年。

取代大英百科全书的是以维基百科为代表的互联网产品，维基百科

（Wikipedia）于 2001 年 1 月上线，创始者是吉米·威尔士。维基百科是一个自由内容、公开编辑且多语言的网络百科全书协作项目，通过 Wiki 技术使所有人都可以简单地使用网页浏览器修改其中的内容。同时还形成了维基模式：人人参与，共同协作。维基百科整个网站有 287 个语言版本，词条 3 124 万，是《大不列颠百科全书》的 260 倍，有 10 亿用户和 1 600 万志愿者，总编辑人数 7.18 亿，是全球第五大网站。

维基百科基于"认知盈余"理论，取其网站核心技术"Wiki"以及具有百科全书之意的"encyclopedia"，共同创造出来新混成词"Wikipedia"。认知盈余分为两方面：

（1）存在于互联网中的自由时间和智慧。

（2）拥有庞大的网络，联系变得非常容易，容易形成团队。

当获得这种合作环境时，就出现了认知盈余，约等于无限小被无限多地汇聚在一起，意味着任何可能，这是互联网时代的资源公式。

维基解密（WikiLeaks）又称维基揭秘或维基泄密，是一种通过协助知情人让组织、企业、政府在阳光下运作的、无国界非盈利的互联网媒体。它是国际性的媒体组织，专门公开来自匿名来源和网络泄露的文档，是一个对大量来源不明的泄密文档不进行审查的系统。

百度百科是我国的产物，号称是众人参与可协作的网络百科全书，无论是创建词条、编辑现有词条，用户都可亲力亲为。

三、人际交往的平台

互联网还成为当前人际交往的新平台。电子邮件、即时通信等网络上的人际交往颠覆了既有的交往方式，发展的潜力巨大。

（一）电子邮件

电子邮件的发明人是雷·汤姆林森，电子邮件是 Internet 应用最广的服务，通过网络的电子邮件系统，价格非常低廉、快速，与世界上任何一个角落的网络用户联系，电子邮件的内容可以是文字、图像、音视频等方式。

（二）即时通信

即时通信指能够即时发送和接收互联网消息的传播方式。典型代表是 ICQ，是维斯格、瓦迪和高德芬格 3 名以色列青年在 1996 年研发出来，icq

是"I SEEK YOU（我找你）"的意思，这种软件有聊天、发送消息、传递文件等功能。1998 年 ICQ 注册用户数 1 200 万，被美国在线（AOL）看中，以 2.87 亿美元买走。

在我国，即时通信工具也发展迅速，先后出现了 QQ、陌陌、网易泡泡、盛大圈圈、淘宝旺旺、MSN 等软件。其中 QQ 支持在线聊天、视频通话、点对点传送文件、共享文件等多种功能，并可与多种通讯终端相连。它的前身 OICQ 在 1999 年 2 月问世，在 ICQ 前加一个字母 O，意为 opening I seek you，意思是"开放的 ICQ"，但被指侵权。在即时通讯领域，QQ 和微信几乎垄断中国市场。

（三）社交网络

社交网络服务，源自英文 SNS（Social Network Service）的翻译：社会性网络服务或社会化网络服务，意译为社交网络服务。社交网络含义包括硬件、软件、服务及应用。社交媒介于 1954 年由 J. A. Barnes 首先使用。一个社交网络的规模最大约为 150 人左右，平均约为 124 人。社交网络的发展过程：①

（1）早期概念化阶段——Six Degrees 代表的六度分隔理论。

（2）结交陌生人阶段——Friendster 帮助建立弱关系从而带来更高社会资本的理论。

（3）娱乐化阶段——MySpace 创造的多媒体个性化空间吸引注意力的理论。

（4）社交阶段——Facebook 复制线下真实人际网络来到线上低成本管理的理论。

（5）云社交阶段——云平台分布式网际社交理论。

（四）网络直播

网络直播指将现场进行的文艺表演、网络游戏等文化产品技法展示或解说等，通过网络实时传播或以音视频形式上载传播，供用户在线浏览、

---

① 互动百科:social netnorking,访问日期:2017 年 9 月 20 日,http://www. baike. com/wiki/social + networking。

观看、使用或者下载的产品和服务。① 在直播进行时，可以和观众实时互动，直播结束后，还可以随时为观众提供重播、点播服务，发挥直播内容的长尾效应。② 国内在线直播平台兴起于 2013 年，当年全国直播平台投资估算额为 1.7 亿元，此后，直播平台投资和发展逐渐进入爆发期，2014 年行业投资估算额为 7.9 亿元，2015 年达到 23.7 亿元，增长近 300%。手机直播是随着网络传播技术的发展而出现的一项点对点传播的流媒体技术。

国内的网络直播发展如火如荼，近年来，BAT、360 和小米等巨头均入股或者推出直播应用。网络直播的种类多样，一种分类是，在线游戏直播、娱乐活动直播、主播日常直播。③ 另一种分类是，游戏直播、秀场直播和移动直播。秀场直播主要是主播在室内固定场景下通过电脑对自己的生活进行直播；移动直播则指的是主播通过手机等移动终端，在任何时间和场景下直播内容。④ 游戏直播可以分两类：一类是传统的游戏玩家，构成了游戏直播平台的基础。此类游戏流量极高，用户黏性大。另一类是通过各种事件营销导入流量。当前关于网络直播缺乏权威的分类，其中和 ACG 相关的游戏直播占有重要地位，体现在两方面，一是游戏直播兴起的时间最早，二是主要针对网络游戏用户。近年来，游戏主播的身价普遍实现 10 倍以上的增长，个别身价已经超过 2 000 万元，已达到甚至超过一线明星的水准。⑤

网络直播使"全民直播"成为一种可能，而且辐射到各行各业。直播睡觉、吃饭、发呆、跳舞、打游戏、户外、星秀、上厕所等，甚至交警执法、万科股东大会、王健林在飞机上斗地主等也成了移动直播内容，同时直播还将互动展现得淋漓尽致，满足了用户的窥视和猎奇心态。⑥

在线直播的用户群体多集中在"90 后"和千禧年一代。22 岁以下的

① 文化部：《文化部关于加强网络表演管理工作的通知》，访问日期：2018 年 7 月 1 日，http://www.gov.cn/xinwen/2016 - 07/07/content_ 5089153. htm。

② 刘阳：《谁来戳破在线直播的泡沫（上）》，《人民日报》2016 年 8 月 4 日第 7 版。

③ 中国日报网：《"网络直播平台"治理》，访问日期：2018 年 7 月 1 日，http://language. chinadaily. com. cn/2016 - 05/09/content_ 25155817. htm。

④ 刘阳：《谁来戳破在线直播的泡沫》，《人民日报》2016 年 8 月 4 日第 17 版。

⑤ 刘阳：《谁来戳破在线直播的泡沫》，《人民日报》2016 年 8 月 4 日第 17 版。

⑥ 刘阳：《谁来戳破在线直播的泡沫》，《人民日报》2016 年 8 月 4 日第 17 版。

用户超六成，男性用户占比达 77%，目前绝大部分在线直播的用户集中在二、三线城市，且其中绝大部分是低收入群体或缺少经济实力的年轻群体，大城市白领阶层和具有较高教育水平的人群参与较少。[①] 在网络直播周边，出现了主播类网红。网红的产业化趋势也是网络直播成熟完善的助推剂，其营销传播策略几乎利用了微博、微信、贴吧、博客等全渠道推广。[②] 在 2015 年的网红排行榜中，一个主要的评比因素就是网红的创作力，主要体现在其使用自媒体进行的 UGC 行为，和传统大 V 不同的是，批量的网红生产越来越多依赖音视频等媒介，文字使用较少，早期的网红多靠越位的言论和夸张的图片来博取眼球效应，而当下诸多网红成名的方式多通过刺激用户的感官和煽动情绪来完成。因此，网络直播和传统网络内容生产模式相比发生了明显变化，文字被边缘化，音视频内容占主导地位，而且这种形式引发了现象级事件。

本章小结

　　计算机的发展有三次飞跃。第一次飞跃的时间是 20 世纪 80 年代。第二次飞跃的时间是 20 世纪 90 年代后期。第三次飞跃的时间是 21 世纪初期。移动互联网和智能手机的广泛使用，使人类社会的变化剧烈。技术革命每隔 40 年至 60 年爆发一次，每次技术革命的发展浪潮持续大约五六十年，随着新技术的渗透和技术革命的扩散，可以划分为两大时期，前二三十年称为"导入期"，后二三十年称作"展开期"。在互联网的发展过程中，不同的阶段有不同的隐喻，在互联网刚出现的时期，如果没有隐喻，可能很多普通人根本不知互联网为何物。赛博空间是一个由电脑生成的空间，人们只要插上电源插头即可进入，空间有复杂性。当今的社会生活中，原子和比特混合，共同造成了人们的增强现实。不存在线下和线上完全对立的空间，不要试图再去区分什么叫线上，什么叫线下。社交媒体上所有的活动就是真实生活，不是虚拟生活。九个关键词指向两大种类：第一类是乌托邦，代表人物是托夫勒、尼葛洛庞帝、凯文·凯利等，他们对

---

　　① 刘阳：《谁来戳破在线直播的泡沫》，《人民日报》2016 年 8 月 4 日第 17 版。

　　② 李铎：《年收入为何能破亿？网红商业运作解密》，《北京商报》2016 年 2 月 3日第 D1 版。

互联网都赋予了不同于现实的、美好的想象；第二类是反乌托邦，以斯诺登等人为代表，这种观点认为互联网带来的是反面的效果，而不是革命性的，互联网没有带来拯救和联合，反而让人彼此隔离，以至于每个人都产生异化。中国互联网的发展阶段大致可分为：引入期（学术牵引期）、商业价值发展期和社会价值凸显期等三个阶段。BAT 模式以满足用户多元需求为核心，通过技术产品和交互模式创新，服务经营策略体系协同，调动用户深度接触积极性，持续占有人气资源。"互联网＋"就是利用互联网对现有行业进行改造，产生新的行业模式。从社会的角度看，这种改造体现在压缩社会的连接层次，建立新的、便利的社会连接。互联网既是新媒体的重要表现形态，也是新媒体的关键发展动力。新媒体有数字化、交互性、融合性和超时空四大特征。

关键名词

阿帕网；BAT 模式；数字二元论；全景监狱；万维网；信息高速公路；赛博空间；浅阅读

思考题

1. 谈谈你对信息高速公路的理解？
2. 信息高速公路隐喻和赛博空间隐喻差别在哪里？
3. 如何理解赛博空间这个概念？
4. 中国互联网的发展阶段大致如何？
5. 互联网发展有哪几个层次？

延伸阅读

1. 腾讯传媒研究院：《众媒时代：文字、图像与声音的新世界秩序》，中信出版集团，2016。

2. ［英］弗兰克·韦伯斯特：《信息社会理论》，曹晋等译，北京大学出版社，2011。

3. ［英］詹姆斯·柯兰等：《互联网的误读》，何道宽译，中国人民大学出版社，2014。

第三章　新媒体

　　媒体的发展经历了三个阶段：精英媒体、大众媒体和个人媒体。这三个阶段分别代表着传播发展的农业时代、工业时代和信息时代。精英媒体时代的信息由少数人生产，少数人消费；大众媒体时代的信息由少数人生产，多数人消费；个人媒体时代的信息由多数人生产，多数人消费，生产和消费界限模糊。个人媒介完全以个人为中心，是人性化和社会性之间的博弈，是真正的 P2P（Peer‐to‐Peer）传播方式。以个人为中心的新媒体已经从边缘走向主流。新媒体的发展，使得每一个人都可能成为信息的发布者，可以表达自己个性化的观点，传播自己关注的信息。① 新媒体概念的起源，一种说法是源自加拿大传播学家马歇尔·麦克卢汉，1959 年 3 月，麦克卢汉在芝加哥参加全美高等教育学会举办的会议时，发表了题为"电子革命：新媒体的革命影响"的演讲。现在使用的"新媒体"概念出现于 20 世纪 60 年代。美国 CBS（哥伦比亚广播电视网）技术研究所所长、NTSC 电视制式的发明者 P. 戈尔德·马克（P. Goldmark）在 1967 年提出"New Media"（新媒体）概念。1969 年，美国传播政策总统特委会主席 E. 罗斯托（E. Rostow）在提交给尼克松总统的报告中也多处使用"New Media"。当时新媒体一词多指电子媒体中的创新性应用。伴随计算机技术的发展，"新媒体"一词开始广泛普及，20 世纪 80 年代该词被引入中国，很多中国研究者对新媒体的最初了解主要来自日本。国内学术期刊发表的

---

　　① 胡洁萍等：《新媒体的特征及其发展趋势探析》，《北京印刷学院学报》2014年第 5 期。

与新媒体相关的论文最早出现在 1986 年，这一年有 3 篇论文的主题为新媒体，其中 2 篇与教育技术相关。[①]

《连线》杂志把"新媒体"定义为：所有人对所有人的传播。彭兰教授关于"新媒体"的定义是："新媒体"主要指基于数字技术、网络技术及其他现代信息技术或通信技术的，具有互动性、融合性的媒介形态和平台。在现阶段，新媒体主要包括网络媒体、手机媒体和两者融合形成的移动互联网，以及其他具有互动性的数字媒体形式。

第一节　新媒体的主要类型

一、按硬件设备终端来分

（一）以计算机为终端

1998 年 5 月在联合国新闻委员会年会上首次提出互联网是第四媒体，这种新媒体主要是指继报刊、广播和电视出现后的互联网和正在兴建的信息高速公路。在我国，门户网曾经引领新媒体发展的潮流。

（二）以手机和便携式电子设备为终端

手机媒体、平板电脑等是代表，它们的特点是体积小、重量轻，携带方便，是用户日常生活中最常使用的媒介。

（三）以数字电视为终端

以 IPTV、移动电视、楼宇电视等为代表。

IPTV 是一种利用宽带网，集互联网、多媒体、通讯等技术于一体，向家庭用户提供包括数字电视在内的多种交互式服务的新技术。IPTV 是交互式网络电视，最大的特点是交互功能，能灵活进行节目预约和视频点播，还可享用互联网的各项内容服务。

车载电视是安装在汽车中，随车移动播放的电视系统，它通过无线数字信号发射，地面数字设备接收的方式，进行电视节目和广告节目的播放。优点是信息覆盖面大，信息传播效果显著，有效到达率高，等。缺点也很明显：单一频道强制性传播的特点缺乏互动性、内容亟待完善、信号

---

① 彭兰：《"新媒体"概念界定的三条线索》，《新闻与传播研究》2016 年第 3 期。

质量仍然有待提高。① 车载电视 2002 年正式进入中国，到现在成为真正的大众传播媒介。

　　楼宇电视指在商务楼宇、医院、政府办公大楼等公共楼宇中安装并发布节目内容或广告信息的电视联播网，17 或 21 英寸乃至更大尺寸（32/42 英寸）的液晶电视机被安置于楼宇等候厅或电梯轿厢内，每天自动循环播放节目或广告信息的一种新型媒体形式。② 这一新型媒体最早在加拿大出现，时间是 1995 年。2002 年末，楼宇电视传入中国，迅速在上海形成商务楼宇液晶电视网。2003 年初，中国最大的楼宇电视公司分众传媒（FocusMedia）创建，获得创投基金的青睐，创造出国内传媒私募融资新纪录，推动中国商业楼宇联播网的建设与运营。2005 年，该企业在纳斯达克成功上市，是我国楼宇电视发展史上标志性事件。我国的楼宇电视发展历程具有如下特点：③

　　2003—2005 年：产业巨头跑马圈地；

　　2005—2007 年：产业持续发展扩张；

　　2008—2011 年：产业发展增速回落；

　　2011 年至今：产业增速持续放缓，面临价值创新挑战。

　　视听新媒体是随着数字技术、互联网技术的应用和快速普及，在传媒生态领域迅速成长起来的媒介新种类。在视听新媒体发展过程中，由于传者与受众之间关系的变化、受众参与程度的增强、碎片化内容增多以及技术应用创新等因素，出现了公民视频新闻、微电影、新媒体剧、富媒体广告、电子游戏等视听新媒体节目形态：④

　　（1）微电影。即微型电影，指在较短时间内完成叙事的单本影像作品，包括广告微电影、明星微电影、游戏微电影等。微电影成为视听新媒体节目形态的一种，最重要的原因是在网络时代"微内容"广受欢迎。如

---

　　① 百度百科：车载电视，访问日期：2018 年 7 月 1 日，https：//baike. baidu. com/i-tem/% 车载电视/416969。

　　② 杜国清、黄升民、邵华冬等：《楼宇电视新媒体产业发展对策研究》，《现代传播》2015 年第 12 期。

　　③ 杜国清、黄升民、邵华冬等：《楼宇电视新媒体产业发展对策研究》，《现代传播》2015 年第 12 期。

　　④ 高红波：《视听新媒体节目的类型与特征》，《编辑之友》2013 年第 9 期。

果从早期的电影短片算起，微型电影这种形态并不少见，历史也较为久远。网络播出平台的出现以及"微内容"创作和传播的双重繁荣，改变了新媒体的内容生态环境。

（2）新媒体剧。依托新媒体平台完成制作和传播，具备观看自由灵活、类型丰富等特征的影视剧节目类型。新媒体剧囊括了网络剧、手机剧、公共视听载体剧等多种类型，具有生产周期短、制作门槛低、投资风险小等特点。新媒体剧是传统电视剧在网络视频、手机视频和移动电视平台上播出的"变种"。在生活节奏快、碎片时间多的网络时代，单集 10 分钟左右的网络连续剧、手机连续剧，逐渐成为一种受到众多网民、广告主认可和欢迎的视听新媒体节目形态。

（3）公民视频新闻。由普通公众拍摄、制作，发布在互联网平台上，运用画面与声音符号体系对新近或正在发生的事实进行反映、报道、记录、调查的视频短片。

（4）网络视频栏目。网络视频节目发展到一定的阶段时，出现了一种在固定网站播出、固定节目时长、固定主持人等栏目化特征明显的网络视频栏目，此类栏目属于网络原创节目，不在传统电视台播出。

（5）电子游戏。是一种基于计算机平台和数字技术的、鼓励玩家以获得身心愉悦为目的、自愿参加并要求玩家遵从特定的规则与目标的、独立于日常生活的娱乐活动。体验是电子游戏的核心，电子技术对游戏体验的影响有屏幕带来的视觉体验、输入技术的革新带来的触觉体验、互联网带来的交互体验等，同时，电子技术的发展还会给玩家带来更为沉浸的游戏体验。作为一种视听新媒体节目形态，电子游戏赋予了参与者角色扮演的功能，传统电视的"观众"变成了"演员"，在设计好的规定情境和游戏规则中表演或竞技。

上述视听新媒体节目形态都是目前传统广播电视播出平台上所没有的，它们在新媒体发展过程中诞生，或者在传统电视节目内容启发下融合了视听新媒体的技术特点而出现，并焕发出勃勃生机。

二、按应用（软件）属性来分

分为静态应用和动态应用，即 Web1.0、Web2.0 和 Web3.0 时代的网络应用。

（一）Web1.0 时代的网络应用

门户网站的传播模式是一对多，内容生产依靠专业人员。Web1.0 时代做出巨大贡献的企业有 Netscape、Yahoo 等门户网站。从知识生产的角度看，Web1.0 的任务是将以前没有放在网上的人类知识，通过商业的力量，放到网上去。从内容产生者角度看，Web1.0 是以商业公司为主体把内容往网上搬。从交互性看，Web1.0 是网站对用户为主的传播。

（二）Web2.0 时代的网络应用

Web2.0 时代传播模式的特点是以个人为中心，互动性加强，内容生产包括信息交互与行为记录。网站内容的制造者多元，网上的每个用户不再仅是读者，同时也成为作者；不再仅是冲浪，同时也成为波浪制造者；在模式上由单纯的"读"向"写"以及"共同建设"的方向发展；由被动接收信息向主动创造互联网信息发展，更人性化。

2004 年在旧金山召开的新媒体会议提出 Web2.0 概念，是一种技术乐观主义。在 Web2.0 中，粉丝变成了名流，学生变成了老师，客户变成了生产商，雇员变成了老板，市民变成了政治家。从 Web1.0 到 Web2.0 的转变，从模式上是单纯的"读"向"写""共同建设"发展；从基本构成单元的角度看，是由"网页"向"发表/记录信息"发展；从传播工具的角度看，是由互联网路由器向各类浏览器、RSS 阅览器等内容发展；从运行机制上看，作者由程序员等专业人士向全部用户发展。[1] 当然，Web2.0 也带来了一些负面影响，诸如，深刻的分析让位于肤浅的观察，深思熟虑的判断让位于感性观点，更多的用户热衷于展示自我，愿意倾听的人很少。

在 Web2.0 时代出现了平台型媒体。"平台型媒体"是指既拥有媒体的专业编辑权威性、又拥有面向用户的平台所特有的开放性的数字内容实体。不单靠自己的力量做内容和传播，而是打造一个良性的平台，平台上有各种规则、服务和平衡的力量，并且向所有的内容提供者、服务提供者开放，无论是大机构还是个人。"平台型媒体"仍然有"把关人"、有管理的机构，内容除了必须符合法律法规，还要符合平台的标准，取得准入资格。对于新闻业来说，平台型媒体的冲击是极其巨大的，大量的都市报和

---

[1]　蔡之文：《网络传播革命：权力与规制》，上海人民出版社，2011，第 48 页。

期刊关停，存活的传统媒体也开始在新闻业务和经营模式上探索创新。

互联网上最盛行"微"——微内容、微传播、微价值、微创新等，一系列的"微"就是激活个人这个社会基本元素后呈现的现象。"平台型媒体"可以让所有个体在上面找到自己的通道，找到能够激发自己活力的资源，其构建的关键词是开放、激活、整合和服务。①

知识链接：

报纸和期刊的停刊现象最近几年来一直在持续。2014 年停刊的纸媒有：《壹读》、华商传媒集团的《钱经》、南方报业传媒集团的《风尚周报》、现代传播的纯文学杂志《天南》、专业数码游戏刊《数字通讯》、港台流行文化杂志《YES!》、日本版权合作时尚刊《Oggi 今日风采》、财讯传媒两本国外版权合作刊《动感驾驭》和《科技新时代 Popular Science》。此外，《教育与出版》《都市主妇》《读者原创版·全世爱》《程序员》《电脑乐园游戏攻略》均于 2014 年 12 月出版最后一期纸刊。2016 年，《京华时报》和《东方早报》等一些知名报刊相继停刊。到了 2017 年 8 月底，我国西南传出"重庆日报集团三家都市报即将合并"的消息，《重庆晚报》《重庆晨报》《重庆商报》经营后勤部门宣布合并，另外三报采编业务于年底合并，因新闻纸涨价、发行成本等原因，《重庆商报》来年将不再出纸质版。重庆传媒产业出现一次大的洗牌。② 而西北地区的知名都市报《华商报》报社于 2015 年 8 月份开始大幅裁员，好几个部门员工被整体裁掉，而且集团其他两家报纸，《新文化报》和《华商晨报》已先期完成裁员数百人的任务。③ 2018 年《成都商报》下属的《西部商报》宣布关停。

与因内容生产或管理方式不当被市场淘汰的媒体不同，一些因网络冲击而遭遇发展瓶颈的媒体通过与新媒体融合的方式继续其业务链延伸。2016 年初停刊的《九江晨报》利用官方微博、微信公众号以及 APP 充当

---

① 喻国明：《基于互联网逻辑的媒体发展趋势》，《人民日报》2015 年 4 月 19 日第 5 版。

② 新浪科技：《传重庆日报旗下三家报纸将合并或近期宣布》，访问日期：2018 年 7 月 27 日，http：//tech. sina. com. cn/2017 – 08 – 31/doc – ifykpysa2096541. shtml。

③ Bianews：《传〈华商报〉半月裁员百人员工拉横幅声讨》，访问日期：2018 年 7 月 27 日，http：//www. sohu. com/a/32456133_ 115060。

新闻发布平台。《京华时报》2017 年告别纸质版的同时全面转型发展新媒体业务，以媒体 APP、微博、微信公众号等组成的新媒体矩阵影响力强大。《外滩画报》2016 年停刊后重点进行新媒体平台与发展业务创新，已获得资本青睐。[①]

（三）Web3.0 时代的网络应用

Web3.0 指网站内的信息可以直接和其他网站相关信息进行交互，能通过第三方信息平台同时对多家网站的信息进行整合使用。用户在互联网上拥有自己的数据，并能在不同的网站上使用。但当前 Web3.0 很大程度上只是由业内人员制造出来的概念词语。

从 Web2.0 到 web3.0，权力从垂直机构向水平网络方向分散。Web2.0 工具不曾考虑过"组织界限、级别或者职称"。Web3.0，即在全球社会文明中形成世界主义的社会新思潮，不会有民族身份、文化结构和国家管制的负担。Web3.0 革命的主要特点是语义网络。如果 Web2.0 是个网络平台，Web3.0 则是由互联网转入充满智慧、能够回答各种复杂问题的人类智慧库形式。网络动态机制和制度结构之间存在紧张关系。长期的冲突和变化持续至今，哪怕是在网络中。

三、按经营性质来分

从盈利的角度来看，网站可分两种类型，以营利为主的商业网站和非营利为主的政府和公益网站。

（一）以盈利为主的商业网站

这种商业模式是在线交易，线下物流。电子商务具体有以下三种类型：

（1）B2B：Business－to－Business，指企业与企业之间通过互联网进行产品、服务及信息的交换。

（2）B2C：Business－to－Customer，商对客电子商务的一种模式，也就是通常说的商业零售，直接面向消费者销售产品和服务。代表是京东的自主经营卖产品。

（3）C2C：Customer－to－Customer，个人与个人之间的电子商务。一

---

① 唐旭军：《中国新媒体发展报告》，社会科学文献出版社，2017，第 19 页。

个消费者有一台电脑，通过网络进行交易，把它出售给另外一个消费者。淘宝和易趣是典型代表。易趣 1999 年在上海创立；2002 年，易趣与 eBay 结盟并更名为 eBay 易趣。

（二）政府和公益网络

政府网站是"互联网＋"时代政府履行职责的重要媒体平台，我国政府网站的数量众多，截至 2018 年，全国正在运行的政府网站超过 22 000 家，相比 2015 年的数据，政府网站精简了七成多，中央政府和地方政府都比较重视网站建设，建立了无障碍体系，不同层级的政府网站信息可流通传播。

公益网站是另一种非盈利网络，涵盖内容较广，诸如心理咨询、法律援助、扶贫助学等，公益网站的主体有政府机构、社会团体等。

第二节　新媒体的主要特征

"新媒体"常指基于各类网络媒介从事新闻与其他信息服务的机构。互联网既是新媒体的重要表现形态，也是新媒体的深刻发展动力。新媒体有数字化、融合性、交互性和超时空四大特征。

一、数字化：新媒体的显著技术特征

社会中出现的多数新词汇，如供给侧改革、数字化等，都是经过媒体而不是学校拓展其生存空间，例如数字化一词即在媒体报道中被普遍认可并得到广泛传播的，该词源于尼葛洛庞帝著的《数字化生存》，在这本书里，digital 被译为"数字化"。

尼葛洛庞帝认为，"未来是比特世界"，数字技术将在未来社会占主导地位。人类生存在一个虚拟的、数字化的生存活动空间，在这个空间里人们应用数字技术（信息技术）从事信息传播、交流、学习、工作等活动，这便是数字化生存。《数字化生存》一书中的部分观点有："信息的 DNA"正在迅速取代原子而成为人类生活中的基本交换物；大众传媒正演变成个人化的双向交流，信息不再被"推给"消费者；人们或他们的数字勤务员将把他们所需要的信息"拿过来"并参与到创造它们的活动中。

数字化新媒体拓展了传输手段、接收终端和表达形式的多样性；打破了报纸、广播、电视之间的壁垒，使媒介融合成为可能；为海量信息传播提供基础。

今天的数字技术也渗透到传统媒体的生产环节，例如报纸出版中的激光照排技术、电视编辑中的非线性编辑技术等，这些技术是传统媒体向新媒体延伸或转型的前提，但仅有这些技术并不意味着传统媒体就变成了新媒体。当"新媒体"这个词开始真正普及时，人类已经进入到计算机时代。计算机技术实现了信息的数字化存储、加工、传播与呈现。数字化信息的传播介质就是新媒体。数字化，更多的是指最终传播介质的数字化。①

二、融合性

数字化会带来一个延伸性的特征，那就是媒介的融合性。美国麻省理工学院教授伊契尔·索勒·浦尔（Ithiel de Sola Pool）在 1983 年出版的著作《自由的技术》中指出："一个被称为形态融合的过程正在使各种媒介之间的界限变得模糊……一种单一的媒介，无论它是电话线、电缆还是无线电波，将承载过去需要多种媒介才能承载的服务。另一方面，任何一种过去只能通过单一媒介提供的服务，例如广播、报纸、电话，现在都可以由多种媒介来提供。由此，过去在媒介与它所提供的服务之间存在的一对一的关系正在被侵蚀。"这被视作"媒介融合"的最早界定之一。他所说的形态融合是发生在传播介质的新媒体化基础上，即新媒体时代，传播渠道与功能的融合不可避免。而这种媒介形态的融合，还体现在大众传播、人际传播、群体传播、组织传播的媒介融合方面。浦尔所说的融合，已包含大众传播与人际传播的渠道的融合，而后来新媒体的发展，将群体传播与组织传播也融合进来。除了媒介形态的融合外，新媒体的融合还表现为手段的融合。多媒体传播被认为是新媒体传播的典型特征。②

三、交互性

交互性是新媒体的本质传播特征。每个受众都能变成传播者，人人可以检索、接收、发布、回复、评论各种信息，传受之间互动的频率加大。

---

① 彭兰：《"新媒体"概念界定的三条线索》，《新闻与传播研究》2016 年第 3 期。
② 彭兰：《"新媒体"概念界定的三条线索》，《新闻与传播研究》2016 年第 3 期。

传播模式由"点对面"模式发展成"点对点"模式，"所有人对所有人的传播"成为现实。信息控制力的主体发生变化，信息的发出不再依赖某些机构或个体。互动性已经嵌入到新闻生产的过程中去，新闻游戏化变得越来越时兴。

计算机与通信的结合是信息化的基础。对于新媒体而言，也正是如此。而通信技术意味着，媒介的信息传播可以成为双向的，这也使得传受方面的双向交流成为可能，这种双向交流的能力也往往被人们称为"互动性"。尽管传统媒体也有一定的受众反馈机制，但与新媒体相比，那种反馈是微弱的，因此，互动性成为区分传统媒体与新媒体的主要特征之一。[1]

交互性是新媒体区别于以往媒体的最突出特点。它包括两个含义：信息发送者和接收者之间的信息交流是双向的；参与个体在信息交流过程中都拥有控制权。新媒体可以通过短信、即时通讯、电子邮件、公共论坛和个人网页等手段，给受众提供了一个双向交流平台。受众不仅是信息的接受者，同时也是信息的传播者。交互性使得传播者和接受者的角色转换极其容易，消费者很容易从一种传播状态切换至另一种传播状态。新媒体让受众和媒体之间的边界消失，用户从单向获取媒体内容，到互动获取乃至创造内容，由所有人面向所有人进行的传播。新媒体传播中，没有受众只有用户。[2]

案例：

1. 2014 年 11 月 12 日，新华社发布了中国国家主席习近平和美国总统奥巴马在前一日"夜游中南海"，同时举行会见会谈的的消息。这条新闻披露的内容信息含量极大：习近平和奥巴马在长达数小时的会见、晚宴和会谈中，几乎徜徉驻足了中南海里所有重要的场所和景点。而二人在不同场景下的谈话具体内容细节，也在新华社的报道中有详尽披露。

网易出品了《习近平和奥巴马是这样夜游中南海的，你感受一下》，这个专题的制作周期非常短，只用了大半天的时间。同样是交互式游戏的

---

① 彭兰：《"新媒体"概念界定的三条线索》，《新闻与传播研究》2016 年第 3 期。

② 胡洁萍等：《新媒体的特征及其发展趋势探析》，《北京印刷学院学报》2014年第 5 期。

形式，这个专题选择了第三人称的视角来表现。画面背景是一张中南海的全景三维地图。地图上可以看到习近平和奥巴马的头像和卡通身形坐标，从二人开始会面的地点——瀛台起步，参与者可以通过点击路线中的一个个蓝色节点，追踪习奥两人头像坐标的移动，了解他们都去了哪些地方，在每个地方都干了什么和说了些什么。通过收集官方发布的文字和图片信息资料，加上 HTML5 互动技术的处理，在地图这样一个可视化的场景中，让读者直观地了解到习近平和奥巴马夜游中南海的全部经过。[1]

2. 2017 年两会期间，社交媒体上刷屏最凶猛的《两会喊你加入群聊》来自《人民日报》客户端，这款 H5 不到 24 小时点击量就突破 600 万，截至 2017 年 3 月 9 日，仅客户端上的评论量已超过 16 万。《两会喊你加入群聊》，这款产品以个人微信界面为背景，无论是对话、朋友圈、发红包，还是聊天主题"工资能再涨吗？""假期能再长吗？"都指向一个结果：真实的参与和互动。"与我有关"成为这款两会主题 H5 能收获全民认可的最重要的原因。[2]

四、即时性、时空压缩与媒介偏倚

即时性是互联网传播的一大特点，每秒钟 30 万千米的速度使地球成为名副其实的"世界村"（global village），该词是加拿大学者麦克卢汉 1967 年在《理解媒介：人的延伸》一书中首次提出，主要观点是：只要有接收设备，任何角落都可接收到由新媒体传播的信息。无线网络还使用户可以随时随地接收信息。传播实现了超时空，是新媒体的外部效果特征。形成后现代社会特有的时空压缩现象。

📷 知识链接：

"地球村"是一个由电子技术编织的牧歌悠扬的理想之境：部落是无所不包的，但是这并不意味着要求人们都服从一个模式。毕竟，一个大家

---

① 杨逸：《网易新闻专题是怎么刷爆微信朋友圈的？》，访问日期：2018 年 7 月 1 日，http://www.pingwest.com/a/40087。

② 全媒派：《两会报道解读：从"自嗨"到刷屏，今年两会央媒玩得有点"猛"》，访问日期：2018 年 7 月 1 日，http://news.qq.com/a/20170313/050925.htm。

庭里有多样性，服从性比较少，比数以千计的家庭组成的都市混合体的情况要好得多。村子里偏离中心的情况挥之不去；在大都市里，千篇一律、没有个性反而成了风景线。电子技术锻造的地球村激发出更多非连续性、多样性和区别性，它比原来机械的、标准化的社会要略胜一筹。实际上，地球村必然要求产生最大限度的不同意见和富有创造性的对话。千篇一律和万马齐喑并不是地球村的标志。更大的可能性是，既有冲突不和，又有爱与和谐——这是任何部落民族惯常的生活方式……今天年轻人欢迎重新部落化，无论感觉是多么的模糊。他们把重新部落化当作从文字社会的千篇一律、异化和非人性化中解脱出来的办法。①

以前在互联网上没有人知道你是一条狗，现在每一个人知道你是什么狗。因为口传时代，大家生活在村落中，我不仅仅知道你，还知道你的详细情况。

"时空压缩"：哈维认为，一定地域范围内人际交往所需的时间和距离，随着交通与通信技术的进步而缩短。一方面是人们花费在跨越空间上的时间急剧缩短，以至于人们感到现存就是全部的存在；另一方面是空间收缩成了一个"地球村"，使人们在经济上和生态上相互依赖。时空压缩改变了时间与空间的表现形式，并进而改变了我们经历与体验时间与空间的方式。时空压缩增加不同空间的互动，利于群体整合、文化整合和社区整合。

"时空压缩"存在负面性，形成了新的挑战和社会焦虑。在时间方面，一些基于时间形成的审美、人生体验和思考正在丧失。压缩后的时间，变成了空洞的存在。比如快速行驶的高铁就是压缩时间的表现，由于速度很快，人们在列车上似乎无法欣赏沿途的美景，只有车厢里的时间显示和耳机里的音乐。这种压缩是所谓的"使时间空间化"，还有一个不足是出现了文化的同质化现象，比如时空压缩缩小了东部城市和西部城市的区别，使得流行或时尚呈现出同步性，不同城市之间的文化个性消失，呈现出同质化现象，这种"压缩"叫"通过时间消灭空间"。

---

① ［加］埃里克·麦克卢汉、弗兰克·秦格龙：《麦克卢汉精粹》，何道宽译，南京大学出版社，2000，第400页。

　　加拿大学者英尼斯提出一个著名的观点——传播的偏向，认为媒介在时间和空间上对社会组织产生决定性影响，媒介可以分为时间偏向的媒介和空间偏向的媒介。

　　时间偏倚媒介：质地较重、耐久性强，如黏土、石头和羊皮纸等，克服时间的障碍，能长久保存。是个人的、宗教的、特权媒介，强调传播者的媒介垄断、权威性、等级性和神圣性。不足之处是不利于权力中心对边陲的控制。空间偏倚媒介是质地较轻、容易运送的媒介，如莎草纸、报纸等，较适于克服空间的障碍。偏倚空间的媒介是一种大众的、政治的、文化的普通媒介，强调传播的世俗化、现代化和公平化。利于帝国扩张、强化政治统治，增强权力中心对边陲的控制力，利于传播科学文化知识。

　　空间偏向的文明表现在世俗制度发达，宗教体制薄弱，科学技术突飞猛进，社区生活逐渐瓦解，甚至衰亡，个人主义盛行，西方文明或互联网精神是典型代表。视觉技术创造中心—边缘模式，而电子技术传递的信息瞬间完成，创造没有边缘的多中心，创造的是部落模式，而非国家模式。

　　一些媒介倚重时间，另外一些媒介倚重空间，其中的含义是：对于它所在的文化，其重要性有这样或那样的倾向。口耳传播受时间束缚，眼睛、文字或书面传播受空间束缚。

　　汉字给行政管理提供了基础，它强调的是按照空间来组织帝国，不足以满足时间的要求。20世纪的美国总统罗斯福则充分利用了当时的新媒介进行政治治理。在12年总统任期内，罗斯福利用广播共做了30次炉边谈话。广播固守传统，强调连续性，突出社会的粘合力，紧守神圣的信仰和道德传统。这里涉及技术决定论还是社会决定论的问题。自19世纪以来，技术决定论和社会决定论之间经常爆发争论。技术决定论指技术发展是内生动力的唯一结果而不被其他因素所影响，塑造社会来适应技术模式；社会决定论是指技术是中立工具，而社会阶层、政治权力，甚至是个人性格，对技术的设计和控制有独立影响。① 就互联网而言，无论国内还是国际，它都是利益的争论场，网络技术很少会沿着单一方向发展，而是朝着多元方向发展，技术受到多种非技术因素的影响，我们能享受到多少自由

---

　　① ［英］安德鲁·查德威克：《互联网政治学：国家、公民与新传播技术》，任孟山译，华夏出版社，2010，第22页。

不仅依赖使用的技术，还依赖于使用技术的地点、方式和社会文化环境。技术并不是起到决定作用的。①

第三节　媒介生态改变

近年来，我国的报纸等传统媒体的发行量和广告额持续下跌、PC 用户增长乏力，移动端用户持续扩张，移动媒体成为下一个十亿用户媒介，信息的传播介质大迁移：移动端、智能、直播应用等新技术颠覆媒介生态。在"互联网＋"迅猛发展的态势下，泛信息、泛知识、泛传播极大地丰富了传播的内容；跨行业、跨领域、跨时空极大地拓展了传播的空间；人人都是传者，个个都是受众，这极大地模糊了共享信息的主客体界限。在这种发展态势下，现存的传播环境将会受到冲击并发生剧变。

一、媒介环境建设与变化

从终端看，智能终端已经能够满足个人的吃、穿、行、游、乐等多元需求，智能手机提供了多元社会应用的个体平台；从网络看，移动互联网、物联网等网络的普及使得信息传播不受时间、空间以及主体、客体等诸多限制；从平台看，大数据、云计算等平台加快了信息共享、服务共享以及资源转换的进程，跨界融合已经成为传媒发展与竞争的基本生态。因此，以公共信息为切入点，提供社会内容、编织社会关系、加快社会应用就成为传媒在"互联网＋"时代的基本战略。"互联网＋"时代不仅冲击当前的媒介环境，推动媒介环境的改变，而且大致规定了媒介新环境建设的方向和结构。

就新媒介环境构建的方向而言，媒体传播应着力于中国和世界的沟通，着力于民众、党政和传媒的沟通。就新媒介环境建设的结构而言，在"互联网＋"时代，仍以"短、平、快"为目标。短者，新闻事实发生地同被作为新闻报道地的时间地理距离越短越好。为此应支持依法创办新兴媒体。这些媒体作为信息平台，将成为新的媒介环境中一道亮丽的风景

---

① ［美］马克·格雷厄姆、威廉·H. 达顿：《另一个地球：互联网＋社会》，胡泳等译，电子工业出版社，2015。

线，这是"平"的实质。所谓"快"，即新的媒介环境对于公民依法享有知情权、表达权、参与权、监督权，不仅要充分，依法到位，而且要突出"快"这个传播要素，也就是新的媒介环境要以新型的媒介结构和媒介特性，保证公民能够最快捷、最便利地获知各种信息，自由地表达观点和意愿，参与社会管理，监督各级党委、政府和领导干部。①

二、新媒介环境的特征

自20世纪90年代以来，随着科学技术的飞速发展和我国社会的全面进步，卫星电视、有线电视、网络媒体、手机媒体等媒介新技术在我国全面推广和逐步普及，我国的媒介环境发生了革命性的变化，形成了一个迥然有别于以往的新的媒介环境，其特征有：②

1. 社会媒介化

我国正逐步转变成一个媒介化社会。从地上到空中，从室内到室外，各种各样的媒介结成一个无形的网，网住了社会和每一个人，传媒充斥在我们生活的每个角落，大众传媒已经成为当今世界的文化中心。传媒不但成为人们了解、认识和感受外部世界的最重要的中介，而且正在逐渐超越信息传播这一最初的功能，渗透社会的各个层面、各个角落，影响人们的政治生活、价值观念，重构人们的日常生活，甚至情感世界和意识形态。

2. 传播全球化

国际互联网对我国媒介环境由国内传播跨越至全球化传播阶段具有决定性作用。麦克卢汉曾预言由于电子媒介的产生，信息传播瞬息万里，整个地球在空间上缩小为弹丸之地。电子媒体的同步性质，使人类结成了一个紧密联系的社区地球村。

3. 信息多元化

网络的开放性，使每个人都可以通过互联网发布信息，成为传播者，从而打破了过去由专业传播机构所垄断的相对封闭的媒介环境，使我国媒

---

① 童兵：《"互联网+"的发展对媒介环境的冲击与改变》，访问日期：2018年7月27日，http://www.sohu.com/a/151592066_405942。

② 王勇：《媒介新技术、新媒介环境与青少年社会化》，《湘潭大学学报（哲学社会科学版）》2010年第1期。

介环境呈现出前所未有的开放性、多样化和多元化。

三、媒介生态发生根本改变①

新媒体为广大民众提供了广泛参与新闻信息传受、舆论表达和舆论引导的空间及渠道，极大地改变着舆论生发和存储、舆论表达和舆论引导格局。

（一）从参与者层面考察

媒介生态和人们的媒介生活有了下列几方面的变化：

（1）被称为草根的普通民众直接参与新闻信息传受活动，而且人人可以成为记者和编辑，甚至个个都可以当总编、社长，新闻传播活动真正实现了平民化、草根化和非专业化。

（2）所传受的新闻信息内容丰富多样，角度呈现各不相同，充分表现出信息内容的多元和公共特色。

（3）传播新闻信息的渠道多种多样，"把关"功能弱化，而且成本低廉。

（4）新闻信息传受过程中的主客体经常身份互换，传和受双方交互性明显。

（二）从媒体自身的层面看

媒介生态和人们的媒介生活也有很大变化：

（1）传播主体有重大调整。体制内传统媒体的地位有所动摇，设置议题和议程的主动权不断减损。民众由于掌握了新媒体而从以往的信息接受者变为重要信息的发布者和评论者，民众提出的议题和设置的议程常被党委和政府采纳，所谓倒逼机制正在形成。

（2）传播内容的"官民指向"有所变化。体制内媒体的主旋律和由其所内化的选稿标准没有变化，而新媒体所传播的信息则是多样的，所发表的意见是多元的，新媒体已经成为当代民众思想文化信息的集散地和社会舆论的放大器。

（3）新闻舆论事件有所增加。新媒体积极设置和主动策划，当下社会的新闻热点和舆论事件频发，参与的民众呈几何级数扩展。新技术塑造的

---

① 童兵：《新媒体时代舆论表达和舆论引导新格局》，《新闻爱好者》2014 年第 7 期。

"地球村"满足了人们对遥远地方的想象并建立联系，创造了"远距离的亲密感"。另一方面，时间的流动加速，时间越来越觉得不够用，却总是过得飞快；频繁地穿梭在现实空间和网络空间之间，则会感到错乱和迷茫；新媒体很容易打断原先的计划，迫使我们调整既定安排；工作成了一直在做却永远做不完的事情，进而衍生出种种压力和困扰。新媒体在改变时空经验中给我们带来的精神冲击和心理紧张状态，就是"时空紧张感"现象。①

四、舆论场新格局

在网络自媒体繁盛之前，舆情主要来自传统媒体的报道，由媒体建构的现实，报道什么，社会就是什么，普通大众没能力和渠道质疑。而自媒体的出现，则打破主流媒体的单一话语空间，重塑新的网络公共空间，形成了两组关系：一个是国家与新型网络空间的关系，一个是公民与新型网络空间的关系，前者是庙堂之高，后者是江湖之远，两者相辅相成，成为互联网舆论场的奇观。

（一）新媒体重建舆论中心，舆论场多元

新媒体构建了一个公众参与公共事务讨论和行动的"舆论中心"，这个中心被称为民间舆论场。舆论场的多元体现在娱乐信息的活跃。

在网络空间中，众声喧哗，各种观点出现前所未有的冲击和碰撞，尽管这其中有着复杂的社会和历史因素，但是网民的学历水平低也是不容忽视的因素，这引发了骂战、约架等群体极化现象，关于群体，法国学者勒庞在《乌合之众》中这样论述：情感幼稚、道德败坏、智力低下。个人一旦融入群体，其个性便会被淹没，群体的思想便会占据绝对统治地位。群体的行为也会表现出排斥异议、极端化、情绪化及低智商化等特点，对社会产生破坏性的影响。这在名人在网络空间中引发的骂战现象中体现得最为直接，例如，王思聪和范冰冰对骂、周立波骂战、崔永元和方舟子微博骂战等等，尽管勒庞的观点有失偏颇，但是对于当前的网络空间治理来说却有一定的警示性。

---

① 陈力丹、毛湛文：《时空紧张感：新媒体影响生活的另一种后果》，《新闻记者》2014 年第 1 期。

知识链接：

微信公号大多是体制外的人士和机构在办，但体制内也不少。现在有五六万家政务微信，有订阅号也有服务号。官方媒体的微信也很活跃："央视新闻"现在也是办得最好的媒体微信公众账号之一，无论是体制内、体制外。人民日报体系有"学习小组""侠客岛"、国际部的"镜鉴"，人气都不错。

社交媒体在国外的本色就是社交和日常生活，在中国更多变成了一个政治上的投枪和匕首，某种程度上这不一定是个健康的社会现象。要不要十几亿人都来关心根本性的政治制度设计？国家层面的政治毕竟还是精英政治，要有专业门槛的知识积累和参政议政经验。互联网倒是应该多关心"在地政治"。

互联网从技术形态上保障了人民群众的知情权、表达权、参与权、监督权。但另一方面互联网也不是一个非常理想的公共空间。它有很多缺陷，包括信息真伪莫辨、情绪剑走偏锋、信口开河、好勇斗狠。

网上的很多活跃网友拉一拉就是朋友，推一推就是敌人，应该尽量化敌为友。网上意见领袖的质疑、批评，除了少数触犯法律者需要依法惩处，更多的——用传统的术语——还是人民内部矛盾。某种程度上，没有老百姓的"意见"何来"意见领袖"？

社会转型期也是矛盾凸显期，社会有巨大的压力要释放。文化管理部门要调节国民心态，丰富文化生活。从社会心理健康强健的角度说，要适度地包容通俗文化。不要把那种无益但也无害的通俗文化都灭了。这样反而会加剧社会的紧张度。①

知识链接：

微博似乎已成公众人物打"口水仗"的战场。方舟子与韩寒十日"口水战"、编剧六六斗"小三"、"甄赵事件"……各种骂战层出不穷。最近，中国青年报社会调查中心通过搜狐网和民意中国网，对 1 612 人进行

---

① 祝华新：《社交媒体在中国变成了政治上的投枪和匕首》，访问日期：2018 年 7 月 27 日，http：//news. ifeng. com/a/20150126/43023135_ 0. shtml。

的在线调查显示，66.7％的受访者坦言，眼下公众人物微博骂战现象严重。61.6％的受访者直言，名人的微博骂战是在牺牲公众对社会的感受和社会底线，来博取眼球和个人商业利益。

作为明星，无论是发微博，还是观微博，都要保持一定的理性，而不能信口开河，想说什么就说什么，想干什么就干什么，甚至想骂人就骂人。微博并非自由天堂，更不是每个人发牢骚、泄私愤的地方，除了发表自己的观点，还要兼顾别人感受。否则，就会适得其反，甚至引发争议。这是微博功能的多面性，掌声与"口水"往往同在，何况这方面教训已经很多。

发微博往往是私下里一个人的行为，少了很多顾忌和约束，所以会随心所欲，想说什么就说什么。一旦不冷静、不理性的话发了微博上，很快便会成为网友们关注与评议的对象，继而引发争议，乃至"论战"和"骂战"。所以说，作为明星，发微博时一定要做到胸中有数，简言之，微博面前要学会慎言、慎行、慎独。①

（二）新意见阶层

在社交网络迅猛发展的背景下，网络空间出现了一个新的群体——新意见阶层。该阶层由活跃的思想精英、作家、艺术家和草根领袖等组成，拥有海量粉丝。而微信时代的各种大号也具有极强的影响力，还有一些值得注意的是，在知乎、豆瓣、朋友圈等自媒体空间，一些在某些专业领域具有舆论领袖地位的用户也不容忽视。"新意见阶层"有巨大的舆论能量。对中国社会发展的不健康现象，比如社会不公，他们不平则鸣，特别是遇到突发事件，从民间反日风潮、奥运火炬传递到汶川大地震、瓮安群体性事件，他们口无遮拦、激情四溅、呼风唤雨，会在很短的时间内凝聚共识、发酵情感、诱发行动，影响社会。②

"早晨起来看微博，确实很容易让人产生一种皇帝批阅奏章，君临天下的幻觉。国家大事如潮水般涌来，需要迅速做出各种判断，提出各种建议，各种转发，各种忧国忧民，各种踌躇满志，万物皆备于我。"

---

① 《名人微博骂战是何原因?》，访问日期：2018年7月27日，http://news.163.com/12/0420/12/7VHM6CT400014JB6.html。

② 周瑞金：《"新意见阶层"在网上崛起》，《炎黄春秋》2009年第3期。

　　新的社会阶层人士包括四类人：私营企业和外资企业的管理技术人员、中介组织和社会组织从业人员、自由职业人员、新媒体从业人员。新媒体中的代表人士是新纳入统战工作范围的，目前已经被明确为新的社会阶层人士统战工作的重点对象。[①]

　　如何看待新意见领袖？"新意见阶层的崛起是新技术革命和改革开放的重大新成果，是我国舆论监督的重要新力量，是深化经济、政治、文化、社会'四位一体'改革尤其是政治体制改革的重大推动力。"[②] 就政治倾向来说，新意见领袖并非天然都反对政府，但这股力量却又不容忽视。微信、直播等建构成的新传播生态使原来不可能在现实中聚集的意见领袖通过网络聚集一起，形成精神聚合，被激发出参与社会管理、公众表达的热情。

　　（三）舆论场多元

　　社会化媒体打破单一组织系统，构筑"强关系""弱关系"的关系网，推动了社会交往新模式。打破单一社交圈，重构社会关系。新媒体爆发出更大组织和动员能量，群体事件由网络开始，从线上到线下的情形越来越普遍。尽管微博微信上发生的诸多事件诉求不同，但都依托网络建构的新的行动中心，独立承担整个事件的动员与组织。

　　新媒介时代形成了不同舆论场，即民间舆论场和官方舆论场，但两者并无优劣高下之分。官方舆论场和主流媒体有着民间舆论场和民间媒体难以具备的长处，也存在不足；反之亦然。因此最现实又最合理的政策应该是：两种舆论场和不同传媒取长补短，实行互动共进。

　　就信息而言，一般分为客观信息和主观信息。从新闻传播看，报道事实变动的信息属于客观信息，报道思想观点的信息属于主观信息。民间舆论场由于传媒分布广泛而传播者众多，它们的信息多，传播时速快，其内容比官方舆论场和主流媒体要丰富、精彩，所以常常吸引主流媒体从这里取材。但是，由于信息多且生产过程简单，对信息真实客观与否的考察不够，致使信息中失实失真者也不少。因此，对官方舆论场和主流媒体来说，在取材和增彩的过程中，要谨慎，要仔细考察，以确保所有进入主流媒体的客观信息真实和可靠。就主

---

　　① 沙雪良：《中央统战部：新媒体从业人员属于新的社会阶层人士》，访问日期：2018 年 7 月 27 日，http：//www.xinhuanet.com/zgjx/2016 – 07/05/c_ 135489506. htm。

　　② 周瑞金：《"新意见阶层"在网上崛起》，《炎黄春秋》2009 年第 3 期。

观信息的选择与发表来说，官方舆论场和主流媒体操作认真，发布郑重，有不少信息直接来自政府机关，信息权威而重大。这些主观信息值得民间舆论场学习采用。但后者自身也有不少精彩的思想火花和出彩观点，这些主观信息直接来自百姓心声，来自生活第一线，这些信息应该引起官方舆论场和主流媒体关注、关心并流传发布。①

本章小结

媒体的发展经历了三个阶段：精英媒体、大众媒体和个人媒体。这三个阶段分别代表着传播发展的农业时代、工业时代和信息时代。在现阶段，新媒体主要包括网络媒体、手机媒体及两者融合形成的移动互联网，以及其他具有互动性的数字媒体形式。在视听新媒体发展过程中，由于传者与受众之间关系的变化、受众参与程度的增强、微型碎片化内容增多以及技术应用创新等因素，出现了公民视频新闻、微电影、新媒体剧、富媒体广告、电子游戏等视听新媒体节目形态。从 Web1.0 到 Web2.0 的转变，从模式上是单纯的"读"向"写""共同建设"发展；从基本构成单元上，是由"网页"向"发表/记录信息"发展；从工具上，是由互联网路由器向各类浏览器、RSS 阅览器等内容发展；从运行机制上，作者由程序员等专业人士向全部用户发展。在 Web2.0 时代出现了平台型媒体。"平台型媒体"是指既拥有媒体的专业编辑权威性、又拥有面向用户的开放性的数字内容实体。Web3.0 指网站内的信息可以直接和其他网站相关信息进行交互，能通过第三方信息平台同时对多家网站的信息进行整合使用；用户在互联网上拥有自己的数据，并能在不同网站上使用。新媒体有数字化、融合性、交互性和超时空四大特征。"互联网＋"时代不仅冲击当前的媒介环境，推动媒介环境的改变，而且大致规定了媒介新环境建设的方向和结构。新媒体为广大民众提供了广泛参与新闻信息传受、舆论表达和舆论引导的空间及渠道，极大地改变着舆论生发和存储、舆论表达和舆论引导格局。自媒体的出现，则打破主流媒体的单一话语空间，重塑新的网络公共空间，形成了两组关系：一个是国家与新型网络空间的关系，一个是公民与新型网络空间的关系。

---

① 童兵：《官方民间舆论场异同剖析》，《人民论坛》2012 年第 13 期。

关键名词

媒介偏倚；时空压缩；新意见阶层；C2C；舆论场

思考题

1. 新媒体的主要类型有哪些？

2. Web2.0 和 Web3.0 情景下各有哪些网络应用？

3. 新媒体的主要特征是什么？

4. 新媒介环境发生了哪些变化？

5. 新媒体的节目形态有哪些？

延伸阅读

1. 周鸿祎：《周鸿祎自述：我的互联网方法论》，中信出版社，2014。

2. ［美］兰德尔·柯林斯：《互动仪式链》，林聚任等译，商务印书馆，2012。

3. 范卫锋：《新媒体十讲》，中信出版社，2015。

第四章　社交媒介传播

安东尼·梅菲尔德在《什么是社交媒介》一书中指出，社交媒介是一系列在线媒介的总称，其主要特点是参与性、公开性、对话性、社区化、连通性，此书被认为是最早对社交媒介进行论述的著作。社交媒介最大的特点是赋予每个人创造及传播内容的能力。作者将社交媒介的基本形态分为七大类：社交网站、博客、维基、播客、论坛、内容社区和微博。[①] 社交媒体把人们之间的关系从幕后推向了前台，网络技术在传播发展中越发显得不重要。

社交媒体还被定义为"一些建立在网络 2.0（Web3.0）技术基础上，基于互联网的应用程序，并允许创建和交换用户生成内容，形成一个新的网络，人们通过它安排自己的生活。社交媒体影响了人类在个人和社区层面以及在更大的社会层面的相互作用，线上或线下世界变得越来越互通。"[②]

第一节　社交媒介传播理论

社交媒介的含义包括三个层次：一是基于互联网或移动通信的应用，将传播变成一种互动的对话。二是建立在 Web2.0 的思想和技术基础上的

---

① 转引自彭兰：《社会化媒体：理论与实践解析》，中国人民大学出版社，2015，第 3 页。

② ［荷］何塞·范·戴克：《互联文化：社交媒体批判史》，赵文丹译，中国传媒大学出版社，2018，第 2 页。

网络应用，促成了 UGC 的生产和交换。三是社会性互动的媒介，能促使社会的良性发展。总之，社会化媒介是一种以计算机为中介的工具，帮助用户在虚拟社区里创造、分享和交换信息、观点以及图片、视频等。①

水平社会使得扁平化特征更明显，多数人认为这种转变背后的推动力是通信技术、市场作用力或者全球化的动态机制。韦伯认为，每个官僚阶级都为本阶级掌握的信息和意图保密，从而在专业信息的层面占优势。网络动态机制指社会权力的横向表达，权力存在网络之中。

一、社交网络的分类

社交网络的五大分类：自我主义、基于社团、机会主义、兴趣驱动以及媒体共享。②

（1）自我主义的社交网络。主要是一些个人主页网站，充当着交友平台的角色，是个人创造力和艺术表达的平台，具有多重身份的建构和管理，如 My Space、Facebook。

（2）基于社团的社交网络。成员身份联系紧密，一般基于民族、种族、宗教信仰以及性取向。是将现实世界已经建立的社区进行线上再现。

（3）机会主义的社交网络。是社会性组织网站，如 Linkdin 和 Plaxo，成员多出于理性，如期望建立商业联系。还包括垂直专业网站，如针对美国医生的网站 Sermo 和针对股票经纪人的网站。

（4）兴趣驱动的社交网络。吸引一些有共同兴趣和爱好的人们，也被称为"兴趣社区"，根据爱好，如爱宠物、汽车、电影等而定义的美国的宠物网站爱狗者（Dogster），和美国汽车网站（Car Domain）就是兴趣驱动网络的典型代表。

（5）媒体共享的社交网站。根据网站的内容定义，聚集在这类网络，主要是为了访问他人创建的内容。如 Youtube（视频分享）和 Flickr（发布照片）。

还有研究把社交平台分为：泛交友类平台、图片类社交平台、兴趣社

---

① 彭兰：《社会化媒体：理论与实践解析》，中国人民大学出版社，2015，第 1—2 页。
② ［加］马修·弗雷泽、［印］苏米特拉·杜塔：《社交网络改变世界》，谈冠华、郭小花译，中国人民大学出版社，2013，第 5 页。

交平台、电商类社交平台、职业社交平台等。用户在社交平台上的迁徙，经历了从社交刚需到兴趣集群的转变。在这一过程中，媒体业或许可以观察社交流动方向，寻找可能触发用户形成社群的兴趣点，并以此为契机，凝聚用户，发展部落。①

促进人们加入社交网络的因素有理性因素和非理性因素、共同体和社会等因素，共同体描述的是基于共同价值和紧密联系的社区身份。社会指基于个人利益的理性关联形式。

二、社交新媒体②

社交新媒体是受众深度卷入的数字化媒体（这时媒体是工具、产品、渠道、平台）。最本质的特点是深度卷入。深度卷入的量化标准是当用户不操作时，新媒体无信息。换言之，社交新媒体是用户互相满足用户的东西。

社交新媒体分两种：巨流媒体和垂直媒体。巨流媒体具有以低单位成本获取大规模流量（用户）的能力，根据巨流的来源，又分两种：一是从技术、功能、体验的战场突破打开市场的媒体，代表有谷歌、苹果、百度、今日头条以及硅谷的很多公司。绝大多数新媒体人不擅长，不懂技术。BAT 模式已有议题设置能力（这是传统媒体的重要权力）。有议题设置能力的企业，全国大概十个企业。头条专业户包括万科、万达、招商等企业。

二是口媒，目前更多的巨流媒体走该路线。口媒和社交几乎可以画等号。古老的口传媒介几乎跟语言能力同步出现，远在纸媒、文字之前。网络时代也叫指传媒体（大家都用手指操作，在移动终端实现交流、传播）。口媒内容往往是通过谣言、传言、讨论、废话、无实际信息量的传递（如顶、采、转、赞）所创造。优势是超大规模流量。其流量创造是传统媒体的上千、上万倍。口媒有两个特点：接力，快速。为什么会接力？一是因为风险需要评估和求证，接力者需要听到反馈和回应，来评估风险的等级

① 腾讯传媒研究院：《众媒时代：文字、图像与声音的新世界秩序》，中信出版社，2016，第50—55页。

② 范卫锋：《新媒体十讲》，中信出版集团，2015，第16—30页。

并设计相应对策；二是维持自身在接力链条上的活跃度并建立相关声誉，从而保证自身获取风险资讯的水平，维持自身获取风险资讯的能力，接力是一种投资行为。此类媒体被传统媒体嗤之以鼻，却被认为是击败传统媒体的"元凶"。

尽管信息在互联网上传播，但是有口传媒体特点，家长里短、谣言和八卦。这引发了重新部落化，重新部落化概念由麦克卢汉提出，他认为在人类发展历程中，经历了"部落化——非部落化——重新部落化"。借助互联网口媒复兴，不仅不再边缘化，还占领大众媒体领地，拓展新空间。

垂直媒体和大众传播不同，此类媒体深耕某一细分领域，一般有三种价值：信息价值、信任价值、审美价值。第一种价值：信息价值。垂直媒体最基础的价值，告诉大家发生了什么事，有什么信息，至于真假、对错、美丑，没那么讲究。有的也包含社交的成分。链接社交链，也纳入信息价值之列。第二种价值：信任价值。不仅传播信息，还传播更准确、真实、可信、有用的信息。不走旧的 EGC 路线（旧的编辑控制、生产内容）。让所谓的兴趣引擎、人工智能算法、社交链的筛选介入，提供的就是信任价值。第三种价值：审美价值。审美品位，格调更雅。微信的用户关系最强，其次是 QQ 空间和论坛，微博的用户关系最弱。对于 25 岁以下的年轻人而言，QQ 空间是其重要的社会化营销阵地。

打开你的手机，看哪些 APP 微信公众号主攻信息价值？哪些提供信任价值、哪些提供审美价值？

垂直媒体的用户更细分、内容更有目的性、服务更深入。获取、维系单个用户的平均成本也更高。有人讽刺它们不是 toB，也不是 toC，而是 toVC（面向风投），商业价值不大，但融资价值很大。垂直媒体的新圈地运动提供了新的机遇。每个细分行业、品类、人群、场景都会产生 1 + x 家新媒体。

三、互联网商业模式

1. 长尾模式

长尾理论是美国 Wired 杂志总编辑克里斯·安德森在 2004 年 10 月的"The Long Tail"一文中最早提出来的，用来描述诸如亚马逊和 Netflix 之类网站的商业和经济模式。只要存储和流通的渠道足够大，需求不旺或销量不佳的产品共同占据的市场份额就可以和那些热卖品所占据的市场份额相匹敌甚至更大，这就是长尾理论。克里斯·安德森将长尾市场繁荣的秘诀归结为一句话：提供所有产品，帮我找到它。

长尾理论是对互联网上各种产品和服务的消费数量的分布及其变化趋势的描述。其核心论点是许许多多小市场聚合成一个大市场。以前，商品的种类受到传统零售和传播带来的经济和物理规律上的巨大限制，商家和用户往往专注于需求曲线左上方高高突起的"头部"。引用现代商品中的供销原理，只要存储和流通足够大，需求不旺或销量不佳的产品共同占据的市场份额就可以和那些热卖品所占据的市场份额相匹敌甚至更大。"无尽的选择如何创造无限的需求"概括了该理论的精华所在，成为"长尾理论"的立足点。长尾理论之妙就在于，简单用"数量"和"品种"两个维度构成的坐标，通过一个"短头—长尾"图，就把传统的大规模生产与新兴的小批量生产的特征全都概括进去。把大规模生产的短头与小规模市场的长尾摆在一起，放在同一个象限之中，通过冷静地算账，比较优劣短长，力求取长补短。[①]

案例："长尾"

亚马逊网络书店突破了传统书店货架的限制，数量巨大的图书都被管理人员赋予了多种类型和关键词，用户还可以根据需要贴上标签，从而让一件件小众产品有了让需要自己的用户找到的机会。一个前亚马逊公司的员工精辟地概述了公司的"长尾"本质：现在我们所卖的那些过去根本卖不动的书比我们现在所卖的那些过去可以卖得动的书多得多。Google 是一个最典型的"长尾"公司，其成长历程就是把广告商和出版商的"长尾"商业化的过程，打破了分类的概念，突破了传统图书馆的物理空间，为用户提供了"任意选择、应有尽有"的服务，这正是图书馆人追求的目标。[②]

---

①　张丽宁：《基于"长尾理论"的图书馆信息服务模式的变革》，《图书馆论坛》2008 年第 1 期。

②　张丽宁：《基于"长尾理论"的图书馆信息服务模式的变革》，《图书馆论坛》2008 年第 1 期。

2. 众包模式

"众包"（crowd sourcing）概念是由美国《连线》杂志的记者杰夫·豪于 2006 年 6 月提出的。他为"众包"下了一个定义："众包"指的是企事业单位、机构乃至个人把过去由员工执行的工作任务，以自由自愿的形式外包给非特定的社会大众群体解决或承担的做法。①

近年来，国内外迅速发展起来的知名众包网站有 Innocentive. com、Zhubaijie. com、Taskcn. com 和 Epweike. com，等等。国内的第一家众包网站成立于 2005 年，发展到 2018 年已经有规模不等的数百家，总成交金额突破数十亿元。杰夫·豪在《众包：大众力量缘何推动商业未来》一书中指出众包的基本特征就是依赖大众的某种贡献，包括大众智慧（Crowd wisdom）、大众创造（Crowd creation）、大众投票（Crowd wisdom）、大众集资（Crowd funding）等。②

众包作为新型网络社区活动：首先是以解决企业实际经营问题为导向，任务类型较广，从新产品开发、活动方案策划到广告设计等；其次，以知识创意型产品（knowledge – based product）生产为主，并且参与者与发包方企业间存在排他性的知识产权交易关系。③

网络众包模式尚处于探索阶段，目前网络众包主要可以分成三种模式：面向日常工作的众包（crowdsurcing of routine activities）、面向信息内容的众包（crowdsurcing of information and contents）和面向创新的众包（crowdsurcing of incen – tive activities）。网络众包创新主要有两种开放模式：基于竞争的众包创新模式和基于合作的众包创新模式。

案例：

众包新闻领域的先驱者是英国的《卫报》，2009 年，英国国会传出丑闻，国会议员用制度上的缺陷，利用公款报销私人账单，《每日邮报》在

---

① ［美］杰夫·豪：《众包：大众力量缘何推动商业未来》，牛文静译，中信出版社，2009，第12—13 页。

② 王姝、陈劲、梁靓：《网络众包模式的协同自组织创新效应分析》，《科研管理》2014 年第 4 期。

③ 冯小亮、黄敏学：《众包模式中问题解决者参与动机机制研究》，《商业经济与管理》2013 年第 4 期。

第一时间获得并陆续泄露了议员的花销明细。在被对手抢占先机的刺激下，《卫报》的对策是把泄露的总共 458 832 份文件全部上传到网站上，并让读者以一种游戏化的方式来选择自己想要查看的议员的记录，然后汇报自己的发现，并将发现按照"有趣""无趣""有趣但已知晓"以及"建议调查这份记录"这四个类别来归类。在这场全民的"反腐游戏"中，网站访问者参与率高达 56%，80 小时内竟然有 17 万份文件被检查。①

3. 免费模式②

早在 20 世纪初期，"免费"的商业模式就十分盛行。20 世纪末的互联网革命诞生了互联网经济，随之而来的商业形式的改变则是以数字时代的"免费"模式登上了历史的舞台。MSN、腾讯电子邮箱、360 软件、维基百科等免费网络工具或网络服务给我们的工作和生活提供了很大的方便。

"免费"的商业模式是"注意力"经济。MichaelH. Goldhaber 在 1997 年最早提出"注意力经济"的概念，他在《注意力购买者》一文中指出，"注意力经济"是指如何更有效地配置企业现有的资源，以最低成本去吸引用户或消费者的注意力，通过培养其潜在的消费群体，以期获得最大的未来无形资产，即经营消费者的注意力。在通过"免费"的产品"诱饵"成功获得消费者的注意和认可后，再通过这些产品的后续经营利润去回收当时的大量固定投资和免费产品的成本。"免费"商业模式是提高"网络效应"的手段，互联网企业深知网络效应的重要性，很多企业在产品推向市场的早期，为了产生网络效应，都采取了种种措施，其中免费就是其中的一种。免费策略的选择，其目的均在于直接或间接的扩大网络效应，使企业最终从消费市场中获得更大的份额。

盈利模式是当前新媒体面临的一个重要问题，巨流媒体可以把普通流量的贩卖单价，杀到极低价。传统媒体的商业模式无法维系，因为其制造内容的成本是巨流媒体的 N 倍，送达用户的成本是巨流媒体的 N 倍，而创

---

① 腾讯传媒研究院：《众媒时代：文字、图像与声音的新世界秩序》，中信出版社，2016，第 177 页。

② 袁宏伟：《基于互联网的"免费"商业模式创新研究》，《商业研究》2010 年第 12 期。

造流量却只有媒体的 N 分之一。那些品牌广告、促销广告、分类广告的流失即说明这个问题。

四、新用户和身份建构

（一）新用户群体①

从广义来说，所谓新受众，既包括年轻人，也包括中年人，还包括老年人。对于同一年龄段的人来说，随着时间的推移，互联网、新媒体对生活、娱乐、学习的渗透越来越深，他们接受、使用、享受的内容也日益丰富，对于每一种内容来说，他们是新受众，对于他们来说，这些都是新内容。

在新媒体内容、消费上起火车头作用的，是 90 后和 00 后群体。抓住该群体，满足其需求的新内容，就抓住了新媒体趋势变化的要害。90 后是中国移动互联网最活跃的人群，创造了互联网娱乐的高峰。该群体特点是个性，强烈的荷尔蒙，具体的代表媒介是陌陌，肾上腺激素刺激社交欲望，容易产生孤独感。二次元群体中 90 后较多，该群体是"消费的前卫、政治的后卫"。

90 后喜欢的内容特点有"呆、蠢、萌、贱、爱"。自黑是一种更明显的文化。90 后新媒体用户的特点有，从众心理；挑剔，但容易被有深度的推广所影响；在网上刻意寻找有归属感的群体；极高的忠诚度和消费意愿；比拼兴趣浓厚；乐于通过分享来刷存在感，收获认同感。

（二）和用户相关的理论

1. 身份建构

在虚拟社会中，地位是通过好友的数目积累而获得的："你的粉丝超过了 100，你就是一本内刊；超过 1 000，你就是个布告栏；超过 1 万，你就是一本杂志；超过 10 万，你就是一份都市报；超过 100 万，你就是一份全国性报纸；超过 1 000 万，你就是 CCTV。"

网络空间中的身份是多层面而分散的、可捏造而易变的、可协商而意外的，甚至是欺骗性的。实名制和身份分散形成鲜明的对比：在社交网络中，多个身份的建立和维护已经迅速成了规范。单个自我转变成多个自

---

① 范卫锋：《新媒体十讲》，中信出版社，2015，第 65—70 页。

我。在网络空间中，我们大家都是不可知的迷。

现实身份和虚拟身份共存，比如现代民族的组成基本都是虚构的，都是想象的，因为成员并不了解自己大多数的同胞，彼此之间多数情况下不会发生什么联系，但是由于某种被称为民族身份的奇异炼金术，通过共同想象和意念使得同样忠诚和具有相同目的的人们联系在一起，铸造而成民族。

2. 社会联系从强连接到弱连接

150 定律又称邓巴数字，指在任何时候，人们最多能与大约 150 人保持稳定的社交关系。社会学理论认为，朋友的数量取决于两个因素：一是时间；二是大脑认知。邓巴数字由英国牛津大学的人类学家罗宾·邓巴发现，他认为无论你 QQ 有多少好友，微博有多少粉丝，人类智力允许人类拥有稳定社交网络的人数是 148 人，大约是 150 人。不仅如此，我们的社交网络还有一个非常鲜明的结构，根据不同的亲密程度，形成一个个社交圈。并且每一层大约 3 倍的比例递增。大约是 5、15、50 和 150，每个关系圈似乎都能较为准确地映射出朋友关系的两个方面：联系频率和亲密感。

亲密圈：3—5 人。似乎构成了一个很小的核心圈，都是使用者真正的朋友——遇到麻烦时，你会听取他们的建议，寻求他们的安慰，甚至紧急时会找他们借钱求救。与我们最亲密的 5 个人至少每周联系一次，有最强的关系纽带。

同情圈：12—15 人。这些人和社交媒介使用者的关系也较为密切。除去亲密圈中的几个人，这些人每月至少联系一次，彼此之间的关系要稍微疏远一些。

团队圈：50 人左右。这是传统的临时野营地的典型规模，有学者称之为团队圈。

社交圈：150 人左右。这是稳定社交网络的人数，这些人每年至少联系一次。

在自恋式的虚拟文化中，"好友"网络的组成已成为关键的身份标志，是社会地位的晴雨表，既能让我们实现自尊，也赋予地位，还能衡量我们的社会资本。脸书上的密友核心小组，其中男性用户平均有 7 位，女性用户平均有 10 位。核心小组类似于梳毛同盟。流言像梳毛，是重要的社会粘合剂（见图 4-1）。

图 4-1　闲聊和谣言的作用和梳毛行为类似（图片来自百度）

　　弱连接：简单体现在对陌生人的友好。用户之间不经常联系、情感不太亲密、不存在互惠互利的来往。弱连接对社会流动性很重要。现代社会的良性发展是建立在不需要个人联系就可以指导经济交换的理念上，即它依赖弱连接。一个良性社会的评定依据是人们如何对待陌生人。弱连接是认识世界的窗口，强连接对于你获得精神支持很有用，但是没有办法给你带来新的观念、新的信息，这是弱连接的功能。①

案例：

　　一个 80 后女孩，在网上发起了"每人入股 4 000 元，开一家咖啡店"的活动。哪想到呼应者众多，63 位有梦想的年轻人，拿出 78 万元的资金。令人惊奇的是，这些投资人大多互不相识。这是我国首家靠"网络募资"起家的咖啡店。

　　2012 年 2 月 11 日，这个女孩在新浪博客发表了一篇《4 000 元，咱来开家很多人的咖啡馆》的提议。她希冀有梦想的人能够最低出资 4 000 元，封顶 40 000 元，大家一起开家咖啡店。希望能把想开咖啡馆、热爱美食或

---

① 《互联网时代》主创团队：《互联网时代》，北京联合出版公司，2015，第 153 页。

者希望创业的年轻人召集起来，一起来实现这个梦想。她感慨道："在这里可以把我们的一点点理想、一点点金钱、一点点时间、一点点智慧、一点点才华汇聚在一起，最终滴水成海，聚沙成塔，在脚踏实地的同时，也不忘记仰望星空，让梦想在现实的土壤里开花结果。"

在好友的建议下，她又把自己"众人合开咖啡店"的这个提议发了自己新浪实名微博上，很快网友纷纷转帖。仅仅3天工夫，她的这条微博转发量就超过了3 500条。

她建立了准股东QQ群。在进入注资阶段，她设立了专门账户。很快，4 000元，6 000元，8 000元……纷纷打入她的卡内。那天，她惊喜地发现账户里有4万元，很兴奋，在群里"吆喝"了一声："谁出手这么阔绰？"不久，一个网友冒了出来："是我打的。"2012年2月底，咖啡店筹备会召开了第一次股东大会，报名的80多个网友中来了20多位，最终圈定63人作为"我们的咖啡店"首批股东。他们当中有70后、80后，也有90后；有公务员、律师，有企业管理人员，也有工人。63位股东集资到78万元。此时，咖啡店的构建也基本完成。从2012年2月发帖，到5月份资金到位，仅仅用了2个多月。①

3. 退出、呼吁理论

赫希曼提出，当人们分别作为消费者、员工或者选民而面临下降的服务质量时，常有两种选择发泄不满：退出或者呼吁。退出和呼吁是公司、组织和体制衰退的征兆，前者常是衰退的早期警告形式，后者更有突然的潜在破坏性。忠诚是人们抵制不满情绪的骚扰，避免了选择退出或者呼吁。

4. 名誉与被遗忘权

在互联网时代名誉很重要。因此要进行名誉管理，15世纪印刷机发明前，人们通过闲聊、谣传和诽谤侵犯他人隐私。名誉游戏由安迪·沃霍尔提出，主要观点是，在未来每个人都有15分钟的成名机会，每个人都会因15兆的空间而出名。首批社交网站的最初灵感和动机就是为了促进他人成名。

---

① 梁水：《我们的咖啡店：留下今生难忘的记忆》，访问日期：2018年7月27日，http://www.banyuetan.org/chcontent/wh/pd/201469/103422.shtml。

Friendster 和 My Space 是为了用户成名而起家的平台。对成名的疯狂热衷是无国界的。网络上什么是著名的，由人们所决定。和大众媒体产生的名流不一样，因为后者的名流是基于陌生化的。关于名誉的帕里斯·希尔顿规则：当互联网使名誉市场民主化时，它也会使其变得不太重要。表面看来，声誉似乎与价值整体分离，所以互联网向名誉追逐者分配的声誉不太确定。出现了为了出名而出名的现象。丑行会取代声望的市场地位。

隐私观念通常有四种[1]：不闯入，即我们应该独自待着；隔绝，事实上只有在独处的条件下我们才能享有隐私；控制，即只有我们能够控制组织或其他人所拥有的我们的信息时，人们才能享有隐私。限制，强调在不同的隐私范围内，个人信息不应该被别人轻易获得。

隐私的悖论，博客、微博将深度影响人生，尤其是人肉搜索、百度快照等形式的存在，因此要呼吁一种被遗忘权。被遗忘权指服从人们的要求顺从民意，把新闻和其他网页上可能会令人尴尬的内容链接从搜索结果中移除。欧盟 1995 年提出：任何公民可以在其个人数据不再需要时提出删除要求。欧盟委员会从 2012 年开始建议制定关于"网上被遗忘权利"的法律。"被遗忘权"既是一个大数据时代实现个人信息保护的重要法律概念，同时也是一项正在被建构却又颇具争议的个人信息权利。一是要做好"被遗忘权"与表达自由之间的平衡，二是要对"被遗忘权"中的特殊人群（未成年人、公众人物、罪犯与恐怖分子）进行区别对待。[2] 还应当通过立法的形式，明确界定被遗忘权的内涵、行使条件；明确被遗忘权与知情权、新闻自由和表达自由权的关系，并妥善考虑该项权利的限制性规则。[3]

5. 脱媒

Web2.0 情景中传统把关人存在脱媒现象，此现象是由亚马逊模式（鼠标加水泥）引发的，中间人被剔除了，而且这一价值链当中的中间人在很多领域都存在，当前的脱媒现象在很多市场中出现，如股权交易、旅行、书籍、电影和音乐。当产品数字化的时候，存货成本基本为零，脱媒

---

[1] ［英］安德鲁·查德威克：《互联网政治学：国家、公民与新传播技术》，任孟山译，华夏出版社，2010，第 354 页。

[2] 李涵：《网络环境下个人信息"被遗忘权"研究》，《当代传播》2016 年第 3 期。

[3] 李艺：《大数据时代的被遗忘权》，《当代传播》2016 年第 2 期。

变得更强有力。很多事情点击一下即可。当信息流民主发散出去后，精英对专业知识的垄断就脱媒，改变了议程设置模式，Web2.0还能造成意识形态的"回声室"效应：指在一个相对封闭的环境上，一些意见相近的声音不断重复，并以夸张或其他扭曲形式重复，令该环境中的大多数人认为这些扭曲的故事就是事实的全部。

第二节 社交媒介的发展历史

对于网络社交媒介的观察和分析需要历史的维度来着眼，在中外历史进程中，信息的传播主体从来都不是大众媒体，更多时候，引发方向性改变的因素之一就是社交媒介。古罗马时期的蜡版、中世纪欧洲的95条论纲、德文郡手稿，都能看到社交媒介的身影。

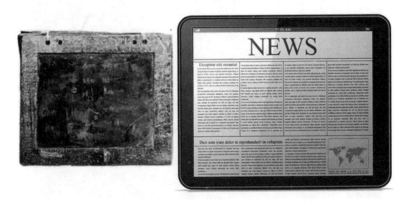

图 4-2 社交媒体的发展：从古罗马蜡版到 iPad

一、前现代社会中的社交媒介

美索不达米亚人将诸如《吉尔伽美什史诗》的内容写在3英寸（1英寸=2.54厘米）厚的陶土板上，既沉重又需要烘烤，但是可以被搬动，在此之前，内容传播是没有载体的。写字板适合形式简短的文件，古希腊人和古罗马人用小型的可擦写的蜂蜡板寄送信件。19世纪的美国小学生用可擦写的石板，现在成了古董。①

（一）95 条论纲②

路德神父在大学教授神学。1517 年，他发现僧侣台彻尔向其教堂售赎罪券。对方宣称"一把赎罪券来买，灵魂马上脱离苦海，买券可避免现世的惩罚"。路德认为此举是欺诈行为，于是以拉丁文写《就赎罪券之法力及效力之辩论》，史称"95 条论纲"，当年 10 月把要讨论的论纲单子贴在维登堡教堂的大门上。14 天内，论纲传遍德意志，4 周后，传遍了几乎整个基督教世界。通过印刷单张，一张张传递，这是典型的社交媒体传递过程。最终此事掀起新教改革，引发宗教战争，欧洲大陆从此分为新教和天主教国家，成为西方文明史上大事件。（图 4-3）

图 4-3 历史上的社交媒介传播

路德的论纲在出德语版时，避免了区域性的词汇，一年内重印了 18 次，每次至少印刷 1 000 册。他的举动无意揭示了一种分散的人对人传播的媒体力量，参与者自己就是传播者。通过分享、推荐和复制决定哪些信

---

① ［美］迈克尔·塞勒：《移动浪潮：移动智能如何改变世界》，邹涛译，中信出版社，2013，第 60 页。

② ［英］汤姆·斯丹迪奇：《从莎草纸到互联网：社交媒体 2000 年》，林华译，中信出版社，2015，第 73—90 页。

息值得宣传。宗教改革动荡时代第一个十年出版 600 万小册子，其中有 1/3 是路德所写。

路德与多媒体。新闻叙事歌是路德的一大发明，它是一种较新的媒体形式，像小册子、歌词是当下时事，合辙押韵，常有夸张，曲调熟悉，易上口，一学就会。新闻叙事歌多为"换词歌曲"，故意使用颂圣歌的曲调。路德新闻叙事歌《我们来唱新闻歌》，讲的是 1523 年布鲁塞尔的两个僧侣因拒绝放弃对路德观点的信仰而遭到处决的故事。新形式的媒体本身并不能触发革命，但是可以使意在变革的人更容易协调行动、同化意见、召集群众支持他们的事业。路德对小册子的运用即是这方面的第一个例子。

（二）德文郡手稿①

德文郡手稿——都铎宫廷的脸书。主要内容是 1536 年女侍臣玛格丽特和都铎王朝王室成员托马斯在坐牢期间写的情诗，在特别册子上，19 个人在上面写了 194 条内容（见图 4－4）。在 1534 年到 1539 年流行。德文郡手稿提供了一个同样隐秘的社交空间，年轻廷臣可以躲过外部世界的注视彼此交流。为使用者提供传播流言和互相调情的秘密渠道。可见使用社交媒体自我表现和推销不是新鲜事物，在 16 世纪的都铎王朝即开始。

（三）14 人事件②

1749 年 6 月，法国流行一首

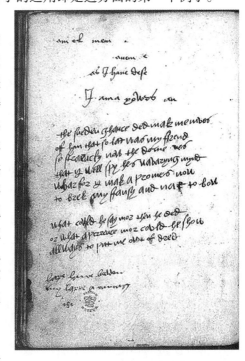

图 4－4　德文郡手稿

---

① ［英］汤姆·斯丹迪奇：《从莎草纸到互联网：社交媒体 2000 年》，林华译，中信出版社，2015，第 97—100 页。

② ［英］汤姆·斯丹迪奇：《从莎草纸到互联网：社交媒体 2000 年》，林华译，中信出版社，2015，第 228—231 页。

诗讽刺国王是脾气暴躁的怪物。诗歌是这样流行的：写在小纸条上，以便塞进衣袖或口袋。由于警察会对搜捕的人搜身，找到了很多可以使传播者入罪的证据，所以许多诗歌留在巴黎警察局的档案里。警察悬赏严惩诗歌作者，线人报告是一个医学院学生，顺藤摸瓜，先后有牧师、法学院学生、哲学院学生及其同学，而牧师又是从三个不同的人那里得到这诗的。到线索难以继续查的时候，已经因为分享这首诗逮捕了 14 人，又从他们身上发现了 5 首其他的诗歌需要追踪。这场调查因此而得名"14 人事件"。

二、互联网时代的社交媒介①

社交网络最早始于 1995 年 4 月，由康奈尔大学的两名学生创办了 the-Globe 网站，这是一个在线社区。1998 年公司股票上市，在首个交易日，股票价格收于发行价的 606％，刷新了所有的上市首发记录。不过该公司在网络泡沫后还是失败了，但是后来的 MySpace、Friendster 和 Facebook 都在用这个概念赚钱。② 也意味着，它们将人类从陶土写字板时代带入电子写字板时代。

（一）博客

博客是由程序员约恩·巴杰在 1997 年发明的，他曾在 Usenet 上大量发帖，每天在自己的网站上记述有意思的事情。1999 年，程序员彼得·梅而霍兹将其简化为 blog 后，使用的人越来越多。博客有四个组成因素：一系列个人条目，每一条都有日期；条目以"反时间顺序"排列，能先看到顶上的最新录入，下面是以前的条目；邀请读者在条目下方留下评论，包括对作者的评论以及对其他评论的反应等；出现了易于使用的自动发表工具。例如 1999 年由埃文·威廉姆斯和梅格·胡里汉创立的 blogger. com，任何人都能建立并维持博客。

博客使得娴熟使用网上发表的技术已经不重要，重要的是写的东西有意思并不断地写。美国博主和主流媒体的对峙在 2004 年末达到顶点。一位

---

① ［英］汤姆·斯丹迪奇：《从莎草纸到互联网：社交媒体 2000 年》，林华译，中信出版社，2015，第 330—342 页。

② ［美］阿伦·拉奥、皮埃罗·斯加鲁菲：《硅谷百年史：伟大的科技创新与创业历程：1900—2013》，闫景立、侯爱华译，人民邮电出版社，2014，第 361 页。

CBS 前主管嘲笑写博客的人是一个家伙穿着睡衣坐在起居室里，想写什么就写什么。后来几年内，双方敌意减退，一些著名博主被报纸或杂志雇佣。如 2006 年安德鲁·沙利文把博客移到《时代周刊》网站。

（二）社交媒介网站

地球上每一个人都能通过中间人与其他任何人联系起来。我认识一个人，你认识另外一个人，而且那个人又认识一个人，这样的关系链条只有 6 个人这样的中间环节，又称"小世界网络""六度空间理论"。该理论的特点是，人与人之间的距离非常近。人类第一个社交网站即命名为六度空间。六度空间网站（six degrees. com）于 1997 年创建，是最早的社交媒介网站，它允许用户建立朋友名单。访问某用户的网页时能看到该名单，点击名单上任何名字，即可看到该人的资料以及他的朋友名单。网站用户可找出他们是如何与另一个用户连起来的，还可给朋友发信息，或发给朋友的朋友。该网络用户最多时 100 万，盈利方面不成功，2000 年关闭。

知识链接：六度分割猜想

1929 年，匈牙利作家弗里吉斯·卡琳蒂（Frigyes Karinthy）在小说《链条》中提出了六度分割猜想。平均而言，每两个人之间的关系间隔不超过 6 层，也就是任何两个人之间要形成关系，中间最多需要 6 个人中转。20 世纪 60 年代，美国社会心理学家斯坦利·米尔格伦（Stanley Milgram）通过明信片邮寄实验证实了这一猜想，他得到的数据是：两个人之间的距离为 4.4—5.7 人，数据因样本的不同而有所不同，但都没有超过 6 人。于是六度分割理论得以确立。在现代社会中，任何个体之间都会产生直接或间接的关系，又被称为小世界理论。[1]

Friendster 于 2002 年诞生，用户可以建立网上个人资料，给和其相连的人发信息，并发帖报告自己的最新情况，无论心情的好坏还是正在做的事情。2003 年 5 月，拥有 30 万用户。媒体大量报道，带来几百万用户。造成了服务器不堪重负，服务延迟，用户不满。但该企业不把注意力放在使网站运作更顺畅上，而集中在开发新功能上。2004 年，大批用户转移到 My Space。致命错误有：没有理解在线社交网络的身份动态机制，低估了

---

[1]　彭兰：《社会化媒体：理论与实践解析》，中国人民大学出版社，2015，第 22 页。

退出反应的不良后果。

My Space 诞生于 2003 年末，2004 年呈爆炸性增长。开始接受 friendster 用户，很快就招揽到几百万青少年用户。魅力大的原因是用户可以自行设计个人资料页，并对外公开。2005 年用户 2 500 万，同年以 5.8 亿美元卖给默多克。2006 年用户达 1 亿人，次年估值为 120 亿美元。存在的问题有，个人资料易受攻击、恶意软件可轻松安插、垃圾邮件、假资料等。脸书此时诞生。

2004 年，扎克伯格创建 Facebook，开始专供哈佛本科生使用，第一个月，哈佛大学一半人数加入，然后接受其他大学的学生，后来高中生和社会上的所有人也都能加入。加入脸书须有机构电邮，像精英的私人俱乐部。而 My Space 被认为粗俗低级、充满商业气息。2006 年，脸书对任何 13 岁以上的人都开放。能跟进潮流，增加新功能以提高网页的回应能力，如，让其他公司开发游戏和别的软件，并上传到脸书的网页上。引进"信息流"：即按反时间顺序列出用户最新活动——张贴的信息、情况更新、个人资料的改动、新链接或图片、交新朋友或与旧朋友断绝关系的声明。

知识链接：

2003 年 10 月，哈佛大学内，一个评选全校最优秀女孩的网站，在校园里迅速蔓延，学生们对网站上 2.2 万张图片进行评论，在 3 小时内让学校网络陷入瘫痪。网站的制作者是大二学生马克·扎克伯格，由于未经授权使用这些照片，他受到了学校的严厉惩罚，但是 Facebook 社交网站却因此而诞生。与 20 世纪 90 年代大多数网站不同，新型的 Facebook、YouTube、QQ 空间、微博等并不提供任何内容，所有内容都由用户自愿创造上传。网站只是提供一个自由分享的平台。社交平台激发着人们的创造力，人们聚集起来共同搭建一个虚拟的网络社会。Facebook 成立三年后，扎克伯格宣布全面升放，所有人都可以登录。不久后该平台上出现了游戏、娱乐、工作、资讯等各类服务。到 2009 年，来自全美国超过 100 万的开发人员为 Facebook 用户提供了 52 000 个应用程序。①

---

① 《互联网时代》主创团队：《互联网时代》，北京联合出版公司，2015，第 39—40 页。

推特最早是基于手机短信。由于技术原因，只限 160 个字，其中 20 个字专用于用户名和路由信息。140 个字的信息流催生了微型博客交流信息的方法。按反时间顺序不停地显示联系人发出的简短信息和情况更新，该模式的先驱是推特。2006 年 7 月推特转为基于互联网，但保留了字数的限制。发展起一套规矩，如转推（指把另一个用户的留言发给自己推特的读者，说明出处）和"话题标签"（指把一条推特留言与另一个特定的题目联系起来的标签）。推特上的内容能传达给大量受众，因为会转推给所有联系人，他们又转推给别人。推特活跃用户超过 2 亿，每天发送的推特信息总条数超过 4 亿，用户包括国家元首和各界名人。教皇本笃十六世 2012 年加入。把推特变成一个全球性城镇广场，是古罗马广场或希腊时政广场翻版。

2005 年，默多克的新闻集团用 5.8 亿美元收购了 My Space，同时，谷歌斥资 16.5 亿美元收购了 Youtube，微软用 2.4 亿美元收购 Facebook1.6%股份。当时 Facebook 估价 150 亿美元。

知识链接：病毒内容的十二个一①

一个引起共鸣、集中受众情感敏感区的故事；

一个富有魅力的男女主角；

一个明确、合理却没能实现的诉求；

一篇动情、夺理的文章（有图、视频更佳）；

一帮面目可憎的"坏蛋""敌人""革命对象"；

一句打动人心、容易记忆传播的口号；

一批受众容易参与的具有仪式感、符号感的动作、场景和道具；

一帮热血澎湃的早期积极分子、运动骨干；

一群与主流社会血脉相连的有力同情者；

一段大众传播的时间窗口、政策窗口；

一波主流媒体意见领袖跟进扩散；

一个受众可互动、有利益的滚雪球游戏。

有这十二条，就可以把制造病毒内容这件事技术化、程序化。

---

① 范卫锋：《新媒体十讲》，中信出版集团，2015，第 148 页。

（三）社交媒体的反面

最早对社交网络的恐惧可以追溯到柏拉图，他在《斐罗德篇》中反对写作，原因是：如果我们都开始使用文字，就会丧失两个根本的东西：一是记忆；二是得到是智慧的表象而非智慧本身。这两点就是今天对新媒体的批评，所以《斐德罗篇》被视为人类历史上第一次对于新媒体的批评。后面所有针对新媒体的批评都逃不脱这两点，第一个是记忆问题，第二个是智慧问题。

17 世纪 70 年代，咖啡馆被痛斥为使人们"为求新鲜浪费大量时间"，是辛勤努力的大敌。塞内加看到其他罗马人冲向码头拿信件时极尽嘲笑。17 世纪新闻迷们千方百计寻求信息也是讽刺作家嘲讽和戏谑的对象。2007年，密歇根州一所中学的校长宣布禁止学生用 My Space，违者开除。2007年，牛津大学窥探学生在脸书内容，学生只要发布无知、滑稽的鲁莽照片就会被处罚 80—100 美元。五角大楼曾禁止军事人员使用 My Space。2007年末，英国政府惩罚数百名员工，因他们工作时使用脸书或类似网站。司法部因此裁掉 30 名员工，伦敦警察厅惩罚 187 名员工。诺丁汉的一家医院禁止全院职工使用脸书引发抗议。恐惧因素同样存在私营企业部门，在伦敦的金融区，2/3 以上的大公司曾经禁止员工使用脸书，花旗、高盛、摩根大通、瑞银和雷曼兄弟也曾禁止访问脸书。2007 年的报道称，一半以上使用互联网过滤器的公司都屏蔽了 My Space 和脸书。

禁止使用社交媒介的原因有：社交网络分散员工注意力，还对个人隐私构成威胁，为中伤和诽谤提供了可乘之机，并严重危害竞争信息的安全性。

知识链接：网络成瘾与电脑失写症①

网络成瘾最初是美国精神医生伊万·戈登柏林提出的，引起了精神卫生界的持久争论。2007 年，美国医药协会明确表示网络成瘾并不属于精神疾病范畴。但是伊万医生坚持认为，网络成瘾只是一种表面现象，它只是一个人无法很好地化解生活压力和烦恼的消极表现。他对网络有一句真知

---

① 《互联网时代》主创团队：《互联网时代》，北京联合出版公司，2015，第226—227 页。

灼见："电脑和网络犹如火焰，是人类生活极好的仆人，但也和火焰一样，它们都是不合格的管家。"

电脑失写症。电脑的出现，让很多人正在丢掉书写的习惯，一个命名为"电脑失写症"的现象正在全球蔓延。在英国，2/3 的人拼错了"必需的"这个单词；在美国，一项针对纽约市民的拼写调查中，只有 1/3 的人答对了 5 道拼写测试题，而这些人中，绝大部分都是很少使用电脑的中老年人；在中国，虽然汉字智能输入法在 20 世纪 90 年代才开始普及，但在今天，提笔忘字的现象屡见不鲜。

从 1500 年到 2000 年，每年发表作品的（有 100 人以上的读者的）作者从 100 人增加到约 100 万人，不到总人口的 0.01%。21 世纪的社交媒体，使得发表作品的人数飙升到 15 亿，约占世界人口的 20%。如何看待这些社交媒介引发的社会运动？把革命完全归功于社交媒体是错误的，完全忽略不计也是错误的。社交媒体在阿拉伯之春中的作用是"助燃剂"。无论是 16 世纪还是 21 世纪，新形式的社交媒体都不是点火者，但星星之火都是借助其力形成燎原之势。

第三节　社交媒介的传播实践

凯文·凯利的"1 000 用户理论"认为：新媒体最初的 1 000 个用户，对产品未来的命运和轨迹影响是决定性的。1 000 名铁杆粉丝中的铁杆粉丝是指，无论你创造出什么作品，他都愿意付费购买，比如粉丝愿意驱车200 公里听你唱歌、会参加你的首场演出。新媒体运营者需要将 1 000 名粉丝转变为 1 000 名铁杆粉丝，这样往往也能拥有 1 万甚至 100 万用户。在中国，粉丝经济多局限在文化、娱乐等特定行业。粉丝为了自己喜欢的偶像、花一两百元是可能的，要想让粉丝花更多，难度较大。在房地产和汽车领域，粉丝经济没威力，因为单价太贵。①

---

① 范卫锋：《新媒体十讲》，中信出版社，2015，第 118—120 页。

一、传统媒体的应对

面对互联网的冲击，传统媒体的应对之策大体有如下几种：①

策略一：成立新媒体部门，即官方网站，但利润和流量指标证明效果不明显。大多数媒体 APP 的表现比 PC 端的网站更糟糕。《南方周末》APP 流量曾非常高，但没有乘胜追击。在网易、搜狐、腾讯等门户网站的猛攻下，沦为第二阵营。《周末画报》的 APP "iweekly" 曾经下载量很可观，每年广告收入几千万，如今也是后继乏力。至于媒体微博，绝大多数媒体失望，发现自己是微博平台上的沧海一粟，除了为微博贡献大量免费内容，没多少好处。传统媒体的话语权、商业模式正是在微博时代之后加速恶化的。微信时代传统媒体的积极性低多了，一般的媒体主编想要和所谓的微信高管沟通交流，谈所谓的合作，常常连人都找不到。微信公众号商业化可以做，很多媒体如果有几十万的微信订户，能实现收入，但是也只是补贴家用，难成大气候。自媒体加速了传统媒体机构的采编人才、作者队伍流失，传统媒体内部的逆淘汰更加明显。

策略二：内部创业。一度成为风潮，但是内部创业无法解决媒体机构的未来出路问题。有些反思涉及了根本问题，如机制、产权、组织等方面。

策略三：对外投资加资本运作。资本运作方面是传统媒体机构这几年取得的最有现实意义的重大突破。通过 IPO（首次公开募股）或者借壳上市、兼并收购等手段，获益颇丰。之所以奏效，与两个原因有关：

（1）和 A 股市场的重监管、较高壁垒有关。传统媒体集团大多体量大，现金流和利润情况暂时不错，获得主管部门的政策支持也是原因之一。

（2）A 股市场目前热衷于"概念股""主题投资""事件投资"。投资者把其当作概念、事件。

但是也存在两点隐患：一是如果业绩下滑，伤害媒体上市公司命脉，即利用资本市场融资以进行新媒体项目收购的能力。二是前景如何？当前是机遇窗口期，是"政策保护、市场追捧"的蜜月期。市场留给它们挪腾

---

① 范卫锋：《新媒体十讲》，中信出版社，2015，第4—12页。

的时间越来越短。

门户网站和传统媒体一样成为天涯沦落人，但是传统媒体机构的危机，并不等于媒体人的集体沦陷。单对财务数据，门户网站比传统媒体更糟糕。几大门户网站亏损已不是新闻，在资本市场的估值，有的是负估值，如果扣除它们所持有的其他股权，仅就本身估值来说是负值。当然，不能仅用财务利润来衡量，还应考虑品牌、流量、影响力。

南方报系、网易系、中企系，这几家传统企业的媒体人创业，成为一种现象。媒体人创业不是某个报系或者公司特有现象，而是蔓延到所有传统媒体，个别门户网站出现了高层集体出走的现象：2014 新浪总编辑陈彤加盟小米。网易总编辑、副总编辑已经成了有名的"创业者预备班"。至于搜狐在张朝阳复出后，高层频繁换将。聚合阅读产品、zaker、鲜果等问世。新闻客户端以及如今流行的今日头条、一点资讯都在努力标榜自己"不是门户"。门户网站和传统媒体一样，是过时、陈旧、低效的产品形态和商业模式，这已成共识。新媒体运营中存在老二非死不可定律，说明细分和垄断的重要性。这被创业者奉为圭臬：消灭信息不对称带来的利润，把他还给用户。瞄准更小微的机构，生产稀缺的应用和产品，自己成为 KOL（关键意见领袖）。寻找饥饿用户，如陌陌，一个月 10 万，3 年过亿。[①]

📖 知识链接：社交媒体中长标题流行

标题之变：公众号允许的标题可 64 字，充分激发想象力，也把过去短标题制作扫进垃圾堆。标题里努力塞进更多更强烈的关键词，是"阅读习惯的变化"。在手机上读长文章的时候，也常一目十行用"关键词阅读"，目光扫到感兴趣的关键词，才停下读关键词周边内容。这种模式源于"轻小说"，引起主流媒体注意，标题超长，很多长到 40 字以上。村上春树也赶过时髦，一本小说名叫《没有色彩的多崎作和他的巡礼之年》，日文原文有 20 字，译成中文有 15 字。

---

① 范卫锋：《新媒体十讲》，中信出版社，2015，第 80—88 页。

二、社交网络聚合新闻入口①

社交平台成为人们获取新闻的重要入口，尤其对于"千禧一代"的用户来说，更重视从社交平台浏览新闻。除了接受信息，人们也通过社交渠道传播和分享新闻内容。新闻沿着关系链条延伸。拥有强大平台和用户体量的社交媒体，要重新制定规则、聚合入口，而媒体只需与其合作成为内容提供商。社交媒体的新闻入口再造，进一步加剧了用户获取新闻的平台向社交迁移。

（一）打造新闻集成平台，优化移动阅读体验

一些社交媒体推出即时新闻服务、现场事件及时报道应用，利用自己平台上的海量推文，使用自己的编辑团队进行整合，涵盖热点、爆炸新闻、奖项、综艺、体育和文化等内容。还有社交媒介为用户提供沉浸式视频内容，海量图片迅速加载自动播放。社交媒介对于新闻入口的打造，以及对新闻阅读体验的提升，将进一步帮助用户形成的新闻获取习惯。

（二）提供快速阅读，多样工具鼓励记者生产内容

一些社交媒介允许新闻机构直接把文章发到平台上，相比在新闻移动端上打开内容需要 8 秒的时长，这个功能使用户可以在手机端上更快速阅读新闻，此外，还允许记者直接在社交平台上进行视频直播、问答互动、发布新闻报道，同时还可以了解当前社交网络上的热门话题及讨论人群。

《牛津英语词典》选中的 2016 年度词汇"后真相"（post‐truth）指："诉诸情感及个人信念，较陈述客观事实更能影响舆论的情况。"相对于情感及个人信念，客观事实对形成民意只有相对小的影响，相对于自由漂浮的意见和观点，事实本身反而屈居其次，而这些意见和观点往往建立在人们更为本能和情绪化的信任立场上。在社交网络中，"后真相时代"的真相标准往往是经过技术网络设计的，许多在线内容的价值并不是因为它的真实性，而在于它的情绪制造或情感预设的影响力。在"后真相"状态

---

① 腾讯传媒研究院：《众媒时代：文字、图像与声音的新世界秩序》，中信出版社，2016，第 47—50 页。

下，每个人都可以找到属于自己信任半径范围内的"真相"。① 2004 年，美国作家凯伊斯（Ralph Keyes）提出"后真相时代"（post‐truth era）这一概念。2010 年，博客作者罗伯茨（David Roberts）抛出"后真相政治"（post‐truth politics）一词，称这是一种政治文化，公众舆论和媒体叙事已经几乎与政策讨论完全脱钩。牛津词典称，"后真相"与两场关键国际事件紧密相关：英国脱欧和美国总统大选。前者发生于 2016 年 6 月 23 日，英国在部分政党和团体的主张下，通过全民公投决定退出欧盟；后者则发生在同年 11 月 8 日，共和党总统提名人唐纳德·特朗普击败民主党总统提名人希拉里·克林顿，出任第 58 届美国总统。两场事件带给人们的共同观感是，在形塑公共舆论上，诉诸情感（emotion）和个人理念（personal be‐lief）可能比客观事实更加有效。这正是"后真相"一词希望传达的特征和情绪。鉴于此，有媒体甚至宣称，人类已经来到了后真相时代或后真相政治当中。②

在后真相时代，社交媒介作为新闻入口还需要注意一些负面因素，存在以下三个方面的风险：

（1）社交媒介作为信息来源的假象。新闻报道的来源并不是那些本应视作传播媒介的社交媒体，真正的源头还是那些在现场做报道的人。

（2）层层转发，真实性难以保证。在社交平台层层转发的新闻分享中，用户就像身处"口口相传"模式，并不清楚自己得到的新闻资讯最早是通过阅读报纸、收听广播电台还是和朋友交谈获得的。公民新闻由于没有经过专业把关，经多次转发后难以核实出处，极易出现信源失真问题。

（3）记者使用社交平台有风险。基于社交平台的害处很多，低质量的报道无法向人们展现新闻的真实情况，不能指导人们如何高效选择信息，这会让人们最终抛弃通过社交媒体获取新闻的习惯。

三、社交媒介的发展趋势

大众媒体只是历史的一个插入语。人类一开始使用的媒体就叫作社交

① 全燕：《"后真相时代"社交网络的信任异化现象研究》，《南京社会科学》2017 年第 7 期。

② 周睿鸣、刘于思：《客观事实已经无效了吗？——"后真相"语境下事实查验的发展、效果与未来》，《新闻记者》2017 年第 1 期。

媒体，由于有了印刷机和电子技术，才进入大众媒体时代，而移动互联网使现在重新回到社交媒体时代。有 150 年时间，人对人的传播被高度集中化的大众媒介所淹没，现在钟摆又回来。流行几世纪，基于分享、抄送和个人推荐的社交媒体如今借互联网回归。普通人获得集体设置议题的力量，一场巨大的实践刚开始。

21 世纪的互联网在很多方面与 17 世纪的小册子或 18 世纪的咖啡馆相同，和 19 世纪的报纸或 20 世纪的电台或电视大相径庭。新媒体和老媒体很不一样，但和"更老的"媒体相差无几。中间插进来的老媒体时代是暂时现象，并非正常情形，可称为大众媒体插曲，现在正回归类似于工业革命前的形式。

社交媒体的未来平台是 VR。扎克伯格认为，视频发展的下一步可能是 VR，也就是"虚拟现实"。虚拟现实的核心是发展一种沉浸式体验让用户身在其中，让用户不知身在何方。最著名的 3D 虚拟环境《第二人生》创立于 2003 年，有 1 300 多万用户，每月访问量累计约在 60 万左右。作者创造术语"虚拟空间"以描述用户自定义的虚拟世界。路透社在《第二人生》内进行新闻报道，天空电视台在《第二人生》设立了虚拟演播室。虚拟世界、庞大的购物中心，也为炫耀性消费提供了虚拟的形式，消费在此处有明显的区隔功能。虚拟世界中可以建构身份，其中有开放或封闭的网络隐私，虚拟化身份和个人身份可以合并。社会联系是弱连接为主，完全变形的身份和其他较不在意个人隐私的人进行弱连接互动。该网络本质是一个开放式网络，充满刺激和趣味的空间，可以推动开放式的探索活动，但是对隐私问题不太重视，这是一个新的看待世界的方式。

当 VR 可以被用来讲故事以后，它同时可以用在广告上，让大家拥有完全不同的广告新体验。扎克伯格把 VR 当成下一个技术里程碑式的发展，这在几年前可能还是科幻小说。NYT VR 是《纽约时报》的虚拟现实应用。如《纽约时报》发布了一个用 VR 技术做的短片《流离失所》，讲述了那些因为战乱不得不背井离乡的难民和儿童的故事。虚拟现实新闻作品不是某一时段日常现实事物的集合，但在虚拟现实体验当中，用户可以看到那些人的细微表情，那些人的颤抖甚至是呼吸。媒体的根本是讲故事，讲故事的手段在向这个方向发展。当你改变看世界的方式，你就可以改变你看到的世界，这是媒体的力量所作在。所以，媒体行业尽管现在是哀鸿遍野，那是因为在新的世界到来时，它没找到新的看世界的方式。

通过不断改变人类条件，技术变化已经加速在历史变化的进程。历史曾是一张环境网，我们出生在这一网络环境中。历史就是与多重自我和多样化条件相关联的。历史具有多样性、复杂性和不可预见性。因为人类创造一个有巨大惯性的技术世界，它的复杂性和多样性比以前看来让人更震惊。①

本章小结

移动媒体成为下一个十亿用户媒介，信息的传播介质大迁移：移动端、智能、直播应用等新技术颠覆媒介生态。社交网络的五大分类有：自我主义、基于社团、机会主义、兴趣驱动以及媒体共享。新媒体是受众深度卷入的数字化的媒体（这时的媒体是工具、产品、渠道、平台），最本质的特点是深度卷入。深度卷入的量化标准是当用户不操作时，新媒体无信息。新媒体分两种：巨流媒体和细流媒体。巨流媒体具有以低单位成本获取大规模流量（用户）的能力。细流媒体又称垂直媒体，和大众传播不同，此类媒体深耕某一细分领域，一般有三种价值：信息价值、信任价值、审美价值。在新媒体内容、消费上起火车头作用的，是90后和00后。抓住该群体，满足其需求的新内容，就抓住了新媒体变化趋势的要害。在中外历史进程中，信息的传播主体从来都不是大众媒体，更多时候，引发方向性改变的因素之一是社交媒介。无论是古罗马时期的蜡版、中世纪欧洲的95条论纲、德文郡手稿，这其中都能看到社交媒介的身影。对新媒体的批评都逃不脱两点，第一个是记忆问题，第二个是智慧问题。讲故事的手段在向VR这个方向发展。当你改变你看世界的方式，你就可以改变你看到的世界。

关键名词

调控权力；后真相；垂直媒体；众包模式；体验模式；身份建构；弱连接；被遗忘权；脱媒；95条论纲

---

① ［美］曼纽尔·卡斯特：《网络社会：跨文化的视角》，周凯译，社会科学文献出版社，2009，第490页。

思考题

1. 社交网络的分类有哪些？
2. 巨流媒体有哪些特点？
3. 互联网商业模式有哪些？
4. 新媒体用户群体有何种特点？
5. 社交媒体的反面体现在哪些方面？
6. 社交媒介对于社会变革起到什么样的作用？

延伸阅读

1. ［英］汤姆·斯丹迪奇：《从莎草纸到互联网：社交媒体 2000 年》，林华译，中信出版社，2015。

2. ［荷］何塞·范·戴克：《互联文化：社交媒体批判史》，赵文丹译，中国传媒大学出版社，2018。

第五章　网络传播中的用户

2006 年，美国《时代周刊》的年度人物是 YOU（你）。互联网技术推广使用、新媒体勃兴，传受之间面临剧变，传播权力深层次调整，作为用户的"你"拥有前所未有的信息传播权力。普通用户再也不用完全依赖传统主流媒介来建构身份或表达诉求。我国网民规模在 2016 年底超过 7 亿，规模已经相当于欧洲人口总量。

在互联网社会，人被分为三类：

第一类是数字原住民，指那些出生在拥有各种数字技术和设备的时代且能够快速精通新兴数字技术并富有技巧地使用它们的年轻人，网络生活已是生命本能的一部分。[1] 中国的数字原住民一般指 90 后，是手机应用程序的最大使用人群，该群体热衷于把想要的素材从喜欢的流行文化中挪出来，然后重新拼贴、整合，直到变成自己想要的内容。[2]

第二类是数字移民，指那些在技术爆炸之前的传统社会成长起来的人，他们正在艰难地向网络新大陆迁移，其出生年代早于"数字原住民"，已经情愿或不情愿地适应数字世界，并且将各类数字工具运用到生活当中。数字移民的概念最初于 2001 年提出，用于区别数字原住民的概念。不

---

[1]　史昱天、赵宇翔、朱庆华等：《代际学习：连接数字原住民和数字移民的新兴研究领域》，《图书与情报》2017 年第 2 期。

[2]　Mec 尚扬媒介中国：《"数字原住民"的真需求》，《中国广告》2012 年第 3 期。

同领域的学者也从各自学科的角度出发划分数字原住民与数字移民。①

第三类是数字难民，指远离数字文化，生活在过往经验塑造的旧大陆中的人群，是对那些因经济、社会和文化等原因远离数字技术的人的比喻。2006 年，Wesley 在《数字难民和桥梁》一书中首次使用数字难民一词。

数字原住民是数字时代成长起来的一代，习惯数字生活环境，拥有广泛的数字媒体使用能力；数字移民则在数字时代步履蹒跚，保有前数字时代的"浓重口音"；数字难民更像数字时代的弃民，由于种种主客观原因，无法或不愿使用数字技术，成为徘徊在数字门槛之外、无法把握数字机会的人群。②

第一节　移动互联网用户

2017 年 6 月，我国手机网民规模超过 7.24 亿，占比达 96.3%，较 2016 年底增加 2 830 万人，移动互联网主导地位强化。在众多手机网民中，即时通信用户规模达到 6.92 亿，即时通信已经成为移动互联网流量的核心入口，用户渗透率超过九成，明显领先于其他手机应用。网民中使用手机上网的比例由 2016 年底的 95.1% 提升至 96.3%，手机上网比例持续提升。2017 年上半年，各类手机应用的用户规模不断上升，场景更加丰富。其中，手机外卖应用增长最为迅速，用户规模达到 2.74 亿，较 2016 年底增长 41.4%；移动支付用户规模达 5.02 亿，线下场景使用特点突出，4.63 亿网民在线下消费时使用手机进行支付。③

手机上网所涉及的并非单纯的互联网，而是由移动通信网与互联网相互连接、融合形成的移动互联网。其中，移动通信网是连接手机网民和互联网的纽带，由电信运营商建设、运营和管理。手机网民开通手机上网业

①　李舒欣、赵宇翔：《新媒体环境下数字移民的媒介素养探索：基于智能手机应用的扎根分析》，《图书情报工作》2016 年第 17 期。

②　杨建宇：《数字难民的数字机遇——创建包容性信息社会的政策重点》，《青年记者》2013 年第 24 期。

③　中国互联网络信息中心：《权威发布：中国网民规模已达 7.51 亿，手机网民占 96.3%》，访问日期：2018 年 7 月 25 日，http://www.sohu.com/a/162200457_114760。

务，开展手机上网活动，都是在电信运营商的协调控制下进行的。[①]

一、移动传播与农村

（一）移动传播的发展

2004 年，我国成为世界上拥有最大移动电话用户规模的国家。[②] 手机用户会基于时尚需求、社交导向需求、任务导向需求、降低成本的需求、娱乐或刺激的需求和即时通讯的需求，从而使用手机进行人际交往。电话可以满足用户得到即时反馈和充分表达感情的需求，使用非自费电话可以满足降低成本的需求，手机上使用电子邮件可以满足用户随时随地处理邮件和在不同终端间传递文件的需求。[③]

（二）Wi‐Fi 技术发展迅速

Wi‐Fi 技术的使用使基于笔记本电脑的普及，热点地区一般在机场、咖啡馆甚至公园等公共场所。作为一种协调无线访问的方式，Wi‐Fi 在全球范围内普及，该技术对于网络进入贫困社区方面有着巨大优势。因为，Wi‐Fi 系统的普及提供了免费访问数字化信息的机会，无论在何时何地，都可能有这种便利，此技术的优势是增强社区价值，而非产生经济收益。

（三）农村的网络使用

我国农村网民规模持续增长，但城乡互联网普及差异依然较大，然而农村网民在即时通信、网络娱乐等基础互联网应用使用率方面与城镇地区差别较小。娱乐、沟通类基础应用是拉动农村人口上网的主要应用，农村网民在互联网消费领域潜力仍有待挖掘。[④] 网络对农民的价值观念、生活方式、社会交往以及生产作业等方面均产生深刻影响。但和城镇人口相

---

① 崔明健：《论手机网民知情权的公益诉讼救济——以手机网民知情权的法律特征分析为基础》，《济南大学学报（社会科学版）》2016 年第 1 期。

② ［美］曼纽尔·卡斯特等：《移动通信与社会变迁：全球视角下的传播变革》，何睿、薛辉、傅玉辉等译，清华大学出版社，2014，第 18 页。

③ 张翔：《中国青年手机网民手机人际交往的使用与满足》，硕士学位论文，南京大学新闻传播学院，2012。

④ CNNIC：《中国互联网络发展状况统计报告》，访问日期：2018 年 7 月 25 日，http：//news. mydrivers. com/1/516/516969. htm。

比，农村网民的媒介素养普遍较低，在信息接收上处于弱势。缺失媒介素养的农村受众会迷失在虚拟的世界中，面对垃圾信息、欺诈信息和违法信息时，有可能丧失独立思考和自我判断能力。①

农村地区是中国未来网民增长的重要源泉。中国正在实施"宽带中国"战略，未来数年，宽带网络会基本覆盖农村。加强农村网络工程建设，不仅是硬件建设，更重要的是加强农民的新媒介素养教育，使农民具有熟练使用新媒体的能力，能准确利用互联网搜索、获取、发布信息，对信息具有鉴别、判断等把关能力，以及利用新媒体资源完善提高自我的能力。未来智能手机的普及应用是农村网民持续增长的第一动力。农村网购将继续保持快速增长势头，移动网购成为常态。城乡之间网购使用率差距进一步缩小。促进农村网购发展的因素包括宽带覆盖面扩大、电商平台大力推动、电商服务网点增加、物流日益便捷、村民相互带动、农村电商政策鼓励等。② 但基于小农经济的生产方式和传统政治文化的影响，农村网民表现出强烈的乡土意识和较保守的政治倾向，这些都和商业气息浓重、强调民主法治的城市文化有差别。农民自身固有的等级意识、宗族观念和父母官心理的文化结构，也使其在网络空间显得"异类"，并引发不同程度的"失语"症状。城市文化的强势地位则在现实与虚拟两个维度对农村文化进行影响，试图推动农民政治心理的变迁。城乡政治文化的异质性构成了城乡结构张力的主要内核。③

二、互联网用户的结构

（一）性别结构

1997 年上网的女性用户占 12.3％，1998 年下降到 7％，1999 年达到 14％，2000 年发展到 21％，2001 年快速上升到 30％，2002 年和 2003 年则都是 40％。截至 2016 年 12 月，中国网民男女比例为 52.4∶47.6，网民性

---

① 陈莹、辛璐：《提高农村网民媒介素养》，《吉林日报》2015 年 11 月 7 日第 7 版。

② 阎密：《阿里新乡村研究中心：2018 年中国农村网民规模将达 2.4 亿》，《国际商报》2017 年 2 月 13 日第 A08 版。

③ 张文壕、祝天智：《关于我国网络民主的主体探究——基于形成、结构和特点的分析》，《岭南学刊》2014 年第 2 期。

别结构趋向均衡。就性别问题而言，由于现实社会中部分领域存在着性别不平等关系，使互联网在很大程度上也有鲜明的性别特征。[①] 网络化社会将会对女性发展产生何种影响，存在两种相反的观点：一种认为网络化与信息化将为女性发展创造新的空间，有利于缩小两性间的差距；另一种则认为网络的作用不过是帮助传递落后的性别观念，并使之传播得更快、更广，网络更强化了女性的弱势地位。[②]

（二）年龄结构

年龄因素在新技术的使用中发挥了不同的作用，在技术扩散的第一阶段，中年群体被认为是采用新技术的唯一目标人群，随着商业和技术壁垒的降低，年轻人成为移动通信技术发展的驱动力，不过，即使在该阶段，成年人依然是语音通信最为频繁的使用者，而年轻人群体则更多使用其他产品。老年群体是人口构成中较少使用无线传播技术的群体，然而，这一状况也会随着满足老年人需求的设备和服务的出现而改变。由于年龄始终区分着使用者的类型而非使用本身，移动通信技术朝着所有人年龄人群扩散似乎是发展趋势。[③] 我国网民以 10—39 岁群体为主，占整体的 70％以上：其中 20—29 岁年龄段的网民占比最高，达 30％以上，10—19 岁、30—39 岁群体占比分别为 20％、23％左右。10 岁以下低龄群体和 40 岁以上中高龄群体的占比近年来变化明显，互联网继续向这两部分人群渗透。

（三）学历结构

我国网民中具备中等教育程度的群体规模最大，初中、高中、中专、技校学历的网民占到六成左右。近年来，小学及以下学历人群占比有提升的趋势，中国网民向低学历人群扩散。在高中及以上学历人群中，互联网的普及率已达峰值，未来上升空间有限。纵观 2009—2018 年的学历结构，大专以及大学本科的网民比例相对稳定，而小学以及初中的网民都有较明显的上升趋势，而高中、中专、技校学历层次的网民比例相对减少。

用户的低龄化和低学历化决定了网络舆论的复杂性，很多情况下，网

---

① 倪志娟：《网络空间的性别问题》，《中州大学学报》2005 年第 3 期。

② 王小波：《网络化与社会性别结构》，《天津社会科学》2005 年第 1 期。

③ ［美］曼纽尔·卡斯特等：《移动通信与社会变迁：全球视角下的传播变革》，傅玉辉、何睿、薛辉译，清华大学出版社，2014。

络舆论不等于真实舆论，以至于网络民粹主义泛起，这一点从网民新闻跟帖可以看出。网民新闻跟帖是指网民在浏览新闻后，就新闻事件发表的评价和见解。与传统新闻评论不同，它是网络新闻发展到一定程度的产物，无所谓网民的职业和学历，任何人在网民新闻跟帖平台都是平等的。因而成为普通大众表达民意的发声筒。评论"门槛低"，常伴随着语言暴力。语言暴力的表现形式有"用暴力词语""使用詈骂性语言""肆无忌惮地散布谣言"以及"不正当运用'人肉搜索'"等，网民新闻跟帖中语言暴力愈演愈烈，影响社会和谐。①

（四）收入结构

我国网民向低收入阶层渗透，月收入在 2 001～5 000 元的群体占比较高。该收入水平属于全国的中低等水平，大致是通过个人脑力或体力劳动换取，该收入水平者多为普通工作者，有一定的时间和精力参与网络舆情的传播。他们更贴近社会，有一定的生活经济保障，同时希望有更大的发展空间，所以整体状态更积极，这种状态也会体现在网络舆情中，对于社会热点事件所表达的观点和态度更鲜明直接，对于网络舆情的发展有着较为强劲的推动作用。月收入 1 000 元以下的用户比重近年来有提升的迹象。

互联网对个人生活方式的影响还会进一步深化，融入教育、医疗、交通等民生服务中。在线教育、互联网医疗、网络约租车等公共服务类应用的用户规模均在 1 亿以上，用户习惯逐渐养成。出现了所谓的"下一代用户"（NGU），下一代用户至少满足以下两个条件中的一个：在手机上使用至少两种互联网应用（互联网的应用包括：浏览网页、使用电子邮箱、更新社交网站、查找位置等形式）；还应符合以下标准中的两个及以上，拥有平板电脑、拥有阅读器、拥有三台或以上计算机。② 我国的下一代互联网用户人群规模不断攀升。

---

① 梁慧婷：《网民新闻跟帖中的语言暴力研究》，硕士学位论文，湘潭大学文学与新闻学院，2016。

② ［美］马克·格雷厄姆、威廉·H. 达顿：《另一个地球：互联网＋社会》，胡泳等译，电子工业出版社，2015，第 19 页。

第二节　从受众到用户

受众这一概念源于传统的演讲听众、戏剧观众，从 20 世纪下半叶流行。在大众传播领域，受众指大众传播媒介信息的接受者，尤指报纸读者、广播听众以及电视观众。受众一般被量化为收视率或收听率。积极的受众以使用与满足、编码—解码等理论框架为标志。英国学者提出了"观展—表演"范式（Spectacle/Performance Paradigm，简称 SPP），将消费和认同的观点纳入受众研究，在扩散受众、观展、自恋、想象等要素的基础上提出扩散受众行为的四个循环阶段：媒介渗透、日常生活、表演、观展—自恋。

20 世纪 80 年代以来，越来越多的学者开始关注"受众能动""主动受众"的研究。研究者设计出传播关系的四种模式，其中咨询型和对话型模式都赋予受众较强的能动性。咨询模式下，受众可以决定他们需要的信息内容和信息接收的时机，并从媒介中寻找和选择自身需要的信息；对话模式下，传授双方都可以控制传播过程。传播者和受众的角色分野不再泾渭分明，同样减弱了受众的被动接受意味。菲斯克提出"生产性受众"概念，认为受众能够按照自身的经验解读文本，同时在解读文本过程中也在生产"意义"，并从中获取快感。

阿伯克龙比（Abercrombie）和朗斯特（Longhurst）在《受众——表现与想象的社会学理论》一书中提出了观展—表演的观点。指出媒介影像大量进入日常生活，人人都直接或间接地成为受众，同时也是表演者，内容的生产者与接受者融为一体。人们将自己呈现于他人面前，并想象他人如何看待自己。该观点重视受众主动的媒介使用行为，以及由此带来的自我形象的搜寻与建构。这可以更好解释现在网络上出现的许多网民行为，比如很多人喜欢在网络上写博客，如果从使用与满足角度考虑，可能这种现象就被解释为通过使用博客这种渠道来满足网民抒发感情的需要，而从"观展—表演"角度解释，可以认为网友在网络上书写日志、晒照片、传视频等行为是一种表演行为，网民将部分自己呈现在其他网民面前，再从其他网友对自己的评论中，来建构自己在他人眼中的形象。阿伯克龙比和朗斯特还在书中提出了扩散受众（diffused audiences）概念，它与简单受众和大众受众这两个概念相对，主要由以下四个因素构成：花费大量的时间消费媒介；媒介无所不在，且难以和日常生活区分开来；当代社会是一个表演的社会，相当多的人类活动都包含了表演的成分；扩散受众是观看（spectacle）与自恋（narcissism）交互作用的结果。

扩散受众的提出，为传统的受众概念增添新的内容，新媒体时代受众的新特征在扩散受众这一概念中得以体现，即由于媒介影像的大量渗透、入侵日常生活，生活在社会之中的人们，无法避免媒介影像的碰触，无人能够逃脱受众的位置，因而在当代社会人人都直接或间接成为受众。社会文化性受众研究强调受众具有主动性和选择性，受众的媒介使用是特定社会文化环境的一种反映，也是赋予文化产品和文化经验以意义的过程，所以此类研究以文化研究学派为主，而其研究方法主要有民族志和定性研究方法，较有代表性的有霍利的编码—解码模式等。①

用户这一概念在计算机和数字媒体扮演主要角色后出现，使受众一词失去指向。以互联网为代表的新媒体技术，在政治、经济、文化和社会领域展现出巨大的整合潜力，逐步消解以传者为中心的受众概念，使信息控制权逐步向受众转移。传播对象由大众传播时代扮演信息接收者的"受众"，转换为新媒体环境下既是信息接收者也是发布者的用户，传播话语权不再被媒介机构垄断，用户需求成为信息产品生产的动力和目标，传播模式变为非线性、社会化、产销合一。传播模式的转变首先影响到媒体的运营模式。此外，用户概念对传播学科产生颠覆性影响，以往以"受众"为主要传播对象的研究不再适合当下环境，受传合一的"用户"倒逼学界思考传播学理论体系重构。

一、主动获取网络信息

信息技术快速发展使计算机 IT 行业率先引入"用户"概念，用来指代网络软件服务的体验应用者，Web2.0 时代的到来使软件应用开发设计不再是专业人员的专利，一些长期接触网络，具有一定网络知识和创新能力的网民开始借助互联网平台开发软件。受众是大众传播时代的接收者，

① 康彬：《新媒体时代的受众研究——由麦奎尔的〈受众分析〉谈起》，《新闻知识》2011 年第 1 期。

《辞海》第六版中关于"受众"一词的解释为，"传播学术语，指大众传播过程中信息的接收者。包括读者、观众、听众等，特点是众多、混杂、分散、流动、隐匿。"用户则伴随媒介融合发展而被广泛使用，发展根源立足于受传合一、话语权边界被打破、传播环境自由等，（见表5-1），在"互联网＋"时代，以用户体验为核心，重视用户参与的创新2.0模式逐步成为主流。①

表5-1　受众和用户的区别②

	受众	用户
传播环境	大众传播时代传播，媒体单一，传播局限性强。	媒介融合发展，新媒体崛起，自媒体频频出现。
传播扮演角色	被动的信息接收者，无话语权，有限的信息"解码"权。	受传合一，享有信息接收权和发布权，有主动话语权。
传播模式	以消费为主的工业模式。	消费和生产结合的社会化模式。

互联网上用户主动获取信息行为体现在三方面：

（一）搜索引擎

当前，搜索引擎由信息服务向生态化平台的转型持续推进。各大搜索平台融合语音识别、图像识别、人工智能、机器学习等多种先进技术，依托基础搜索业务，打通地图、购物、本地生活服务、新闻、社交等多种内容的搜索服务。

（二）协同过滤

"协同过滤"一词最早由Goldberg等提出，第一个协同过滤推荐系统叫Tapestry。它是一个电子文档过滤系统，要求用户评价已阅读过的文档，其他用户根据这些评价选择适合自己的文档。用户需输入一些查询语句（语句内容包括文档发送人、发送日期、文档主题等），系统处理查询语句

---

① 杨光宗、刘钰婧：《从"受众"到"用户"：历史、现实与未来》，《现代传播》2017年第7期。

② 杨光宗、刘钰婧：《从"受众"到"用户"：历史、现实与未来》，《现代传播》2017年第7期。

后会给出过滤结果。①

（三）个性化推荐

个性化推荐作为一种重要的信息过滤手段，通过分析用户的兴趣爱好和历史行为，主动向用户推荐其可能感兴趣的项目，有效解决互联网的信息超载问题。协同过滤推荐是迄今为止最成功的个性化推荐技术之一，基本思想是搜索与目标用户兴趣相似的邻居用户，并将邻居感兴趣的项目推荐给目标用户。目前协同过滤推荐已经成为电子商务、社交网络和视频分享等互联网应用的核心技术。②

二、用户的媒介使用

传统媒体中受众拥有媒介接近权，即受众有接近、使用媒介发表意见的自由和权利。传统媒体中，受众是信息接收者身份，起着较弱的制约作用，其传播信息的困难在于：大众媒体有版面、时段限制，因此，受众只有极少的信息能呈现；由于存在立场、利益关系，使得传统大众媒体有高度选择性。

新媒体信源高度蜂窝式膨胀。用户获得一种象征性权力，新媒介拥有运用象征性权力干预事件进程、影响他人行为而创造事件的能力，采用的手段是象征性形式的生产和传播。互联网提供了传播空间，延伸了大众的象征性权力，具体表现在用户参与、去中心化、平等对话、可视化等。

在移动化和碎片化的传播时代，"短、平、快"仍是网络新闻的基础属性，随着市场不断成熟，激烈的用户争夺和用户留存压力促使网络新闻更重视内容质量和个性化精准推荐。未来，网络新闻资讯市场将朝着"资深编辑＋智能算法"相互融合的方向发展——优质内容引导用户沉淀，智能技术实现精准个性化推荐，满足用户"千人千面"的新闻资讯需求或将可能。

目前，电商、游戏、视频，甚至在线教育、互联网金融领域也纷纷引

---

① 冷亚军、陆青、梁昌勇：《协同过滤推荐技术综述》，《模式识别与人工智能》2014 年第 8 期。

② 朱夏、宋爱波、东方等：《云计算环境下基于协同过滤的个性化推荐机制》，《计算机研究与发展》2014 年第 10 期。

入社交元素，带动用户规模，提升用户黏性，社交应用在我国发展前景向好。

三、网络用户生产内容

市场化媒介生产内容的通行做法是投其所好和贩卖娱乐，其中娱乐化是商业媒介的共同趋势。用户型内容生产于 2005 年提出，指由用户在网络上创作的任何形式，包括文字、图片、音频和视频等内容，是 Web2.0 时代新兴的网络信息资源创作与组织模式，其发布平台为社会化媒体。这种模式只关注面向公众或特定群体的网站或平台上已发表内容，内容具有创新性，用户须体现自己的思想，非专业人员或非权威组织创作，无组织机构或商业市场的介入，无获利动机，表现形式有文字、图片、音频或共享文件等。

用户在 UGC 中的角色不断演化，包括：贡献频率和贡献数量极高的用户；经常对其他成员传播的内容表示认同、追随或者反对的用户；只浏览、搜寻信息而很少或从不生产内容的用户；经常再次寻求答案的用户。UGC 中的内容涵盖了娱乐、社交、商业、兴趣和舆论等方面。UGC 内容影响和几个维度有关：

社会驱动维度：信任、认同感、互动等。

技术驱动维度：技术的可靠性、隐私、安全等。

个体驱动维度：好奇心、兴趣、乐趣等。

人口统计学特征：性别、年龄、教育、阅历等。

UGC 是一场内容革命，营造了创造、表达、参与、沟通和分享的环境，但在版权、隐私以及道德伦理等方面存在诸多问题。如何管理 UGC 模式？在法律框架下，管理者进行适当干预和限制。其良性发展应由多方主体促成，此外还应该强化自律。

生产消费者（prosumer）——传统的生产与消费之间曾经难以逾越的高墙被穿透了。创客，译自英文单词"maker"，本指勇于创新，努力将自己的创意变为现实的人。源于美国麻省理工学院的实验课题。有观点认为区分国家的关键不再是发达与发展中区别，而是高创想型国家和低创想型国家以及哪个国家能够促进更多创新火花,个人智慧与资本有同等地位。[①]

四、从匿名群体到真实个性

匿名性是技术不成熟和用户不适应的表现。我国互联网出现初期,用户的匿名性较强,在网上没人知道你是条狗。随着网络的发展,人肉技术以及实名制的出现,个人的隐私越来越难以保证。用户越来越倾向有选择地公开隐私,塑造真实身份。

人肉搜索指用互联网技术,通过搜索引擎,由少数网民发动对特定事件中特定人员的个人信息的搜索提议,进而引发广大网民对其展开详细信息(包括家庭住址、联系方式、工作经历以及私人活动等)搜索的现象,最终导致被搜索者失去对个人信息的控制和保留权。[②]

人肉搜索发端于2001年的"陈自瑶事件"。该事件是一个典型的消遣娱乐事件,好奇、美女和娱乐是其主要元素,社会影响有限。2006年的"虐猫事件"和"铜须门事件"出现,人肉搜索才真正获得社会关注,这种关注到2008年达到高潮。此后,人肉搜索开始进入一个常态出现的时期。人肉搜索的性质和发生领域多样,道德事件、公权力事件和法律事件比例最大,反映出这三个领域的"张力"较大,容易诱发网民集体行为。人肉搜索动员网民群体的力量,对某人或某事进行调查,从而制造议题或介入事件进程。由于仅仅依靠网络和有限的资源动员手段,人肉搜索调查真相的整体水平不乐观。[③]

五、从受众反馈到用户体验

发行量、收听率和收视率由受众创造。约瑟夫·派恩在《体验经济》一书中预测未来经济发展属于体验经济时代。体验经济追求用户积极的自我感受的满足,重视消费过程中用户的自我体验,主要特征表现为感官

---

① 《互联网时代》主创团队:《互联网时代》,北京联合出版公司,2015,第70—71页。

② 王利明:《人格权法的发展与完善——以人格尊严的保护为视角》,《法律科学(西北政法大学学报)》2012年第7期。

③ 郝永华、周芳:《人肉搜索的第一个十年(2001—2012)——基于集体行为理论的实证研究》,《现代传播》2013年第3期。

性、个性化和参与性等。该理论指出，成功的用户体验必须首先做到在不骚扰、不使用户厌烦的情况下满足顾客的需求；其次，提供的产品要简洁优雅，让顾客用的高兴，愉悦地拥有；最后要能给用户带来额外的惊喜[1]。体验经济遵循以用户为核心的原则，以满足用户个性需求为出发点，为用户提供定制化服务，生产力发展和技术推动等因素综合作用的结果。

用户体验（UE）指人们对于正在使用或期望使用的产品、系统或者服务的认知印象和回应。其特征有：用户的个性化需求提高；用户的参与性需求提高，这要求服务或产品要有开放性、互动性；用户的情感需求提高，需要愉悦和满足用户。

用户体验将影响大众媒体的变革，如同尼葛洛庞帝提出的"我的日报"那样，实践中的各种头条号也是非常重视用户体验。

用户文化是全方位、内涵丰富的。每一名用户都通过媒介生产包括新闻、影视、文学和知识在内的诸多内容，而用户文化也几乎涵盖了媒介文化的全部方面，体现出极强的融合性和综合性。同时生产者和消费者的界限模糊，无论按照哪一种分类逻辑，用户都扮演着生产消费的双重角色。

对用户生产内容的利用策略：[2]

（1）对用户生产内容进行编辑。在不损害评论、发表等正当行为自由的前提下，对经典、精华用户生产的内容编排，进行有效筛选和细分归类，能使用户生产内容更有条理、更符合大众阅读逻辑。

（2）激励用户生产出高质量内容。要从用户体验出发，营造良好的用户内容生产氛围，从而形成"媒体—用户"之间良性的互动机制，既为自身提供内容，又能很好地吸纳用户内容。

（3）培养用户生产内容的能力。只有高质量的用户生产内容才能高效地产生传播效果、达到运营目的，这离不开媒体对用户能力的培养。

互联网普及后，受众的积极性通过新媒体技术得以表现，除主动解读文本外，自主选择信息、与传播者进行互动、参与媒介内容生产、自我形

---

① 丁一、郭伏、胡名彩等：《用户体验国内外研究综述》，《工业工程与管理》2014 年第 4 期。

② 张小强、郭然浩：《媒介传播从受众到用户模式的转变与媒介融合》，《科技与出版》2015 年第 7 期。

象呈现、社会关系虚拟映射及构建等方面成为"积极受众"新特征。相应地，受众研究开始向受众的生产性、互动性、参与性、社会性等方向转移。

六、解构"积极受众"①

新媒体和新技术在建构"受众能动性"的同时，也包含了消解意味：

（一）信息过载弱化受众能动性

互联网时代的信息过载已是不争事实，即便是筛选技术，也无法避免海量信息带来的一些负面性。首先，数以亿计的信息浩瀚无边，且还在不断增长，对之扫描归类、准确搜索基本上是一件无法完成的任务；其次，信息搜索技术存在先天缺陷，智能化水平有待提高；再次，网络协议的不兼容使网络导航更加步履蹒跚；最后，受众个体的知识和智力水平也限制了其选择有效信息的能力。这种情形下，受众要么被海量信息淹没，要么只能有限地选取信息，能动性大打折扣。

碎片化阅读削减传播效果。新媒体传播集文字、图像、音频、视频、超链接、多文本于一身，足以分散受众有限的注意力，而文本的碎片化不仅表现在文本内容，还表现在信息传播形式和传播意义的碎片化，直接导致受众对形式的关注大于对内容的关注，文本意义直接被忽略。

（二）媒介成瘾导致用户行为失范

个人越通过使用媒介来满足需求，媒介在个人生活中所扮演的角色就越重要，媒介对个人的影响也就越大。适度的媒介依赖对个人获取信息及情感表达有益，过度则可能是病态行为，甚至有可能产生"媒介成瘾综合征"，导致心理异常，并产生一定的生理不适应。与传统媒介相比，新媒体传播的成瘾概率要大很多，网络游戏、网络色情、网络交易等均是"媒介成瘾"的诱因。媒介成瘾会对受众的精神、身体、心理和生活等方面产生负面影响，偏离正常的生活轨道。由于外部规制不完善，新媒体空间还存在大量的法律意义上的受众失范行为。

（三）复制技术降低受众创新力

新媒体文本的开放性还带来信息侵权问题。互联网上易于复制和传播

---

① 葛自发：《新媒体对"积极受众"的建构与解构》，《当代传播》2014 年第 1 期。

信息，越来越多的受众未经许可便直接复制、转发，剽窃、抄袭等，既造成了法律意义上的侵权问题，又抑制了受众的创新能力，导致垃圾内容和侵权内容充斥新媒体空间，最终抑制受众能动性。

知识链接：公众

公众的组成人员并非一成不变，他们随事件变化而变化，一个事件的参与者可能是另一个事件的旁观者。在不同的领域里，人们变换着身份，忽而是事件的决策者，忽而是一个普通的旁观者。这两种身份的区别并不是绝对的：这里是个模糊地带，人们身处其中很难判断，自己应该去做决策，还是仅仅去影响其他决策者。这两种行为常常混杂在一起，没有清晰的界限，这使得公共事务处理中，极大混淆了公众态度和个人态度。在某些问题上，大众的观点被一些假托大众的个人观点搞得含混不清。按照自己的喜好歪曲规则的人往往喜欢假装或想象自己是遵循公众的需求行事，所以必须要有可被接受的规则存在。公众并不是法律、道德的源泉，最多是法律、道德行动方式上或精神上可被动员的一种储备力量。[1]

第三节　传播的小众化

网络有个体传播特性，通过 BBS、E – mail 和博客等明显不同于大众传播的方式而具有"小众"的性质，网络所进行的群体传播与组织传播，本身就是小众化传播，因此网络传播完全可以超越技术确定的层面，而在社会学与传播学的视野中将其定性为"小众化传播"。大众化传播自身与网络传播的迅速扩展，结果便是共同打造出"小众化传播时代"。[2] 所谓"小众化"指传播打破过去的"千报一面"的形式，而是以千人千面，千差万别的形式呈现出来。

---

① ［美］沃尔特·李普曼：《幻影公众》，林牧茵译，复旦大学出版社，2013，第74、78页。

② 曹海峰：《分众时代：小众传播趋势下大众文化现象与研究》，《大连理工大学学报（社会科学版）》2009年第2期。

一、小众化传播的特点

传播的主体和传播的内容进一步细分。网络传播着眼特定群体，提供符合特定需求的信息和服务，出现了所谓的分众传播。"分众"的概念由日本著名研究机构"博报堂生活综合研究所"在 1985 年出版的《分众的诞生》一书提出。在互联网时代，此概念被进一步深化。

用户的主动性增强，冲破时空束缚。小众传播赋予用户更大主动性：个体用户自主构建其信息网络；信息生产模式呈现分布式特征，用户在内容生产中更主动。总之，用户获得的主动性是一种新的权力①，这种权力有助于打破时空束缚，即用户自主选择的时间、被压缩的时间出现，适合多任务传播。在围绕着环境的空间节点延展的结构中定义互动。

传受之间互动频繁，界限模糊。在网络传播中人以群分，圈子化的趋势越来越明显。我国学者黄旦教授对小众化传播作过一些归纳：第一，内容更加专门化；第二，接受者更为自由、主动，富有选择余地；第三，传播者必须更加关心和了解接受者的各种需要；第四，利用电子报纸、电视报纸等新型媒介进行传播的传、受双方，都必须具备较高的文化知识水平。②

二、小众化的积极作用

小众化是文化发展的新方向，在小众化传播格局中，文化呈现出多元、包容和延展的特点。内容生产和消费的关系重新调整，小众模式下，消费引导文化生产，生产受制于市场。

小众化成为经济增长的新动力。既往的高度组织化的文化生产方式被打破，文化产品的潜力充分释放，文化的活力被激发出来创造出新的经济发展机会。

三、小众化的消极作用

信息茧房的扩张。桑斯坦认为，公众往往根据自身兴趣获取信息，因

---

① 彭兰：《新媒体用户：更主动还是更被动》，《当代传播》2015 年第 5 期。
② 黄旦：《新闻传播学》，杭州大学出版社，1997，第 31 页。

而信息是不完整、不全面的，久之会置自身于蚕茧一样的狭隘空间。这形成了所谓的信息茧房，而小众化则加剧了这种趋势。

社会黏性的丧失。社会黏性是由经验、知识和任务分享而产生的，人们需要一些共同的关心和记忆，需要建构起具有黏性的共同联盟。小众化加剧了社会黏性的丧失，使得隔膜、区隔成为常态。

四、意见领袖

意见领袖指在人际传播网络中经常为他人提供信息，同时对他人施加影响的"活跃分子"，他们在大众传播中起着重要的中介或过滤作用，由他们将信息扩散给群众，形成信息传递的两级传播。

（一）网络意见领袖的构成、产生和作用

1. 构成

主要包括：政府部门网络发言人、网络媒体评论员、网络知名专家、网络论坛版主、知名博客博主、微博大 V 等。

2. 产生原因

技术背景：意见领袖能轻易通过网络就公众关心的事件和问题发表意见。社会角度：有知识鸿沟、信息鸿沟等因素。

3. 作用

网络意见领袖能影响舆论的形成，也会产生一些负面的影响。

（二）充分发挥网络意见领袖的积极作用

（1）正确对待网络意见领袖。

（2）培养和团结网络意见领袖。

（3）依法引导和管理意见领袖。

从传播与劳动的互动关系出发，互联网产业形成了一种以网民"参与"为核心的新型经济发展模式，依靠以弹性雇佣制度为基础的数字资本生产与再生产模式，并通过以"参与""民主""分享"为代表的权利与道德话语实现对网民的"召唤"，成功地在差异化与多样化的社会中吸纳大众的集体智能与剩余生产力，节约了资本运作的成本。资本生产过程开始跳出工厂围墙，不断渗透到家庭与社会等人类日常生活的场所之中，完成对网民时间的殖民化与社会空间的工厂化。①

本章小结

在互联网社会，人被分为三类：第一类是数字原住民、第二类是数字移民、第三类是数字难民。中国网民规模已超过欧洲人口总量。手机上网所涉及的并非单纯的互联网，而是由移动通信网与互联网相互连接、融合形成的移动互联网。手机用户会基于时尚需求、社交导向需求、任务导向需求、降低成本的需求、娱乐或刺激的需求和即时通讯的需求使用手机进行人际交往。网络对农民的价值观念、生活方式、社会交往以及生产作业等均产生了深刻的影响。和城镇人口相比，由于受经济能力和教育水平的限制，我国农村网民的媒介素养普遍较低，在信息接收上处于弱势。网络媒体在时间和空间维度上具有较大的开放度和自由度。就性别问题而言，由于现实社会个别领域中存在着性别不平等关系，使互联网在很大程度上也有鲜明的性别特征。网络舆论不等于真实舆论，以至于网络民粹主义泛起。"用户"对传播学研究产生颠覆性影响，以往以"受众"为主要传播对象的研究不再适合当下环境，受传合一的"用户"倒逼学界思考传播学理论体系重构。人肉搜索是指利用互联网技术，通过人肉搜索引擎，由少数网民发动对特定事件中特定人员的信息的搜索提议，进而引发广大网民对其展开详细信息（包括家庭住址、联系方式、工作经历以及私人活动等）搜索的现象，最终导致被搜索者失去对个人信息的控制和保留权。

关键名词

用户；用户型内容生产；数字原住民；人肉搜索；用户体验；观展—表演范式；扩散受众

思考题

1. 为什么说以"受众"为主要传播对象的研究不再适合当下环境？
2. 受众和用户有什么区别？

---

① 吴鼎铭：《网络"受众"的劳工化：传播政治经济学视角下网络"受众"的产业地位研究》，《国际新闻界》2017 年第 6 期。

3. 我国互联网用户的结构如何？

4. 网络舆情和真实舆论有和关联？

5. 新媒体对"积极受众"的解构体现在哪些方面？

6. 小众化传播的特点是什么？

延伸阅读

1. ［美］沃尔特·李普曼：《幻影公众》，林牧茵译，复旦大学出版社，2013。

2. ［澳］格雷·姆特纳：《普通人与媒介：民众化的转向》，许静译，北京大学出版社，2011。

3. ［美］哈罗德·伊罗生：《群氓之族：群体认同与政治变迁》，邓伯宸译，广西师范大学出版社，2015。

4. ［法］吉斯塔夫·勒庞：《乌合之众：大众心理研究》，冯克利译，中央编译出版社，2005。

第六章　大数据

人们从没像今天一样如此活跃，具体地记录着自己与世界，从最初的计算器、摄像头，到家用计算机、智能手机，再到大数据和人工智能，采集和利用数据的方式不断升级。① 数据已经深深"浸入"人们的生活。一部智能手机一天之内可以生产 1G 的数据量，大概是 13 套《二十四史》的总容量。据估计，历史上 90％的数据都产生于过去若干年。2014 年，国际数据公司推算出全世界数据总量有 4.4 泽字节之多，即 4.4 万亿兆字节。如果把这些信息储存在苹果平板电脑里，这些平板电脑摞起来可以达到 15.7 万英尺，1 英尺 = 0.3 米高，是地球与月球距离的 2/3。② 人们每天都在用数据书写自己的"生活史"。与传统意义上的数据记录定义不同，这种数据是有"生命"的，更像人们身体的一种自然延伸：倾听我们的声音、拓宽我们的视野、加深我们的记忆甚至组成一个以数据形式存在的我，如果说智能手机已成为人类的新器官，那么数据就是这个器官所接收到的"第六感"。③ 大数据是人们获得新的认知、创造新的价值的源泉，还是改变市场、组织机构以及政府与公民关系的方法。大数据时代对人的生

---

① 李彦宏等：《智能革命：迎接人工智能时代的社会、经济与文化变革》，中信出版社，2017，第 72—73 页。
② ［美］史蒂夫·洛儿：《大数据主义》，胡小说、朱胜超译，中信出版社，2015，第 6—7 页。
③ 李彦宏等：《智能革命：迎接人工智能时代的社会、经济与文化变革》，中信出版社，2017，第 74 页。

活以及世界交流的方式提出挑战。①

第一节　大数据的发展

大数据技术正在引导一场计量方面的革命，有望为下一个席卷整个经济领域的效率与创新浪潮奠定基础，但是技术并不是孤军作战，将来人们在考虑如何决策时，同样需要大数据出谋划策，这种正在兴起的观点被称为"大数据主义"。大数据催生了大量技术，首先是各种新老数据源，包括 Web 网页、浏览习惯、传感器信号、社交媒体、智能手机的 GPS 位置数据、基因组信息和监控录像等。② 到如今互联网时代人类的每一次鼠标点击，用手机时的每一次手指滑动，乃至每一次心跳和呼吸，甚至还包括经济生产中的一些人机动作、轨迹，皆已融入数据流……数据已浸染我们生活的每一个细节，在数字时代，我们生活的一半已然是数据。③

一、大数据的定义

大数据自提出至今得到广泛关注，其并无统一的定义，目前的定义都是对大数据的定性描述。有业界权威将数据规模超出传统数据库管理软件的获取、存储、管理以及分析能力的数据集称为大数据。徐宗本院士将大数据定义为不能够集中存储并且难以在可接受时间内分析处理，其中个体或部分数据呈现低价值性而数据整体呈现高价值的海量复杂数据集。④ 虽然关于大数据定义的方式、角度以及侧重点不同，但是所传递的信息基本一致，即大数据归根结底是一种数据集，特性是通过与传统的数据管理以及处理技术对比来突显，并且在不同需求下，要求的时间处理范围具有差

---

① ［英］维克托·迈尔-舍恩伯格、肯尼思·库克耶：《大数据时代：生活、工作与思维的大变革》，盛杨燕、周涛译，浙江人民出版社，2013，第 27 页。

② ［美］史蒂夫·洛儿：《大数据主义》，胡小说、朱胜超译，中信出版社，2015，第 6—7 页。

③ 李彦宏等：《智能革命：迎接人工智能时代的社会、经济与文化变革》，中信出版社，2017，第 69 页。

④ 彭宇、庞景月、刘大同等：《大数据：内涵技术体系与展望》，《电子测量与仪器学报》2015 年第 4 期。

异性，最重要的一点是大数据的价值并非数据本身，而是由它所反映的"大决策、大知识、大问题"等。

大数据中的"大"指大规模、大空间、长时间形成或者得到的数据，但"大数据"并不等同于"大规模数据"；"数"指的是数量、数字，也就是相关的信息或事实可供计量、定量分析；"据"可以是有价值的信息、事实、内容，也可以是判断、决策、行动的依据。对于大数据之大可以做如下理解：大数据之大，大在巨量或海量——由人们熟悉的千字节（KB）、兆（MB）、千兆（GB）和太字节（TB），跃升为专业人士才了解的拍字节（PB）、艾字节（EB）、泽字节（ZB），乃至尧字节（YB）（1KB = 1 024B，1MB = 1 024KB，1GB = 1 024MB，1TB = 1 024GB，1PB = 1 024TB，1EB = 1 024PB，1ZB = 1 024EB，1YB = 1 024ZB），其中不变的是 B，即比特或字节，而从 K 到 Y，则是成千倍的递增，目前数据计算已经进入"PB 时代"。① 数据规模呈膨胀式发展，例如，互联网领域中，每秒使用谷歌搜索引擎的用户量达到 200 万，每天的推特量已经超过 3.4 亿条；科研领域中，仅某大型强子对撞机在一年内积累的新数据量就达到 15PB 左右；电子商务领域中，作为世界连锁企业沃尔玛，每小时处理的客户交易可超过 100 万笔，相应为数据库注入超过 2.5PB 的数据；航空航天领域中，仅一架双引擎波音 737 在横贯大陆飞行的过程中，传感器网络便会产生近 240PB 的数据。综合各个领域，目前积累的数据量已经从 TB 级上升至 PB、EB 甚至已经达到 ZB 级别，数据规模已经远远超出了现有计算机所能够处理的量级，对此全球著名的管理咨询公司 McKinsey 首先提出"大数据时代"的到来，认为数据已经渗透到当今每一个行业和业务职能领域，成为重要的生产因素。② 大数据之大还在数据结构的有容乃大——它不再需要传统的数据库表格来整齐排列，几乎可以无所不包地记录、存储和计算各种规则的结构化数据和不规则的非结构化数据，于是便有了逐

---

① ［美］史蒂夫·洛儿：《大数据主义》，胡小说、朱胜超译，中信出版社，2015，序言第 X 页。

② 彭宇、庞景月、刘大同等：《大数据：内涵、技术体系与展望》，《电子测量与仪器学报》2015 年第 4 期。

步演变为一个数字化世界的可能。①

大数据的真正价值不在于它的大，而在于它的全——空间维度上的多角度、多层次信息的交叉重复出现；时间维度上的与人或社会有机体的活动相关联的信息持续呈现。

二、大数据的产生

1980 年，著名未来学家阿尔文·托夫勒在《第三次浪潮》一书中，将大数据热情地赞颂为"第三次浪潮的华彩乐章"。而 DieBold 所撰写的论文使大数据第一次出现在学术期刊，一直到 2009 年，"大数据"才成为互联网信息技术行业的流行词汇。大数据又并非单纯指人们在互联网上发布的信息，全世界的工业设备、汽车、电表上有着无数的数码传感器，随时测量和传递着有关位置、运动、震动、温度、湿度乃至空气中化学物质的变化，也产生了海量的数据信息。②

（一）大数据产生的基础③

1. 物理基础

因为当前无处不在的数字化传感器和微处理器，比如物联网、云计算、移动互联网、车联网、手机、平板电脑、PC 以及遍布地球各个角落的各种各样的传感器，无一不是数据生成、承载和传输的方式。人类正迈入数字化时代，人类的所有实践活动经过各类机器或电子设备的作用都会留下数字痕迹，形成一个庞大的数据链，这些数据在互联网中构成了对人们社会活动的翔实记录。

2. 社会原因

因果逻辑捉襟见肘，相关性逻辑初显优势。传统社会中，将问题进行要素抽绎是一种基本的人类认知方式，它试图从千差万别的社会个体现象中找出共性而形成对特定问题的所谓"解释模型"，并作为一种社会"定

---

① ［美］史蒂夫·洛儿：《大数据主义》，胡小说、朱胜超译，中信出版社，2015，序言第 X 页。

② 张意轩、于洋：《大数据时代的大媒体》，《人民日报》2013 年 1 月 17 日第 14 版。

③ 喻国明等：《新闻传播的大数据时代》，中国人民大学出版社，2014，第 2—3 页。

理"在后续的实践中进行社会意义的再阐释、再修正乃至再生产。这种逻辑在当下变量繁多、有机化程度越来越高的社会中变得越来越不具有说服力,相关性逻辑抛却了因果逻辑中的认知顺序,把认知世界的场景置于现实和数据中,受到了高度关注。

三、大数据的特征

大数据,或称巨量资料,具体来说有如下几大特征:①

(1)大数据的"大"相对于人类传统数据的存储方式,不是一个量级上的大小之分,而是几何量级的差距。各种大数据平台一天之内收到的数据量可以超越人类几千年以来的文字、图像的总和。大数据的规模大,其质量影响算法的效率以及精度,信息系统正从"数据围着处理器转"转变为"处理能力围着数据转"。

(2)多维度代表着大数据可以对一个事物进行多方位的描述,从而更准确。例如,在电影《谍影重重》里,有一个大数据公司,能根据互联网数据、交通数据、历史档案等各种维度帮助政府迅速追踪和定位犯罪分子。

(3)处理非结构化数据的能力。结构化数据中最基本的数字、符号等,可以用固定的字段、长短和逻辑结构保存在数据库中,并用数据表的形式向人类展现,处理非常方便。但是互联网时代产生了大量的非结构化数据,对于图片、视频、音频等内容,它们数据量巨大却没有清晰的结构。而大数据可以通过图像识别、语音识别、自然语言分析等技术,分析大量非结构化数据,提升了数据的维度。

(4)大数据是生生不息的流,具有时间上的不间断性,过去就不回来。传统数据是伴随着一定的运营活动而产生的,并在产生后存储至数据库,如超市只有用户发生购买行为之后才会产生交易信息,该阶段数据的产生是被动的,具有这种数据生产方式的阶段被称为运营式系统阶段;以智能移动终端以及社交平台为媒介,大量通话以及聊天记录的产生标志着"用户原创阶段"的到来,该阶段数据产生呈现主动性;云计算、物联网

---

① 李彦宏等:《智能革命:迎接人工智能时代的社会、经济与文化变革》,中信出版社,2017,第75—78页。

以及传感技术的发展，使得数据以一定的速率源源不断的产生，该阶段的数据呈现自发性，该阶段被称为"感知式系统阶段"。数据生产方式经历了被动、主动以及自发式的历程，已经脱离了对活动的依赖，突破了传统时间的限制，具备了持续不间断产生的特性。

（5）大数据的大，表现在无尽的重复。对于语音识别来说，正因为人们重复讲述同样的语句，机器通过反复识别这些人类语音的细微差别，才能全面掌握人类语言，也正因为人们周而复始的运动，才让系统能捕捉其中的规律，"重复"的数学意义是"穷举"，以往人类无法通过穷举法来把握一个事情的规律，只能采用"取样"来估计，或者通过观察用简单明了的函数来代表事物规律，但大数据让穷举这种"笨方法"变得可能。

（6）无领域限制。大数据已经出现在各个领域，包括互联网、金融、医疗、教育、科研、航空航天以及物联网等。例如，互联网领域的网络点击流、网络日志、电子邮件以及交易记录，金融领域的股票交易、用户消费记录以及账户信息，物联网领域中大量分布的传感器感知的环境信息、设备信息，科研领域中仿真实验数据、实验报告、论文等，这些都是构成大数据的重要组成部分。但产生大数据的领域并不局限于此，甚至已经扩散到我们能够想象到的生产生活的各个领域。由此可见，领域的扩展已经为"大数据"的形成提供了重要基础。

（7）人、机、物协同作用。人物是传统事件发生的重要因素，而对于数据的产生，其主体已经从传统"人"的概念扩展到"人""机""物"以及三者的融合。首先，"人"指的是人类的活动，包括人的日常消费、使用移动互联网、移动设备终端等。其次，很重要的一部分数据来源于"机"，即信息系统本身，计算机信息系统产生的各类数据，以文件多媒体等形式存在，包括计算机虚拟镜像、内容拷贝以及数据备份等；大数据同样也来源于"物"，即我们所处的物理世界，涉及各种具有采集功能的设备，如摄像头、医疗设备、传感器等。而且，随着云计算物联网等信息技术的发展，"人""机"及"物"的规模逐渐扩大，相互之间的作用越来越明显，数据的产生方式也已由"人机"或"机物"的二元世界向融合社会资源信息系统以及物理资源的三元世界转变。数据产生的三要素已经发生了历史性的变革，人、机、物协同作用下，不间断、无领域限制的数据产生方式已经突破了传统数据的概念，必然导致数据性质的变革，这也就衍生出了新的概念"大数据"。①

四、大数据对传播的影响

大数据将改变人文科学和社会科学，重新界定商界和学术界之间的关系。大数据的精髓在于我们分析信息时的三个转变，这些转变将改变我们理解和组建社会的方法：②

（一）分析方法

从随机采样到全部数据。在大数据时代，人们可以分析更多的数据，有时候甚至可以处理和某个特别现象相关的所有数据，而不依赖于随机采样。过去，因为记录、储存和分析数据工具的不足，人们只能收集少量的数据进行分析，为了让分析变得简单，人们会让数据量缩减到最少。在公共部门和人口普查领域、商业领域，随机采样被用来监管商品质量，这样使得监管商品质量和提升商品品质变得更容易，花费也更少。随机采样将客户调查引进了零售行业，将焦点讨论引进了政界，也将许多人文问题变成了社会问题。但是，随机方法不适于一切情况，因为这种调查结果缺乏延展性，即调查得出的数据不可以重新分析以实现计划外的目的。大数据拥有全部或几乎全部的数据，就能够从不同的角度，更细致地观察和研究数据的方方面面，因为大数据是建立在所有数据，至少是尽可能多的分析数据的基础上的，所以就可以正确地考察细节并进行新的分析，在任何细微的层面，人们都可以用大数据去论证新的假设。

（二）结果转换

从"具体结论"到"宏观趋势"。研究数据如此之多，以至于人们不再热衷于追求精确度。由于可以分析的数据是海量的，数据量的显著增大也必然会带来一些溢出效应，一些不准确、驳杂的数据会混入数据库，结果可能不像小数据时代那么准确。这就是大数据时代的另一种思维——

---

① 彭宇、庞景月、刘大同等：《大数据：内涵、技术体系与展望》，《电子测量与仪器学报》2015 年第 4 期。

② 本处参考了：［英］维克托·迈尔－舍恩伯格、肯尼思·库克耶：《大数据时代：生活、工作与思维的大变革》，盛杨燕、周涛译，浙江人民出版社，2013，第 35—38 页；喻国明：《大数据方法：新闻传播理论与实践的范式创新》，《新闻与写作》2014 年第 12 期。

"不是精确性，而是混杂性"。在大数据的采集过程中，在技术达到完美无缺之前，混乱是不可避免的。虽然得到的信息和数据不再像以前的小数据那么准确，但收集到的数量庞大的数据可以让研究者放弃严格精确的选择而变得更为划算。大数据追求的是宏大的趋势分析和预测，而不再局限于"小问题、小结论"。拥有了大数据，人们不再需要对一个现象刨根问底，只要掌握大体的发展方向即可。当然，这并不意味着完全放弃精确度，只是不再沉迷于此。适当忽略微观层面上的精确度会让人们在宏观层面拥有更好的洞察力。

（三）思维革命

从"为什么"到"是什么"。在大数据时代，"为什么"不重要，重要的是"是什么"。在以往的社会研究思维中，经常使用的数据分析方法是相关分析、回归分析和结构方程模型等，这些方法背后的分析逻辑认为：世界是因果联系的，有果必有因，必须找到因。但在大数据时代，我们不必一定要知道现象背后的原因，而是要通过方法让数据自己"发声"，知道"是什么"就足够了，而对于"为什么"则显得并不那么重要。大数据思维只关注"相关性"，而不再关注"因果"关系，这种改变代表的是一种思维的革命。在2007年，图灵奖的获得者Jim Gary提出了科学的第四范式"数据密集型科学"，之前的三种科学范式分别为实验科学、理论科学以及计算科学，第四范式的提出标志着数据对于科学研究的重要性的提升，其实质是科学研究将从以计算为中心向以数据为中心转变，即数据思维的到来。

（四）研究重点转换

从"理论"到"算法""规则"。数据的爆炸式增长使传统时代科学的研究方法落伍，大数据从某种程度上意味着原有理论的终结。大数据时代"理论"的指导价值正在下降，而将大数据进行有效的重新整合，优化组合的数据算法和处理法则变得越来越重要，大数据目前之所以在很大程度上还停留在简单的概念层面，主要原因是对数据缺乏有效的梳理、整合和挖掘的算法和法则。大数据时代"理论"虽然不会消失，但其重要性会进一步让位更好的数据算法和有效的数据处理法则。

五、大数据带来的挑战

大数据为人们认识周围世界创造了机遇，同时也带来了新的挑战：①

1. 大数据和科学家之前运用的数据在结构上差异很大

科学家喜欢采用精巧的实验推导出准确结果，回答精心设计的问题。但是，大数据是杂乱的数据集。典型的数据集通常会混杂很多事实和测量数据，数据搜集过程随意，并非出于科学研究的目的。因此，大数据集经常错漏百出、残缺不全，缺乏科学家需要的信息。

2. 大数据和人们通常认为的科学方法并不完全吻合

科学家想通过数据证实某个假设，将人们从数据中了解到的东西编制成具有因果关系的故事，并最终形成一个数学理论。当在大数据中探索时，会不可避免地发现，相关性正在威胁因果性的科学基石定位，甚至有人认为，大数据将导致理论的终结。

3. 数据和存储方式发生变化

科学家习惯于在实验中得到数据或者记录对自然界的观察数据。某种程度上，数据的获取是在科学家的控制之下的。但在大数据世界，大型企业甚至政府拥有最大规模的数据集。他们自己、消费者和公民最关心的是如何使用数据。各个公司对所控制的数据有着强烈的产权诉求，他们分析自己的数据是期望产生更多的利润，而不愿意和外人共享其核心竞争力。

大数据技术的战略意义不在于掌握庞大的数据信息，而在于对这些含有意义的数据进行专业化处理，即如果把大数据比作一种产业，那么这种产业实现盈利的关键，在于提高对数据的"加工能力"，通过"加工"实现数据的"增值"。②

第二节 大数据对新闻业的影响

大数据是一组系统信息，蕴含着新闻价值。大数据是和孤立的、单一

---

① ［美］埃雷兹·艾登、［法］让-巴蒂斯特·米歇尔：《可视化未来：数据透视下的人文大趋势》，浙江人民出版社，2015，第17—18页。

② 张意轩、于洋：《大数据时代的大媒体》，《人民日报》2013年1月17日第14版。

的、少量的、短期的信息相对应的一个概念，其本身可以成为新闻事实报道的对象。它还是一种组织、采集、报道信息的机制，也可以说是一种报道方法和方式。当大数据占据整个信息社会的中心舞台时，媒体在进行传播实践时需要一种新的、与大数据相匹配的思维方式来理解这个世界。大数据与新闻报道密不可分，与新闻传播的创新更是息息相关。①

一、大数据与新闻实践

大数据可以实现"新闻游戏化"（即在读者的参与中完成的传播读解和消费的过程），例如，《华盛顿邮报》在关于奥巴马就职典礼的报道中，《华盛顿邮报》在网站中贴出了千兆像素的巨幅图片展示奥巴马宣誓就职场景，它可以清晰地放大每一个局部，让每个参与者找到自己和熟人。还有获得 2013 年美国新闻奖的雪崩报道以及阿拉伯之春运动中西亚北非 17 国的情形，都是运用最新大数据的技术手段改革新闻报道的典型案例。②

国内较早使用数据新闻这一报道方式的主要是以四大门户网站腾讯、网易、新浪、搜狐为主的网络媒体，以其各自推出的第一条数据新闻来看，多是在 2012 年上半年制作发布，2012 年是"大数据"引爆舆论话题的一年，各行业都在寻找大数据带来的机遇，国内商业网络媒体苦于没有正式采编权而只能采用二次传播，通过转载分发传统媒体做出的新闻来吸引读者，所发布的新闻以转载为主，很少有网站独立创作的内容，正是国内的特殊环境让这些网络媒体在"大数据"浪潮中走在了传统媒体前头。数据新闻的制作基于对数据进行二次挖掘分析，对数据的加工正是网络媒体的长处，而在这方面，国内的传统媒体落后网络媒体一大步。在多数网络媒体都已推出数据新闻栏目时，直到 2015 年，部分传统媒体才开始有所动作，浙报集团开始投资数据分析项目，将目光放在了未来社交网络的数据深度挖掘上。此外，国内几家大的互联网企业纷纷调整自己的发展战略，迎接大数据时代的到来，优酷和土豆合并，搜索平台可以挖掘和推算

---

① 杨雅：《大数据分析与可视化技术：新闻传播的新范式——"大数据与新闻传播创新"研讨会综述》，《国际新闻界》2014 年第 3 期。

② 喻国明：《大数据方法与新闻传播创新：从理论定义到操作路线》，《江淮论坛》2014 年第 4 期。

出 4 亿多视频用户的浏览行为数据；搜狐正着手搭建基于云计算的大数据平台，将旗下数据资产全面打通整合，获取每月 9 亿多人次的用户数据资产；腾讯启用新版首页，并启动门户、微博、视频、无线的跨平台深度整合战略……在云计算、移动互联网等新技术推动下，一场关于数据的圈地运动正在互联网上拉开大幕，竞争日益激烈。① 国内较为成功的大数据报道的案例是央视新闻联播在 2014 年春节期间播出的 11 集"据说"春运，据说春运的成功有几大因素，其中包括新闻形式上的可视化突破、内容上的数据化新闻和故事化的画面表达呈现出大数据小故事，大数据已经是一种客观存在，只不过相当长一段时间内人们缺少有效整合这些数据的技术和手段，并且使用起来成本很高。互联网突破了原来的局限，解决了信息不对称的问题。其中的关键是大数据拥有方的合作与开放，本次"据说"春运节目的合作方是百度公司，作为最大的中文搜索平台，该公司每天要处理 60 亿次相关的搜索请求，其海量的数据能够相当翔实地反映中国网民具体的"需求兴趣点"和搜索者的个人特点等，实际上，百度已经可以被视为是中国最大的内容提供者。②

二、大数据新闻：从"用事实说话"到"让数据发声"

数据新闻是在大数据时代兴起的一种新的新闻生产方式，数据新闻由阿德里安·哈罗瓦提在 2006 年提出。在《报纸网站所需要的根本变革》一文中，他提认为，记者应公布结构化的、机器可读的数据，而抛开传统的大量文字。关于"数据新闻"的研究主要来自一本名为《数据新闻手册》的小册子，该书是第一本专门探讨数据新闻的著作，书中提出的主要观点是，大数据新闻是利用数据挖掘、数据分析、数据统计等技术手段从海量数据中发现新闻线索，通过可视化技术呈现新闻故事。大数据新闻展示了一种从宏观与中观的层面对于社会某一方面的动向、趋势的动态把握，能够帮助新闻工作者通过信息图表来报道一个复杂的故事，还可解释

---

① 张意轩、于洋：《大数据时代的大媒体》，《人民日报》2013 年 1 月 17 日第 14 版。

② 喻国明：《大数据方法与新闻传播创新：从理论定义到操作路线》，《江淮论坛》2014 年第 4 期。

故事是如何与个人产生关联的，数据新闻包括三个方面：一是借助各类数据工具去挖掘新闻。因为传统的新闻采集数据的方式更多的是通过线人、采访这种形态，实际上大数据的到来为媒体工作者提供了一个新的工具，去帮助大家挖掘新闻。二是做数据引证。三是数据可视化。只有具备这三个特点，才可能是真正的数据新闻。

大数据方法视野下的新闻传播创新包含两个层次的内涵：首先，它是新闻形态的一种创新，包括可视化信息、人性化的嵌入等；其次，它是一种全新意义上的内容创新，通过碎片化的数据及文本的挖掘技术，实现了新形态的新闻内容。

与精准新闻相比较，数据新闻主要在三个方面有所变化：首先，数据新闻所分析的数据量级已远远超过传统新闻操作中的数据图表；其次，网络媒体的出现，使得互动式、可视化效果在新闻作品中的呈现成为可能；最后，数据新闻实际上整合了从传统的调查新闻到统计，从设计到编程的若干个专业领域，它对新闻从业人员提出了更高的要求，除传统的文字写作、音视频制作外，还要求从业者熟练掌握社科研究方法以及数据抓取、处理，并将数据可视化，还需要运用平面、交互设计、计算机编程等多个领域的技术展示新闻事实。

三、步骤、形态与优势

（一）步骤

著名记者米尔科·洛伦兹提出，数据新闻报道有四个步骤：挖掘数据—过滤数据—数据可视化—新闻报道制作完成。这是一个线型且立体的报道流程：一方面是处理数据；另一方面，要对这些获得的数据不断检验，包括要确认数据的信度与价值。最后再通过多种运算手段与传播渠道发布并完成，数据新闻可以更简单而清晰地让受众明了复杂的情境。

（二）形态

从新闻形态来看，精确性新闻多以文字为主、数据为辅或是数据与文字相辅相成，而数据新闻则是数据为先，文字在后。数据新闻更多的是对数据的展示。因而数据可视化亦称为信息可视化，成为数据新闻的重要组成部分之一。数据新闻可视化呈现的主要方式包括信息图、动态地图、静态地图、曲线图或图表、HTML5（超文本标记语言）等，目前国内新闻媒体使用最多的是静态信息图，而国外数据新闻报道相对更多使用交互性动态图表形式。

（三）优势

作为一种新兴的新闻生产方式，数据新闻对新闻的呈现方式、生产的流程和理念都产生了巨大影响：

1. 数据新闻独特的呈现方式

数据新闻的表现形式主要有三种：数据可视化、图解新闻和数据地图。数据可视化是一个非常宽泛的概念，主要指借助于图形化手段，清晰有效地传达与沟通信息。图解新闻和数据可视化并无明晰的界限，因为从根本上说图解新闻就是广义上的数据可视化。它们之间的模糊分界在于，图解新闻通常是传统新闻报道的精华浓缩和事物间的关系揭示，数据可视化侧重于数字信息的统计与呈现。数据地图则通常以电子地图为背景，将多种信息整合其中，多用于灾难报道，如地震、海啸、泥石流等。

2. 数据新闻生产的流程再造

在大数据背景下，信息呈爆炸性增长，开源开放和信息共享让信息的获取渠道愈发宽广，数据新闻酝酿着巨大的潜力。数据的来源多种多样，无论是网上的只言片语，还是政府或企业公开发布的文件，抑或各大网站服务器的用户网络行为统计，都构成了数据新闻可利用的海量数据基数。对于新闻业界而言，数据新闻的推行意味着新闻生产流程的变革。该流程一般是：定选题—挖掘数据—编辑数据—制图—成稿。保罗·布拉德肖在《数据新闻的倒金字塔结构》一文中提出了"双金字塔模型"，以"倒金字塔结构"来表示数据处理的过程，包括数据汇编、数据整理、了解数据和数据整合四个部分。数据处理的最终目的是为了完成数据的可视化并实现有效传播。而数据新闻的传播则以"正金字塔结构"进行，包括可视化、叙事化、社会化、人性化、个人订制化和使用六个步骤。双金字塔更全面地揭示了整个报道过程中，数据在质量以及传播上的变化。

3. 数据新闻冲击传统新闻生产理念

数据新闻的出现，弥补了记者在快速独家报道上优势的丧失，将来的新闻业需认识到，为确保传统的新闻基本原则，新闻工作者必须调整自己，以适应新的技术所导致的分配方式和内容组织方式。新闻的分配方式将取决于便携性技术和终端用户；内容的组织方式将为服务不同受众的需求而调整；与受众的互动将有助于媒体与公众建立新型的关系。数据新闻改变了过去信息传播中读者处于被动的局面，在数据开放的环境下，读者的"点击—反馈—互动—参与"都深刻影响到数据新闻的生产，传播的过程是双向的，在数据新闻传播中，读者将会更关注这些事件会给自己带来什么样的影响。得益于数据新闻的强互动性，读者在一些数据新闻中输入自己的信息，可能会清晰地看到在一个新闻事件中自己将处于什么样的情况。

四、数据新闻的局限

大数据与新闻报道之间存在几对矛盾。首先，相关关系和因果关系的解读相辅相成。现在大家都在强调大数据的核心价值是相关关系，甚至于颠覆了因果关系，数据时代变成了碎片化和浅阅读，缺少了深度。然而如果不把因果关系考虑进去，数据对于新闻报道来说就没有意义。其次，大数据的内涵跟新闻在某种程度上是相悖的。因为大数据强调的是信息结构化，抛开故事中心，"去故事化"，这就和传统报道中的故事化诉求有矛盾。另外，大数据与精确性之间也是存在矛盾的，新闻要讲究精确性，而大数据却无法提供精确性。①

数据新闻是大数据在新闻领域的实践，大数据思维深植其中，因此数据新闻的局限正是大数据的局限与新闻操作理念冲突的结果，有学者认为大数据时代数据的处理有三个特点：要全体不要抽样，要效率不要绝对精确，要相关不要因果。而这些特点，与新闻报道的理念相违背。新闻报道中，想要获得全局信息，可以说极难甚至是无法做到的，新闻特写通常从特殊的个人着手再回到普遍的情况，所遵循的正是个性化与普遍性的结合。大数据思维追求的是数据的整体性，通过全局的统计总结出一般规律，单个数据的信息密度较低，这与新闻报道的做法正好相反，这也导致了我们所看到的数据新闻更多存在于统计类的新闻中。大数据思维中统计全局的特点也造成了数据新闻在题材选择上的匮乏。

在移动互联网浪潮中兴起的数据新闻，如何吸引用户的注意力将成为

---

① 杨雅：《大数据分析与可视化技术：新闻传播的新范式——"大数据与新闻传播创新"研讨会综述》，《国际新闻界》2014 年第 3 期。

生存的关键，快速生产的要求易导致新闻生产者舍弃新闻的客观性而追求效率的最大化。而数据新闻的信息来源多是散布于互联网上的免费资源，由于互联网的匿名特性，信息的可信度相对较低，如果记者不加以求证则可能会导致新闻失真。此外，大数据追求相关关系而忽略因果关系的特点，使得数据新闻在最终的新闻报道上侧重于呈现新闻故事中的相互关系，却无法回答新闻故事背后的因果逻辑关系。[①]

五、伦理失范与数据素养

1. 数据开放侵犯个人隐私

大数据时代，公共数据开放作为一种自由、平等、开放、协作的人类开源精神，却在公共云端侵害了个人数据隐私权。滥用大数据侵犯个人隐私的主体众多，这种情况在商业领域更为常见，谷歌、亚马逊、脸书、百度、阿里、腾讯等企业主导着全球的数据，在大数据精准营销、即刻分析、智能决策模式下，用户的行为心理、兴趣爱好等内心领域被一一窥见。法律维权难度大，为保护个人数据隐私和信息安全，不少国家与地区颁布了"个人数据保护法"，将隐私权的边界从"私密领域"扩展到"信息自主""信息隐私"，并提出"被遗忘权"的概念。但在实践中，哪些信息属于个人隐私、哪些信息可以公开、如何公开等问题颇具争议，缺乏相应的道德标杆和精细化的法律准则，且大数据环境下搜索和滥用个人信息的主体众多，渠道隐蔽，导致举证难度极大，即便举证成功，也很难保证胜算和评估损失。

2. 干预公民自由与社会公正

大数据引发了乌托邦与反乌托邦的观点对立：一方面被视为强大的工具，具有解决社会弊病的潜能，诸如癌症研究、恐怖主义和气候变化等；另一方面，大数据又被视为令人不安的"独裁者"，诸如侵犯隐私、减少公民自由、增加国家和公司的控制能力等。大数据对公民自由、社会公正的干预，主要体现在不同主体的数据获取能力差异，大数据正在建构新的数据鸿沟和社会监控体系。大数据私有化、商业化的伦理问题与资本主义

---

① 刘义昆：《大数据时代的数据新闻生产：现状、影响与反思》，《现代传播（中国传媒大学学报）》2014 年第 11 期。

的原始积累并无二致。大数据监控使人们将处在一个监控无所不在的"传感器社会"，应该反思权力、监视、隐私、控制、社会分类等问题，有文章同样提及了棱镜事件美国政府对民众数据的大规模监视。①

大数据时代来临，对媒介工作者乃至普通互联网用户而言，数据素养十分重要，数据素养至少包括以下几个方面：②

一是要有大数据思维。这是一种意识，认为公开的数据一旦处理得当就能为千百万人急需解决的问题提供答案。

二是培养自身的数据分析、处理能力。媒体需要应对另一个大数据挑战，首先要解决数据加工能力的匮乏问题，媒介缺乏专门的人才，也没有掌握高端专业数据分析方法，却一窝蜂地投身数据平台的搭建，实则是有名无实，对媒体长远发展不利。

三是构建和形成与各媒体发展相适应的大数据处理方法。虽然数据的整个处理流程可以概括为四步，分别是采集、导入和预处理、统计和分析、数据挖掘，但不同的媒体担负着不同的报道责任。因此应建立具有特点的分析系统，随着具有语义网特征的数据基础设施和数据资源的发展，大数据将推动网络结构产生无组织的组织力量。

本章小结

大数据中的"大"指大规模、大空间、长时间形成或者得到的数据；"数"指的是数量、数字，也就是相关的信息或事实可供计量、定量分析；"据"可以是有价值的信息、事实、内容，也可以是判断、决策、行动的依据。大数据有多维度、不间断性、重复性等几大特征。大数据的精髓在于人们分析信息时的三个转变，这些转变将改变人们理解和组建社会的方法：分析方法，从随机采样到全部数据；结果转换，从"具体结论"到"宏观趋势"；思维革命，从"为什么"到"是什么"；研究重点转换，从"理论"到"算法""规则"。大数据新闻是利用数据挖掘、数据分析、数据统计等技术手段从海量数据中发现新闻线索，通过可视化技术呈现新闻

---

① 张志安、曹艳辉：《大数据与新闻传播研究：热点与反思》，《中国出版》2017年第10期。

② 倪宁：《大数据时代的传播观念变革》，《西北大学学报（哲学社会科学版）》2014年第1期。

故事的报道方式。大数据新闻展示了一种从宏观与中观的层面对于社会某一方面的动向、趋势的把握，能够帮助新闻工作者通过信息图表来报道一个复杂的故事，还可解释故事是如何与个人产生关联的。

关键词

大数据主义；大数据新闻；双金字塔结构；数据可视化；数据素养

思考题

1. 数据新闻对新闻生产产生了哪些影响？
2. 大数据真正的价值是什么？
3. 大数据的特征有哪些？
4. 大数据使人们分析信息时有哪些转变？
5. 如何理解从"用事实说话"到"让数据发声"？
6. 数据新闻有哪些局限？

延伸阅读

1. ［英］维克托·迈尔－舍恩伯格、肯尼思·库克耶：《大数据时代：生活、工作与思维的大变革》，盛杨燕、周涛译，浙江人民出版社，2013。
2. ［美］史蒂夫·洛儿：《大数据主义》，胡小说、朱胜超译，中信出版社，2015。
3. ［美］肖恩·杜布拉瓦茨：《数字命运：新数据时代如何颠覆我们的工作、生活和沟通方式》，姜晏骞等译，电子工业出版社，2015。
4. ［加］文森特·莫斯可：《云端：动荡世界中的大数据》，杨睿、陈如歌译，中国人民大学出版社，2017。

第七章　人工智能与信息传播

作为计算机学科的一个重要分支，人工智能（artificial intelligence，简称 AI），由 Mc Carthy 于 1956 年在 Dartmouth 学会上正式提出。2017 年人工智能被首次写入我国的国务院政府工作报告。人工智能是一门研究运用计算机模拟和延伸人脑功能的综合性科学，假设电脑系统具有人类的知识和行为，并具有解决问题、记忆知识和了解人类自然语言的能力。人工智能的产生过程为：对于人类因问题和事物而引起的刺激和反应，以及因此而引发的推理、解决问题、判断及思考决策等过程，将这些过程分解成一些步骤，再通过程序设计，将这些人类解决问题的过程模拟化或公式化，使电脑能够有一个系统的方法来设计或应付更复杂的问题。① 在中国，人工智能在政治、经济、传媒、互联网、学术研究等领域的重要性日益凸显。

第一节　传媒智能化

人工智能专家将智能定义为：机器具有"学习和理解事物、处理问题并做出决策的能力"。在人机交互过程中，机器逐步具备类似于人类的学习和理解事物、处理问题并做出判断及对策的能力。用户行为的互联网智能化、核心内容生产智能化、平台智能化等趋势不断推进传媒的智能化发

---

① 喻国明：《人工智能驱动下的智能传媒运作范式的考察——兼介美联社的智媒实践》，《江淮论坛》2017 年第 3 期。

展。传媒智能化的结果是逐步生成新的智能传媒，智能传媒是一种人工智能与人类智能协同的在线社会信息传播系统。这种新型的智能传媒系统将呈现出社会信息流、自由传播和分享、全息传播、"屏读"的崛起、"提问"的价值凸显、高智慧与高智能的平衡等全新特质。传媒智能化指用户行为的互联网智能化、核心内容生产智能化、平台智能化等趋势正不断推进着传媒的智能化发展，是互联网智能化发展的重要部分，传媒的智能化强调作为在线社会信息传播系统的传媒，在互联网平台上按照链接、开放的逻辑进化发展，逐步成为人工智能传播系统。

一、传媒智能化

（一）用户行为的智能化

用户行为的互联网智能化强调的是新一代互联网用户越来越适应在互联网平台上搜索信息、消遣娱乐、分享信息、创造内容。目前的 PC 端、移动端、手机端等智能终端的消费者，大体上属于初级智能用户。

进化之后的新型智能化用户的特点有：出生于互联网商用之后（1994年之后），智能化生活是其初始生活方式；手环、智能眼镜、智能头盔等可穿戴设备将成为其传媒生活的标配；该群体擅长在互联网，尤其是移动互联网上消费比特、创造内容、生活娱乐。

在传媒智能化过程中，内容只是其中一环。内容和产品的关系，类似于水和杯子的关系。最下面的"一"是渠道，如果没有手机等移动终端渠道，就没人知道微信等平台型媒体。中间的"1"，是技术或算法，像配送员，把内容精准推出。用户凌驾于"王"之上，只有拥有它，才能主宰传播格局（见图 7-1）。

（二）传媒内容生产的智能化

就传媒核心内容生产的智能化而言，以下两方面发展最迅猛：

1. 机器新闻

机器新闻是指运用算法对输入或搜集的数据自动进行加工处理，依靠计算机程序自动生成完整的新闻报道。2014 年 3 月 18 日，从《洛杉矶时报》的地震新闻自动生成系统 Quakebot 首开机器新闻的先河以来，人工智能已经深度渗透到美联社、路透社等传媒机构的财经报道、体育、灾难报道等领域。有学者预计，到 21 世纪 20 年代中期，将有 90％的新闻由计算机算法生成，其中大多都无须人工干预。

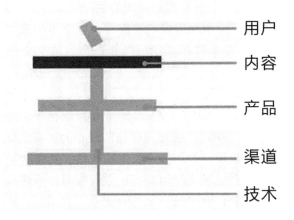

图 7-1 新媒介时代传播要素之间的关系（图片作者：吴晨光）

2. 智能终端成为信息传播的最重要载体和获取手段

在智能传播情景下，除了新闻事件中的亲身经历者或到现场的记者成为报道主体之外，带有智能传感器或处理器的各种物体正在成为新闻信息的采集者、中介者甚至发布者，构成新型的新闻报道主体群。在新闻生产中，机器大范围取代人力，新闻业的专业性面临挑战，开始游移在"担道义"的情怀和"工程师的严谨"之间。

（三）传媒平台的智能化

作为在线社会信息传播系统，传媒也不断向智能化进化。尤其是算法技术的不断进步，促进信息传播生态系统的"算法"化。例如，创建于2012 年 3 月的今日头条，是一个典型的智能化信息传播平台。它基于数据挖掘的推荐，为用户推荐有价值的、个性化的信息，成为目前国内移动互联网领域成长最快的智能新闻产品服务平台之一。这样的智能平台，既是用户洞察追踪平台，又是内容生成平台、自动推荐平台和智能经营平台。

二、传媒智能化发展的进路

传媒智能化发展既是我国传媒产业自身数字化、智能化演进的结果，又是互联网自组织平台向泛在智能网发展的重要方面。数字化、智能化演进的逻辑与互联网的泛在智能发展，构成中国传媒产业智能化发展的内在依据。

（一）传媒产业数字化、智能化演进逻辑的展开

从"新兴"到"支配"。中国传媒产业进行资源重组的基本轨迹，经历一个较长时段的激进式变革过程，也叫媒介革命。这个变化轨迹，从"新兴"和"趋近"，到"共存"和"支配"的路径渐次展开。

中国传媒产业激进式变革的"新兴"阶段，是从1987年至2004年，互联网从无到有、从小到大。"新兴"阶段的重要特征在于，由于来自新技术、顾客的改变，传媒产业的"威胁"在那些较小的、有重要战略意义的细分市场出现，并逐渐成长。正是在"新兴"阶段，互联网沿着"科研机构—大学—社会"这样的路径实现创新与扩散。当时，虽然传统媒体不一定能直接感受到这种威胁，但"威胁"自身正在茁壮成长，而且不断给包括报业和广电行业在内的传统媒体产业的核心经营活动和核心资产带来浑然不觉的淘汰性压力。

以2005年为界，中国传媒产业的发展进入了激进式演变的"趋近"阶段。当时的互联网普及率不高，互联网仅被人们视为某种数字工具和渠道，因而报业数字化和广电数字化仅是以一种"报纸＋互联网"或者"广播电视＋互联网"的思路展开，强调"利用互联网"来延伸报纸、广电的所谓优势。该思路的局限性是，忽视了互联网作为一种高维媒介已经成为社会基础设施，并成为社会资源配置、社会传播重构的基本方式。

从2010年之后的"趋近"阶段后期，互联网和移动互联网不断发力，传媒产业版图被彻底改写。持续创新和扩散的传媒新技术赋予新产业模式以迅猛发展的动力和巨大竞争力，促进其不断吸纳用户、人才、企业资源、政策资源。它重新定义了社会信息化和社会生活、社会结构、传媒用户的生活方式、企业和传媒以及传媒市场和产业运行机制，甚至重新定义了信息时代，迅速推进人类社会不断走向大互联时代和智能传播时代。因此，新的传媒产业模式抢夺了原来传统媒体的用户、大量利润和广告客户，传统媒体的"利润池"被毁灭性洗劫。利润不断流向新产业模式所支配的业务，逐步导致传统媒体经营模式的坍塌和产品与用户之间的失联。

2014年至2020年，大体上属于传媒产业演进的"共存"阶段。该阶段不仅传统媒体经营模式坍塌的趋势彰显，而且传媒政策资源、社会资本资源、人才资源明显向互联网平台倾斜。在不同的传媒产业模式的博弈过

程中，新产业模式爆发蓬勃生命力，导致旧产业模式日渐式微，新产业创造价值的方式则逐渐成为传媒市场的主导方式，传统报纸纷纷退出市场、传统广电行业也开始退出市场，或者转而完全经营新模式。这是"共存"阶段的重要表征。

"支配"阶段则是传媒产业激进式变革演进的第四阶段。其典型特征是，为传媒用户创造价值的传媒新模式处于绝对支配地位，新的产业须按照新模式来创造价值。大多数媒介用户，停止使用旧传媒系统，更换新系统。该阶段传统媒体或许还会存在，但可能不再具备盈利可能。根据目前互联网的发展趋势，在"支配"阶段，为传媒用户创造价值的传媒新模式是智能化互联网和智能传媒。传媒的竞争优势已经由过去的数字化程度的竞争转向智能化程度的竞争。

（二）互联网自组织平台向泛在智能网发展

互联网自组织平台的演化从广域化、智能化两个维度上向新的泛在智能网发展，且不断加速。

人工智能的进化线路大体上可分为三个层次：弱人工智能（擅长于单个方面的人工智能）、强人工智能（人类级别的人工智能，在各方面都能和人类比肩的人工智能，人类能干的脑力劳动它都能干）、超人工智能（在几乎所有领域都比最聪明的人类大脑聪明很多，包括科学创新、通识和社交技能）。目前人工智能的发展，大体上处于"弱人工智能"阶段，但正在向着"强人工智能"阶段进化。超人工智能阶段，则可能形成超级智能。超级智能可分为三种形式：高速超级智能、集体超级智能、素质超级智能。高速超级智能系统胜任人类智能可以完成的所有事，而且速度更快；集体超级智能系统由数目庞大的小型智能系统组成，在很多一般领域，整体上都能大大超过所有现在的认知系统；素质超级智能系统指一个至少和人类大脑一样快，并且聪明程度与人类相比有巨大的、质的超越。

在弱人工智能向强人工智能演进的轨道上，互联网的智能化体现在如下三方面：

（1）硬件智能化。指智能手机、机器人、可穿戴设备等网络智能终端的不断涌现。

（2）软件智能化。机器学习技术、数据挖掘技术、高性能计算技术、实时计算技术等不断进步，日益提升互联网软件的智能化水准。特别是语言工程方法（例如语法分析、词条语义网络、句法规则系统等）、图像识别、语音分析和视频分析、情感分析、网络与内容结合的图谱分析、社交分析等技术的不断进步和导入互联网，极大促进互联网媒介系统人机交互的智能进化。

（3）互联网大脑化。自从计算机 1946 年诞生以来，关于"人工仿脑"的探索不断推进。1956 年诞生人工智能，2006 年出现神经元网络，联网的机器开始深度学习。互联网向着与人类大脑高度相似的方向进化，将具备自己的视觉、听觉、触觉、运动神经系统，也会拥有自己的记忆神经系统、中枢神经系统、自主神经系统。互联网大脑化的探索与升级已成为目前推进互联网进化的主要趋势之一。

（三）智能传媒的特质[1]

智能传媒是一种人工智能与人类智能协同的在线社会信息传播系统。传媒的智能化将达到传播介质的界限完全消失，达到视频、音频、图像、文字等不同产品以数据信息流的形态在可穿戴设备、云终端、网站及相关社交媒介的自由匹配与分享，提供个性化、场景化、订制化的内容。如果发展到这样的程度，就可能生成新型的智能传媒系统。新型智能传媒系统将呈现出全新的特质：

1. 社会信息流

智能传媒产品的数据，不停地与其他数据进行关联与分析，不是固态的，而是流动的，能够在用户需要、接触终端、算法推荐之间自由匹配智能传媒的产品数据流，可以是微信、微博、APP、服务、电影、音乐等数据流等。正因为产品呈现为数据流动状态，智能时代的新闻传播、服务分享可以达到高维传播、全息传播的程度，能够在各类智能终端上实现无障碍人机互动。

2. 自由传播和分享

传媒变革的核心在于能够满足智能用户在此时此刻的兴趣和需求。"万物皆媒"的泛在网络时代，用户可以在任何时间、任何地点、任何界面、任何入口、任何节点，生产和消费传媒产品，实现传播和分享的自由。传媒产品将全时段、全场景、全入口满足用户需要。新型用户需要的

---

① 吕尚彬、刘奕夫：《传媒智能化与智能传媒》，《当代传播》2016 年第 4 期。

表达与满足方式，也将充分智能化，个体的信息需求将得到充分满足和多级开发。人机互动的方式，将由今天的文字界面、语音界面、图像界面的沟通，升级为"屏读"、无界面脑脉冲沟通等方式。

3. 全息传播

智能传媒的社会信息采集、加工与推送全面智能化，不仅将个性化、场景化、订制化传播变成可能，而且由于互动传播、互动体验的高度发达，将促进全息传播的实现。尤其是虚拟现实技术、增强现实技术、混合现实技术及其他智能呈现技术的不断开发和应用，将彻底颠覆大众传播时代的选择性传播，实现社会信息的全息传播。互联网特定的智能时空结构，还将形成巨大的社会信息数据新时空，充分实现社会信息的"高保真"。

4. 屏读的崛起

屏读，即获取信息不用再看屏幕。从过去固化、精确、权威的屏幕，朝一种更加流动的形式变化；屏幕总是在不断变动，看起来似乎杂乱，可以看到其各种不同的角度，比如背面、侧面等。屏读作为一种与今天手机屏、电视屏、电脑屏接触截然不同的智能传媒接触方式，有两个特点：一是屏幕的形式将不断变化；二是会有一种更加权威与开放的介质出现。不管用户在车上、房子里，还是在其他地方，"无屏显示技术"可以把周围环境"屏幕"化。技术将更加适应大家看屏幕的习惯。用软件来记录人的情绪，观察用户是迷惑、兴奋、愤怒，还是沮丧。屏幕会观察用户，也会适应用户，会根据用户情绪做出相应改变。

5. "提问"价值凸显

智能传媒时代的职业传播者不会消失，但角色功能将发生巨大变化——向人机互动的提问者转型。在智能传媒时代，"提问"的价值更为凸显，将成为人与智能平台互动与对话的主要方式。高水平的"提问"，不仅能够获得优质的信息产品数据流，而且可以为智能媒体提供"机器学习"和"智能进化"的范本。既可以解决此时此刻用户分享的需求，还可以引发多层次、多侧面的问题，拓展社会信息分享与交流的新领域，引领智能传媒产品与传播的创新。

6. 高智慧与高智能平衡

未来的媒体组织，可能不再以机构或个人的形式出现，而是由"智能化系统＋人类分析员"等虚拟形式或其他网络自组织形式构成。高人类智慧与高人工智能的平衡，将是智能传媒的重要特征。无论怎样的智能化演进，满足人类社会信息传播与处理需要是第一律令。从具体的产品数据生产来看，未来的社会信息数据流，可能来自于人类活动，更可能来自于机器和传感器对世界变化的感知。各种互联网的视觉、听觉、触觉、运动神经系统等智能节点不断传输的社会信息流，既需要运用强大的智能搜集和处理工具进行分析，也需要人类团队进行快速思考、梳理和价值判断。

三、人工智能背景下新媒体的发展趋势①

（一）社区化

借助于人工智能，用户与媒体之间不断进行互动与反馈，最终媒体不但能够将用户感兴趣的内容甄选出来，还可以自发生成内容供用户消费。围绕共同的话题和趣味，用户能够形成一个互动、自治的社区。从新媒体的发展历程来看，社区化是一个不变的主线。社交媒体快速发展，让"关系"的价值得以前所未有的展现，而几乎所有的网络媒体都有"分享"这一图标。当前新媒体强调的社交与分享，正是社区化的最好注脚。此外，因为社区化也可以令新媒体的媒介效能最大化，所以社区化同样也是新媒介运营者的最佳选择。

（二）平台化

人工智能让新媒体平台化的趋势更为明显。新媒体的影响力不在于推送了多少信息，而在于用户接收到多少有用的信息。一方面，每一个人都在成为信息传播的节点，每一个人既是发布者也是接收者；另一方面，人工智能正在帮助用户不断地选择信息，甚至根据用户的需求创造信息。对于身处其中的每一个用户来说，新媒体本身正在逐渐变为一个平台。

（三）类人化

从目前人工智能的应用而言，人工智能让新媒体有了初步的类人化特征：它通过对信息的筛选和甄别，让用户能够不断接收到自己感兴趣的信息，随着用户使用频率和时间的增加，信息的推送会越来越精确，对于用户来说，媒体就像一个人一样越来越"懂"自己。人工智能在信息生产方

---

①　刘芬：《人工智能与新媒体的进化路径》，《中国传媒科技》2016 年第 10 期。

面的应用，让新媒体具有像人一样思考、表达的能力。新媒体的类人化，本质上是新媒体信息传播方式的类人化。随着人工智能技术的进步，人工智能会变得越来越像人。未来，当人工智能能够对态度、情感与价值进行判断，并体现在信息生产中的时候，新媒体将成长为一个类人化的媒体。

　　媒体智能化演进的过程是一个不断加强的过程。智能媒体技术既为传媒提供一个智能化的平台，还提供了人与媒介技术智能互联的接口。传媒与智能的结合，为更好实现人与媒介技术的协同提供了可能，两者在平衡中实现功能互补与价值互补，人机接口的智能化是未来媒体智能化发展的主要方向。①

案例：

　　在虚拟现实新闻领域，第一个较有影响力的作品是由南加州大学互动媒体实验室制作的《叙利亚项目》（Project Syria），该作品旨在利用虚拟现实技术再现内战中的叙利亚。进入体验模式，参与者可以通过虚拟现实装备置身于硝烟弥漫的中东战场，并出发寻找难民营。在整个过程中，体验者可以看到慌乱中奔走的大人和儿童，甚至可以感受到身边腾起的烟雾和爆炸特有的硫黄味，"短暂的耳鸣和近乎眩晕的体验更能让每一个体验者仿佛亲临爆炸现场"。②

第二节　人工智能与新闻生产

　　根据算法的使用程度，人工智能在新闻生产链条中的运用呈梯度分布：第一梯度是计算智能在新闻生产中的运用，能够辅助记者储存和快速处理海量数据，但人工在新闻生产中仍占据主导地位；第二梯度是感知智能，机器能够代替记者完成"看"和"听"的相关工作，在以"采、写、编、评"为主要内容的新闻生产过程中采用人工与算法相结合的方式；第

---

　　① 刘通、熊忠辉：《智能技术：传媒业态未来发展的核心能力》，《视听界》2016年第7期。
　　② 腾讯传媒研究院：《众媒时代：文字、图像与声音的新世界秩序》，中信出版社，2016，第15页。

三梯度是认知智能，机器可以全面辅助或者代替人类，实现几乎完全依据算法进行新闻生产。人工智能在目前新闻生产中的应用处于计算智能向感知智能过渡的阶段，部分领域如机器新闻写作已步入认知智能的初级阶段。[①]

一、人工智能对信息传播的影响

人工智能正与媒体顺利融合，将对信息生产传播的各个环节产生深远影响。

在内容制作方面，传统媒体应用智能技术后，进一步提升新闻报道的效度、广度和深度。后台信息可以是一种产品，给不同用户提供内容，其角度、深度和丰富程度可以不一样。智能技术可以做好浏览行为记忆、兴趣爱好推荐，发挥对过去新闻的积累优势，体现搜索和问答功能，在浏览、聊天交互等方面也能创新。人工智能能够帮助提升新闻生产的时效性，实现快速整合发布，但如何提升新闻的真实性、权威性和深度，是媒体未来更需要解决的问题。

在内容分发方面，媒体的关注点发生变化，从以前纯粹的内容生产，变为更多考虑入口、用户、变现等问题。从精英媒体向精准媒体转变，需要用智能技术服务用户，为用户画像，最终实现内容变现。现在传播机制变得网络化、结构化，甚至出现新闻聊天机器人等交互传播形态。借助人工智能术，媒体可以识别出何种信息更受用户欢迎，对虚假信息和令人不适的内容进行标记、管理和引导，进而提升内容传播效率和质量。通过建立初级模型，从用户反馈做增强学习，优化内容推送效果。

在用户管理方面，人工智能可以辅助新媒体运营，改善用户体验。媒体的未来不再是新闻和传播，而是数据和服务、生产和传播须高度融合。传统媒体的最大问题是重建和用户的连接，用结构化的数据提高存储能力，用人工智能技术对数据库进行挖掘，建立用户模型。[②]

---

① 喻国明：《人工智能驱动下的智能传媒运作范式的考察——兼介美联社的智媒实践》，《江淮论坛》2017 年第 3 期。

② 何慧媛、贺俊浩：《人工智能时代来临，媒体如何创新转型——"人工智能与媒体未来"研讨会综述》，《中国传媒科技》2016 年第 12 期。

二、人工智能形塑大众传媒业

人工智能技术在新闻传播领域的全面渗透是一个现象级事件。新技术不仅形塑整个传媒业的业态，也从信息采集、新闻编辑制作、新闻认知体验等方面重塑了新闻生产的业务链。

（一）信息采集环节

在新闻和信息的来源方面，"人工智能"越来越站在新闻生产的前沿。它主要是通过对相关新闻数据库所需数据的自动化采集、处理和分析，经过人工智能算法把数据内容新闻化，及时输出准确、客观的新闻信息产品。"传感器"新闻尤为引人瞩目。传感器（sensor）是一种收集特定数据信息的监测装置，能感受到被监测对象的信息，继而转换为信号或其他符号输出，以完成信息的记录、传输、存储、显示和控制。"传感器"新闻就是通过人工智能算法对上述数据进行统计分析和判断输出的一种自动化的机器新闻产品。

传感器技术优化新闻信息源。智能媒体时代，以传感器为载体、大数据处理技术为支撑的传感器技术对丰富和优化新闻源起到重要的作用，搭载传感器或数据处理器的任何物体都可能成为信息的采集者。当前传感器无处不在——智能手机、刷卡器、射频识别标签、电子芯片、条形码读码器、可穿戴设备、GPS、无人机、遥感卫星都属于传感器的范畴。无人机报道逐渐成为常态，该报道方式利用无人机（drone），或无人驾驶飞机（UAV），作为一个天空中的观察者，拍摄地面图片和视频，为突发新闻事件提供及时的报道。

无人机报道的出现有两方面原因：一是观众对网络上独家视频的需求越来越大，而这些视频所需的成本高；二是从自然灾害到华尔街抗议活动，记者亲临突发新闻现场都受到限制。"无人机＋航拍"提供了新的解决方案。

无人机新闻有五大核心优势：

（1）突发新闻报道必备设备。无人机在空中俯拍，克服了地面上的恶劣环境，从记录自然灾害到调查危险事件，均能获得全方位资料。

（2）挖掘崭新报道视角。无人机可以进入人类无法到达的现场，其强大的数据采集能力带来新闻领域意想不到的信息突破。

（3）视觉呈现效果震撼。无人航拍机的出现，不仅能把新闻报道的美学意义提升到一个新高度，也能用一个崭新的视角让读者更好地感受新闻。

（4）保证一线记者的安全。社会记者和摄影记者在天灾人祸中必须深入前线进行报道，无人机的出现，让记者可以快速而无危险地接近新闻事件的发生现场，减少伤亡。

（5）提升 UGC（用户型内容生产）质量。由于智能手机与分享网站的普及，越来越多的草根记者不断涌进媒体圈。而无人机使这群草根记者如虎添翼，成为优质新闻内容的生产工具。①

（二）新闻写作和编辑环节

智能机器人辅助新闻报道。首先是语音识别技术极大提高了现场采访与处理资讯的效率。语音识别技术让计算机能够"听懂"人类的语言，提取语音中的文字信息，即时将语音信息转化为文字信息，不但误差率极低，而且可以"听懂"各种方言和各种人的口音。同时，"新闻人物"的虚拟影像技术也取得突破性进展。

1. 机器人写新闻

人工智能应用于新闻信息的生产过程，称为智能新闻生产。智能新闻生产的一个重要环节是机器人写新闻。智能机器人改写了新闻稿件只能由人撰写的历史，机器创新了新闻编写方式。机器人新闻（robot journalism 或 automated journalism）是指运用算法程序对输入或搜集的数据自动进行加工处理，依靠计算机程序自动生成"成品"样态的新闻报道。机器人加入新闻生产者的阵营，加快了新闻生产速度、增加了新闻生产内容、提高了新闻质量、减少了写作成本。

1）机器人新闻的发展概况

"机器人写新闻"的技术最早出现在美国，其算法源代码的专利为谷歌所有，同时也被授权给叙事科学（Narrativescience）、自动洞见（Automatedinsights）、耶索（Yseop）、CBS 互动、未来幻想记者（Fantasyjournalists）等公司使用。

---

① 腾讯传媒研究院：《众媒时代：文字、图像与声音的新世界秩序》，中信出版社，2016，第 23—26 页。

　　用于采访报道的人工智能有两种：实体机器人和虚拟机器人。实体机器人主要是配合主持人拍摄视频，还不能独立完成采访任务。《人民日报》中央厨房放置的实体机器人"小融"，可导览，可供查询。虚拟机器人是无形的，其实就是软件，能在网站和客户端上与网民互动、语音对答，其中《广州日报》的"阿同"还能对政府工作报告进行分析，写出稿件。

　　新华社"快笔小新"、腾讯"梦笔"（Dreamwriter）、今日头条的"小明"（Xiaomingbot）、《华盛顿邮报》的 Heliograf、《纽约时报》的 Blossom Bot、路透社的 Open Calais、美联社的 Wordsmith 等都是写新闻的快手，此外，《洛杉矶时报》、Pro Publica、英国《卫报》、法国《世界报》等其他世界知名媒体也已在日常新闻生产中使用机器人参与新闻写作。它们中的一些"人"在 2018 年举办于俄罗斯的世界杯期间表现突出。

　　2010 年，华尔街聘请了一位"机器人"来撰写财经新闻，2014 年美国的洛杉矶时报网站的一条关于地震事件的新闻的报道者也是一位机器人——Quakebot，这也是洛杉矶地震的第一个报道者。2015 年 9 月，腾讯财经推出了自动化新闻写作机器人"Dreamwriter"，用时一分钟写出了第一篇财经报道《8 月 CPI 同比上涨 2.0% 创 12 月新高》。11 月，新华社写稿机器人"快笔小新"正式上岗，可以写体育赛事中英文稿件和财经信息稿。2016 年 3 月，韩国写稿机器人上岗，仅 0.3 秒就写出一篇股市行情的新闻稿。2016 年 8 月，今日头条推出 AI（人工智能）机器人"张小明"，与早先腾讯财经推出的新闻机器人"Dreamwriter"相比，算是国内第二代写稿机器人。

　　2016 年 10 月 4 日《中国日报》通过整合人工智能技术、采访真人而制作的虚拟视像面世，这一人工智能所虚拟出来的"新闻人物"的影像可改变表达方式（见图 7 - 2）。它对新闻来源的使用方式提供了一个具有巨大想象力的空间。[①] 其虚拟视像新闻的主角是尼泊尔一位名叫布米卡的变性者。尼泊尔的"第三性"运动使该国成为亚洲地区第一个承认变性人合法权益的国家，布米卡是该国第一位以"第三性"性别身份护照出国的变性人士。VR/AR 是智能新闻生产的创新性应用，有待技术上突破和降低成

---

　　① 喻国明：《人工智能驱动下的智能传媒运作范式的考察——兼介美联社的智媒实践》，《江淮论坛》2017 年第 3 期。

本，但前景令人兴奋。

Bhumika Can Speak For Herself
A Red-Letter Project
Published Sept. 23, 2016

Bhumika Shrestha is transgender rights activist and politician, and the first Nepali to travel abroad on an "other" gender passport. Nepal's LGTBI community has won several recent victories. The country now provides a third gender option on official documents, and is the first in Asia to explicitly protect gender and sexual minorities in its constitution.

图 7 – 2　世界首位虚拟视像新闻的主角（图片来源：中国日报网）

2）机器人新闻的种类与步骤

财经新闻是"新闻机器人"较早参与的报道领域，在 2014 年，美联社就与自动洞见（Automatedinsights）公司合作，专门应用该公司开发的程序编写有关公司财报的新闻稿；"腾讯财经"在 2015 年 9 月发布了国内首篇由机器人"Dreamwriter"撰写的新闻稿；2016 年 5 月，第一财经也推出写稿机器人"DT 稿王"。

体育新闻也是"新闻机器人"应用比较成熟的报道领域。例如，美国叙述科学公司早在 2010 年就开发出一款名为 Quill 的智能写作系统，最初用来实时报道美国大学联盟的体育赛事；2015 年，新华社推出的新闻机器人"快笔小新"也在中国中超联赛的写稿测试中表现出色，实现自动抓取数据，生成中、英文数据消息；2016 年 8 月，今日头条推出 AI 机器人"张小明"，全程实时报道里约奥运会的赛事新闻。

气象地质新闻方面，"新闻机器人"可以实时监测气象或地质变化情况，及时做出预测和预警。例如，2015 年年底，东方卫视的早间新闻《看东方》启用了智能机器人"小冰"，这款机器人融合了人工智能语音合成、微软"情感计算"框架等多项前沿技术，实现上海各地天气乃至全国天气和生活指数的实时监测和语音播报。在地震新闻生产方面，《洛杉矶时报》的地震报道机器人"Quakebot"表现尤为突出，它可以实时搜集分析美国地质调查局发布的报告，曾协助该报在全美率先报道了2014年洛杉矶大地震的新闻。中国国家地震台网也推出了"地震信息播报机器人"，实现自动监测、自动写稿发布。

生活资讯服务领域，国内的《封面新闻》率先推出专门从事资讯写作的机器人"小封"。

在体育、财经、自然灾难等规格化的新闻资讯写作中，机器可以做到在数十秒甚至数秒内快速生成新闻，且差错率远远低于人工写作。而通过对不同语料库风格的学习，机器新闻写作也可以适应不同人群的语言表达方式，匹配度更高，更受用户欢迎。机器人适用于体育比赛和经济数据新闻，因为体育比赛和经济信息，有大量数据，编好程序，利用算法和机器学习，机器可依据资料、数据快速完成新闻稿件。

"机器人写新闻"的工作流程大致分为五步：

（1）采集并清洗大量数据，分门别类建立数据库。

（2）根据写作内容的需要，设计相应的算法模型，并实时计算和分析数据。

（3）根据计算和分析的结果选择合适模板，自动生成新闻文本。

（4）从自然语言的角度进行润色，增加文章的可读性。

（5）等待编辑审核签发或是直接实现信息的智能发布。

3）机器人新闻的优势与不足

机器人新闻在很多方面都可辅助甚至代替人工写作，提高新闻生产的数量和质量。其优势体现在四个方面：

（1）高效处理海量信息，提高新闻生产率，减少人工劳动量。在数据密集型的报道领域，大量数据的整理、分析工作确实会令人感到枯燥乏味，目前海量的数据资源处理已经大大超出了人的能力范围，而"新闻机器人"可以承担这部分工作，从而让记者编辑有更多时间从事更具创造性的新闻活动。

（2）快速应对突发事件报道，自动完成写作和发稿工作。新闻报道讲求时效性，各种媒体的竞争，实质上是对新闻时效性的竞争，或者说是采访速度、写作速度、播发速度的竞争。目前，某些报道领域的"新闻机器人"可自动监测权威信息源的最新消息，实现自动写稿和发布，大大缩短新闻生产发布的时间。

（3）提高新闻报道的真实性和客观性。人工智能技术的发展使"新闻机器人"拥有更强大的信息处理和判断能力，能更加全面、客观地反映报道对象的特征。研究表明，相较于人类而言，新闻机器人的错误率和误差率更低。新华社"快笔小新"目前可监测和捕捉几十种股票指数的变化情况，实时计算股票的涨跌停数，也可实时获取近 3 000 家上市公司的最新财报数据，并抽取关键数据生成稿件。

（4）提供更加个性化的信息服务。"新闻机器人"可以通过对后台数据的分析，掌握终端用户的阅读习惯和喜好，量身定制更加个性化的新闻。例如，2015 年 10 月，腾讯财经新闻机器人"Dreamwriter"发布了有关 9 月份 CPI 的相关报道，共有四个版本供用户选择，即"常规版""精要版""研判版""民生版"，四个版本各有侧重、风格各异，可以满足用户的个性化信息需求。

从目前"机器人写新闻"的实践案例来看，仍然有很多新闻工作机器人短时间内无法胜任。

（1）"机器人写新闻"的工作原理决定了它更适合数据密集型领域的报道，且擅长撰写逻辑性强、偏模式化的资讯类信息，而那些需要实地调查采访和长期社会经验积累的深度报道领域，机器人还无法自主完成。

（2）"新闻机器人"还不具备像媒体人一样的新闻敏感。新闻敏感是对某一事件新闻价值的判断，是一个复杂的思维过程，不仅需要遵循专业标准，还要考虑媒体自身的定位和社会大环境的变化，"新闻机器人"虽然可以监测海量数据，发现异常变化，分析趋势走向，但是还不具备对新闻线索进行挖掘的能力，也不具备对新闻事件进行取舍的决断能力。

（3）"新闻机器人"生产的资讯类信息无法体现新闻"人情味"的一面。新闻的"人情味"需要依靠新闻采访中与人之间的交流，依靠记者对新闻当事人思想与情感的捕捉，以及对报道对象生活环境的细致观察，这些是机器人目前无法做到的。

（4）"新闻机器人"目前无法完成新闻评论的工作，人们不仅需要通过新闻媒体了解新闻事实本身，也需要通过新闻媒体了解新闻事实的意义及其产生的原因和发展方向。这是评论的意义所在，但目前新闻机器人无法胜任该项工作。

📖 知识链接：

　　除了写作机器人，交互机器人的应用也丰富了机器人在新闻生产中功能发挥的样式。诸如，在一些重大的报道中，新华社会派出机器人"i 思"以记者的身份进行采访。人民日报社"中央厨房"中有智能机器人"小融"，通过发挥互动聊天、通讯查询、会议提醒等功能担任报道小助手。《深圳特区报》定制的交互机器人"读特"搭载了人机互动、人脸识别和红外感应等功能。《光明日报》推出的人工智能信息服务平台"光明小明"支持语音和文字两种互动方式，能进行智能挖掘和分析信息。①

　　随着人工智能技术的逐渐成熟，机器人的计算能力和学习能力不断提升，传统新闻生产的方式将逐渐被颠覆。过去依靠专业记者生产内容（PGC）的手工模式，继走向"专业生产＋用户生产"（PGC＋UGC）的 Web2.0 模式后，又将走向 Web3.0 新阶段：算法生成内容（AAC）或机器人生成内容（CGC），与 PGC 和 UGC 三者鼎立。② 人工智能技术不断应用于新闻传播领域，未来的发展值得期待。

　　2. 智能编辑部

　　智能编辑部将成为媒体机构的核心引擎，推动媒体整体转型升级。媒体行业正在加速推进新闻编辑部智能化进程，可以从技术和效率两个维度来理解智能编辑部的发展：技术维度主要是数字化、网络化、智能化技术浪潮的冲击叠加；效率维度则体现在报道时效、生产效率和传播效果等方面。智能技术已经渗透到媒体日常生产的全部环节，包括线索发现、内容采集、写作与分发、效果反馈、内部协同、自动处理等。同时，通过自主研发、开源软件、购买服务等方式，媒体拥有从内容管理系统到平台应用等丰富的智能工具选择。

　　智能编辑部将成为媒体机构的核心引擎，推动媒体整体转型升级。业界对"智能编辑部"的未来发展判断有：智能编辑部是进化不是革命，是

---

　　① 唐绪军：《中国新媒体发展报告》，社会科学文献出版社，2017，第 17 页。
　　② 梁智勇、郑俊婷：《人工智能技术对新闻生产的影响与再造》，《中国记者》2016 年第 11 期。

升级不是颠覆；智能编辑部是面向未来、应对困境的务实举措；智能编辑部是有机的体系而不仅是工具的应用；智能编辑部的普及和进化将进一步加快。

国内传统媒体发展遭遇瓶颈，媒体转型需要运用更多的人工智能技术。媒体对于智能编辑部应持谨慎乐观和积极推动的态度，这有助于建设和创造更加适应时代的新型媒体。①

3. 在新闻策划与推送方面②

（1）智能化地抓取热门话题。在 2016 年 8 月，Facebook 解散了负责"热门话题（Trending）"的团队，改以利用人工智能算法来抓取数据，通过对用户搜索、浏览的分析，对热门搜索词进行排序，抓取热门话题呈现给受众。此外，以报道科技新闻为主的新型媒体 Mashable 开发了 Velocity 人工智能数据分析系统，能在 30 秒内分析 3 亿个不同的页面链接数据，从而识别网络流行趋势，预测可能成为热点的内容，并能监测全球社交平台的实时热点。Velocity 还能发现新闻传播的"饱和点"，预测新闻热度消退的时间。这种利用人工智能技术以数据为基础来抓取热点新闻，可以覆盖更多话题，大大降低时间成本，且避免出现人工编辑团队可能受公司立场和个人偏见影响筛选内容的情况。

（2）海量资讯简洁化的个性推送。面对网络上的海量新闻，大众要获得有用信息可谓大海捞针。通过人工算法实现个性化推送，根据用户的阅读习惯、阅读时长等各种数据分析受众喜好，自动分类出推送内容。随着人工智能技术的发展，出现了以对话形态获取新闻内容的阅读模式，通过人工智能把分析得出的相关新闻进行汇总，并运用自然语言处理技术，提取信息的核心内容，方便用户更快捷地获取具有针对性的信息。

（三）新闻认知体验环节

基于感官系统与认知逻辑的双重体验。大众获取信息的习惯改变，由传统媒体时代文字阅读的"逻辑思考"到新媒体时代视听阅读的"沉浸体

---

① 何慧媛、贺俊浩：《人工智能时代来临，媒体如何创新转型——"人工智能与媒体未来"研讨会综述》，《中国传媒科技》2016 年第 12 期。

② 喻国明：《人工智能驱动下的智能传媒运作范式的考察——兼介美联社的智媒实践》，《江淮论坛》2017 年第 3 期。

验"，受众对信息可感知性的需求增加，此改变对新闻内容的生产提出新要求。在内容传达上更突出用户认知的"体验性"特征，必须注重受众的感官体验和认知体验。

"沉浸式新闻"实现场景重构，打造身临其境的在场感[①]。沉浸式新闻（immersive journalism）又称虚拟现实新闻，是一种组织新闻事件或讲述新闻故事的新方法，能够让新闻接收者以第一人称"经历"新闻现场。有沉浸式、参与性和构想性等特点，超越了平面新闻等传统新闻的表达效果。

虚拟现实新闻作为一种新闻叙述模式，目的在于向受众本真地再现和传播新闻事件，最大程度缩小受众与新闻之间的距离。能实现沉浸式、立体、全方位的丰富体验。虚拟现实新闻为用户提供虚拟现实内容的新闻，用户通过虚拟现实技术即可走进新闻场景，体验新闻事件。

"沉浸式新闻"的生产就是在新闻报道中运用 VR 与 AR 技术，通过 360 度全方位对新闻事实的采集与录制，经过后期技术编辑呈现在 VR 与 AR 的客户端，将用户"直接置身"于新闻场景之中，实现现实场景与虚拟场景的融合，让用户暂时脱离所处的环境而置身于新闻报道环境的"现实"中，从而满足受众对新闻报道场景与事实的全方位把握与客观认知。虚拟现实新闻应用还处于初级阶段，既有应用也没有成熟的盈利模式。在缺乏普及前景和大众化消费市场形成之前，成本高昂的虚拟现实新闻如何形成良性的盈利模式是亟待解决的难题。

（四）内容推送环节

人工智能构建内容产品推送的个性化数据通路，"算法"让新闻产品更"懂你"。智能平台的形成让用户需求成为总的传播导向，在大数据与算法不断完善的基础上，实现平台的智能化服务，为用户提供特定场景下最优化的需求供给匹配——构建起一个有效的、实现个性化连接的数据通路。智能平台构建的根本目的在于准确将内容与用户进行匹配，个性化、人性化地为用户提供最优的服务，其构建主要基于内容平台、大数据资源平台和用户沉淀平台的形成。

[①]　唐绪军：《中国新媒体发展报告》，社会科学文献出版社，2017，第163—164 页。

知识链接：

　　今日头条是国内智能化新闻信息生产平台的主要代表，其迅猛发展的关键秘诀在于算法技术的应用。今日头条通过导入人工智能的核心技术之一"算法"，在保证内容丰富的基础上，通过对用户社交与阅读行为的分析，确定用户的内容阅读偏向，进而通过自然语言处理和图像识别技术对平台中的新闻信息进行降维、相似计算和聚类优化整合新闻信息，并根据机器学习推荐引擎实现受众与信息的个性化匹配，高效完成信息投递。国外典型的智能化媒体主要以"Facebook"为代表。Facebook主要通过用户自发分享和算法推送来扩大信息传播的力度。2015年，Facebook对News need算法进行调整直接导致了众多主流媒体的流量大幅下降，这也充分体现出智能媒体时代渠道为王的特点，传送渠道即话语权。此外，在2015年，Facebook还推出了"即时新闻"服务，这项服务让用户无须跳转至媒体网站即可阅读新闻内容。Facebook还能及时向用户提供数据流量的监测数据，体现出智能媒体的人性化。[①]

第三节　算法推荐

　　人工智能技术的核心是数据挖掘。媒体的受众分析将比以往更精准，内容的聚合与分发将更加精准化、智能化、对象化、个性化。通过大数据挖掘技术、个人信息行为追踪，新闻机构可以做到为用户智能推荐，实现个性化的新闻定制。全球新闻生产从人工整合向技术整合的趋势愈加明显，人工智能向传媒领域进军已成潮流。人工智能技术宣告了个性化新闻时代的全面到来。针对每个订阅用户的专属评论和定制化报道，已经成为现实。首先，人工智能技术使得"用户画像"更清晰，可以为用户量身定做内容。过去"一点对多点"、千篇一律的生产模式将转变为个性化、对象化、差异化的内容生产模式。大数据技术可以对受众进行详尽的统计。其次，人工智能技术可以为受众进行场景化适配，这是传统议题设置望尘

---

　　① 喻国明等：《智能化：未来传播模式创新的核心逻辑》，《新闻与写作》2017年第3期。

莫及的。在不同时段、不同地理位置，用户对新闻需求都不同，机器人可以在后台实时调整。如此，就不会出现将传统媒体内容照搬到 PC 端，PC 端内容复制到手机端，将白天信息需求视为和夜晚需求等同的窘境。[①]

一、算法推荐

推荐算法是通过追踪用户的网络行为，运用一些数学算法计算出个人特征、环境特征等相关信息，并推测出用户可能喜欢的内容。类型包括基于内容的、基于用户协同过滤的、基于关联规则的方法等。仅就信息分发的角度而言，算法需了解并匹配三方面的特征：

（1）用户特征，包括兴趣、年龄、职业、手机型号、阅读历史等。

（2）环境特征，算法会根据时间、地理位置、网络情况、天气情况等环境特征，因时因地给用户做推荐。

（3）通过算法分析文章的内容和特征，包括关键词、主题词、标签、热度、时效性等。

三项特征相匹配后，用户就获得了智能平台推送的个人化推荐信息流。在算法媒介平台上，每个用户都有一个高维的向量表，每个内容产品（包括文字、图片、视频、直播、问答等）也都有一个高维向量表，然后分析该内容能产生什么样的情感——悲伤、快乐、害怕。机器知道用户在什么时候想看什么，平台对信息进行过滤、审核、个性化分发，之后还有互动、交流和二次传播。算法推荐不只是参与信息分发，还参与创作、审核、互动。传统媒体时代，创作、审核、分发都需要人工完成，在移动互联网时代，新媒体更多地通过智能算法来进行，该方法大大提高了工作效率，而且可以做到信息的个人化——对每一个用户做精准计算并形成个人的信息流。

在智能算法中，目前新媒体平台最常用的包括基于内容的推荐、基于用户协同过滤的推荐、基于关系的推荐等，尤其是被 Facebook、Amazon 等广泛应用的秘诀神器——基于用户协同过滤的推荐，可以通过人与人、物与物的距离的计算，极大地增强精准性、有效性、预测性。

---

① 梁智勇、郑俊婷：《人工智能技术对新闻生产的影响与再造》，《中国记者》2016 年第 11 期。

随着互联网的升级换代（从内容网升级到关系网）、智能学习的不断深入，算法已经不只是参与信息分发、推荐，还参与到信息的创作、审核、互动等过程中。当算法自动算出热点信息的内容、标签、主题词、表述结构后，就可以指导创作者如何生产能成为热点的信息，因此，英美媒体正在兴起使用数据分析工具，以变革信息生产模式，驱动记者与用户新型互动融合。这样就产生了如下效应：内容写什么、怎么写，用户数据告诉你；用户什么样，用户数据告诉你；如何成热点，用户数据引导你。这就带来了问题：过度依赖智能化的工具理性，会影响新闻从业者和作者的价值判断。要避免记者编辑、信息创作者以点击率、访问量为唯一诉求，进而一味迎合用户、导致内容品质下降。[1]

二、算法存在的问题

算法确实有不少非价值理性的运用，导致行为上迎合用户的兴趣最低点、用低俗猎奇甚至虚假信息赚取注意力资源。在"网红爆款"刷屏的网络世界，人的注意力是最稀缺资源，"10 万 +"的阅读、百亿量的点播成为竞相追逐的"眼球经济"。一些平台以定制服务、精准推送为名，让算法变成了打擦边球的工具。侵权盗用原创作品、违规生产信息屡见不鲜。无论是搜索一个词条，还是点开一个链接，千篇一律的同质化信息，信口雌黄的歪理邪说，形形色色的商业广告，还有那些活色生香、花边八卦、流言蜚语，以各种争奇斗艳的形式粉墨登场，一股脑、无休止地推送过来，让广大受众被迫接受，让人们在算法的"牢笼"里被蜇得"遍体鳞伤"。算法隐藏着设计者的立场，有的新媒体平台频繁地调整改变算法，这不是技术的创新，而是利用算法实现最大推送量，获得最高点击率，是在追求利益的最大化。[2]

三、对策与建议

如何在两者之间加以平衡或者进行优化呢？哈贝马斯的理论也许能带

---

① 陈昌凤、石泽：《技术与价值的理性交往：人工智能时代的信息传播——算法推荐中工具理性与价值理性的思考》，《新闻战线》2017 年第 10 期。

② 宣言：《不能让算法决定内容》，《人民日报》2017 年 10 月 05 日第 4 版。

来一些启发：他提出了一个比工具理性范围更广的理性概念，即交往理性——内在于交往行动的理性结构。交往行动指人与人之间发生的语言理解和沟通过程，通过这种理解和沟通来协调他们各自的行动计划的过程，区别于"目的性行动"等。工具理性体现了交往者对于客观世界而不是社会世界和自我世界的一种态度，是在社会系统中产生影响的。工具理性是交往理性的一个不可替代的环节，要让它回到其合法范围内——用以处理人和自然的关系、提高社会行动的效率。交往理性是从社会系统的角度去看待科技的功能的。能自觉地在社会系统中确定自己的定位和行为，可以有效地克服科技理性带来的问题，提升科技的合理性。目前一些重视价值追求的新媒体公司，正在朝这个方向努力。人机交互也成为目前智能算法中加强人的主体性、能动性的手段。通过人＋机器、机器帮人、不断迭代的大数据闭环，能够让人工智能更好地体现人的主导性和价值观。[①]

算法要回归服务内容这个本源，不能本末倒置，让内容被算法牵着鼻子走。技术再怎么变，传播渠道再怎么变，内容始终是重要的。离开客观公正的新闻报道、离开健康向上的信息内容，再强大的算法也是无源之水、无本之木。一些新媒体平台声称是"新闻的搬运工"，可"搬运"的结果是，大量来路不明、藏污纳垢的信息横行在网络空间。互联网企业不是"舆论飞地"，同样要坚持社会效益和经济效益相统一，担负起与媒体角色相对应的社会责任。内容推送少不了"总编辑"，算法再精良也要装上"安全阀"，加强内容把关。要提高平台使用透明度，畅通用户的设置渠道，将信息的选择权还给用户。以"人工推荐＋智能筛选"相结合优化推送方式，大力传播和弘扬主流价值，不能让"有意思"代替了"有意义"。[②] 具体的建议如下：

第一，持续深化和拓展对人工智能技术的理解，用更开放的心态拥抱智能化变革。明确人工智能正成为潮流，但它又不是万能的。人工智能技术目前还处于较初级的水平，应冷静客观地看待，并从更多角度思考和审视。人工智能会给新闻操作方式带来改变，但新闻人的理想和情怀永远是

---

① 陈昌凤、石泽：《技术与价值的理性交往：人工智能时代的信息传播——算法推荐中共具理性与价值理性的思考》，《新闻战线》2017 年第 10 期。

② 宣言：《不能让算法决定内容》，《人民日报》2017 年 10 月 05 日 04 版。

新闻业发展的根本。

第二，加大人工智能技术的储备和研发。应当针对传媒业生态的关键维度——用户平台、新闻生产系统、新闻分发平台及信息终端等，相应地加大智能技术，如语义识别和分析、VR/AR、机器算法、深度学习、大数据、物联网等新技术集群的研发和渗透，为媒体内容生产与呈现开拓空间。

第三，重视智媒人才的培养，提升团队的综合能力。改变传统媒体招聘重采编轻技术的现状，加大对智能技术人才的选聘力度。同时加强传统采编人员的智能技术培训，提升采编人员之间，以及人机之间的协同创新能力。①

本章小结

用户行为的互联网智能化、核心内容生产智能化、平台智能化等趋势正不断推进着传媒的智能化发展。智能传媒是一种人工智能与人类智能协同的在线信息传播系统。这种新型的传媒系统将呈现出社会信息流、自由传播和分享、全息传播、"屏读"的崛起、"提问"的价值凸显、高智慧与高智能的平衡等全新特质。人工智能在新闻生产链条中的运用根据算法的使用程度呈梯度分布：第一梯度是计算智能在新闻生产中的运用，能够辅助记者储存和快速处理海量数据，人工在新闻生产中占据主导地位；第二梯度是感知智能，机器能够代替记者完成"看"和"听"的相关工作，在"采、写、编、评"新闻生产过程中采用人工与算法相结合的方式；第三梯度是认知智能，机器可以全面辅助或代替人类，实现几乎完全依据算法进行新闻生产。推荐算法是通过追踪用户的网络行为，运用一些数学算法计算出个人特征、环境特征等相关信息，并推测出用户可能喜欢的内容，类型包括基于内容的、基于用户协同过滤的、基于关联规则的等数十种算法。

关键名词

人工智能；机器新闻；万物皆媒；屏读；新闻算法推荐；交往理性

---

① 何慧媛、贺俊浩：《人工智能时代来临，媒体如何创新转型——"人工智能与媒体未来"研讨会综述》，《中国传媒科技》2016 年第 12 期。

思考题

1. 你是如何理解传媒智能化的?
2. 新型智能化用户的特点有哪些?
3. 传媒智能化发展的内在依据是什么?
4. 媒介产业变革展开的路径如何?
5. 新型智能传媒系统将呈现出哪些特质?
6. 人工智能背景下新媒体的发展趋势有哪些?
7. 人工智能对信息传播有哪些影响?

延伸阅读

1. ［美］迈克尔·塞勒:《移动浪潮:移动智能如何改变世界》,邹韬译,中信出版社,2013。

2. 李彦宏等:《智能革命:迎接人工智能时代的社会、经济与文化变革》,中信出版社,2017。

3. ［法］弗雷德里克·马特尔:《智能:互联网时代的文化疆域》,君瑞图、左玉冰译,商务印书馆,2015。

4. ［澳］弗顿斯·皮特:《传感器与新闻》,章于炎等编译,北京大学出版社,2017。

第八章　网络新闻传播

在传统媒体时代，从事新闻传播的主体是具有一定资质的专业媒体机构，不过，这种局面在网络中受到挑战。新型传播流程使信息传播规律和既往不同，信源、传播通道、内容产品的展现形式都发生深刻变化：从第一时间采写向第一时间发布，实现新闻信息的波纹式传播。

1987 年，美国硅谷的《圣何塞信使报》首次把内容送入初创阶段的因特网，成为世界上第一家基于互联网的电子报纸。从 1995 年开始，在 CNN 的带动下，各大广播公司、电视台也开始了网络化之路。[①] 网络新闻在新闻业界有个逐渐被接受的过程，以普利策奖的评选为例：

2005 年普利策奖全面接受网络报纸，以往只在公共服务奖项中有。

2010 年网络媒体首次获奖。非盈利新闻调查网站 ProPublic 与《纽约时报》周末副刊共享调查性报道奖。

2011 年网络媒体 ProPublica 连续两年获普利策奖。

2012 年 AOL 旗下《赫芬顿邮报》首获普利策奖，这是具有里程碑意义的事件，获奖的新闻篇名为《战场之外》。

我国的网络新闻发展情况也十分迅速：

2002 年中国记协建议将网络新闻纳入中国新闻奖评选中。

2006 年第十六届中国新闻奖首次设立网络作品评选项，网络评论、网络专题、网络新闻专栏可以参评新闻奖。

2008 年增设了新闻访谈和新闻网页设计奖项。

---

① 《互联网时代》主创团队：《互联网时代》，北京联合出版公司，2015，第 135 页。

2010 年 7 月，网络新闻作品首获中国新闻奖。13 个网络新闻作品获奖具体有人民网的评论《我们怎样表达爱国热情》、新华网的网络专题《网民感动总理　总理感动网民——总理记者招待会网上答问》、河南报业网的"焦点网谈"分别获得"网络评论"类、"网络专题"类和"新闻名专栏"类一等奖。

就当前的移动网络媒体而言，手机报已死，客户端、微信公号、网络在线直播和短视频正当时。以虚拟技术、增强现实技术、无人机为代表的新传播技术改造了传统新闻产品的形态，提升了用户体验，推进了"浸媒"时代的到来。基于新传播技术，用户得以获得全方位的感官体验，仿佛沉浸在新闻现场，感官体验由平面变得立体。①

第一节　网络新闻生产与传播

UGC 模式，即用户型新闻内容生产，是网络新闻生产的新模式之一。优点是能增强体验感和媒体黏度。缺点是质量低、零散、无把关、缺乏客观公正和导向性。还有一种模式是众包模式，指一个公司或机构把过去由员工执行的工作，以自愿的方式外包给非特定的大众的做法。众包新闻于2006 年出现，由国外学界提出，2007 年美国干奈特集团采用此模式，典型代表还有维基百科新闻，国内典型代表有新浪微博等，尤其以 2015 年两会最有代表性，当年 3 月 6 日，PC 端、WAP、客户端通过众包实现的所有有效选题加在一起近 2 000 个。

一、网络新闻的传播特性

1. 快速、同步传播

网络的传播特性决定网络新闻传播具有快速和同步传播的特性，传统媒体时代，新闻的传播受制于媒介和时间，所以时效性不强，在互联网时代，新闻的发生与报道是同步的。最早体现出网络社交媒介优势的新闻事件是 2005 年发生的伦敦大爆炸案。

---

① 唐绪军：《中国新媒体发展报告》，社会科学文献出版社，2017，第 18 页。

知识链接：

2005 年 7 月 7 日，在伦敦成功申办 2012 年奥运会的第二天，发生了地铁大爆炸案。人们急切想知道亲人朋友的下落，焦急追寻事件的真相，而以最快速度赶到事故现场的记者，却被警戒线拦住。当时的伦敦已陷入一片混乱。此时，一张现场照片早已出现在阿尔菲·丹恩两年前创办的手机博客网站上，它距离刚刚发生的爆炸不过三分钟。这张照片第一时间被BBC 网站转发，成为第一张来自现场的照片，随即它又登上世界各大新闻网站的头条。这个由业余人士用手机拍摄的图片创造了这场事件中被媒体转载的最高纪录。7 月 7 日是人类灾难史的一个节点，却是新闻史的一个转折点。

专业训练，职业身份，不再是资格和权力；身在现场，便拥有了资格和权力。不会有人比他们更快，因为没有人比他们离得更近。

2004 年，印尼海啸，现场目击者传送图片；

2006 年，泰国政变，现场经历者传送图片；

2010 年，日本大地震，受灾民众发送现场图片；

2013 年，俄罗斯陨石坠落，市民拍到坠落瞬间；

2013 年，波士顿爆炸，现场民众拍摄图片协助警方调查。[①]

2. 信息量大、海量存储

和报纸、电视等传统媒体相比，网络新闻不受版面、时段的限制，信息存储和展示的功能强大，网络新闻中广泛使用超链接，便于汇集和整合碎片化的信息，在重大新闻事件发生时，网络新闻可以在短时间内容纳海量信息，便于读者纵向和横向了解新闻事件。

3. 多样传播、并存交融

多样传播和交融在 RSS 聚合模式中充分体现，用 RSS 技术聚合信息，是当前在线共享内容的一种方式。优势在于，在时效性较强的内容上用此种订阅模式能更及时获取相关信息。信息由网络传播主体传播，更新也更为及时。网络用户可以在客户端借助支持 RSS 聚合的软件，在页面无法获

---

① 《互联网时代》主创团队：《互联网时代》，北京联合出版公司，2015，第126—127 页。

取信息的情况下阅读支持 RSS 的内容。

4. 手段汇集、多媒体化

不同媒体传播不同新闻产品的形式。但是不同媒介之间，不同的内容生产模式之间会存在摩擦，形成一种豆腐块式的传播。"第一时间发布"是网络媒体传播的追求，意味报业信息传播逻辑的根本转变：首先是对信息真实与否的把关难度加大。其次是不同媒体传播的信息呈现出差序格局，有时间差，形成一种有组织的无序。组织行为本身变成一个竞技场，在其间，人们就各自的行为进行协商，就个体权力策略竞相追逐，组织的深层秩序处于一种具有偶然性的无序状态。

二、迭代新闻模式①

该模式又称"钻石模型"，是 21 世纪新闻生产的新旧媒体结合的理想模式，具体可分为 7 步：

第一步：快讯。通过手机、无线网络等方式发出快讯。订阅文章、电子邮件、推特、SNS 等媒介的用户群体很快得到消息。

第二步：草稿。发出快讯后，记者可以贴出一篇包括新闻当事人、发生地和细节的草稿，一旦有新鲜的事实还可随时补充进文章。

第三步：报道。这个阶段，草稿已成为一个生产价值更高的新闻产品，可在网上发布，也可刊到报纸上。

第四步：背景。互联网的海量空间有重要功能，可容纳更多、更深刻和更广泛的背景材料。

第五步：分析以及反思。在快速报道后，记者应该进行分析和反思，以增加新闻报道的深度。

第六步：互动。发掘新闻产品的"长尾"资源，社交媒介可以让用户直接访问新闻人物、记者和专家。

第七步：定制。用户根据自己的需要定制信息。

---

① 白红义：《平衡速度与深度的"钻石模型"——移动互联网时代的新闻生产策略》，《新闻实践》2010 年第 6 期。

![] 知识链接：新闻编辑室步入移动时代①

越来越多的新闻编辑室步入移动化时代。新闻机构要想创造移动时代的增长点，"思维转变是王道"。从平台布局到内容管理，再到部门人员设置，都应将移动视为第一战略。

编辑部的每日例会，不仅要讨论选题，还要在会上重点讨论内容如何在各类移动设备与终端上有效呈现。部门有人专门负责移动端运营，将移动端预览添加到内容管理系统中。例如在美国有线电视新闻网（CNN）的新闻编辑室里，移动终端的登录页已经与现场直播页和广播频道同时显现在显示屏幕上。BuzzFeed也往编辑窗口中加入了移动终端预览功能。

而新闻编辑室无论对专职移动编辑还是普通编辑，都提出了更苛刻的要求：看得懂代码，玩得转社交，能够随时跟踪移动技术前沿；每天都在移动一线，整合最新新闻、最新技术与用户的最新需求，以提供最佳的移动端新闻体验；学会移动化叙事，从移动端读者角度出发呈现长篇大论的新闻故事；与开发人员、设计师和产品工程师合作，开发移动端产品，并专注运营；搭建移动内容管理系统。

三、商业网站新闻传播的变化

场域可以被定义为各个位置之间的客观关系的一个网络或一个构型。新闻场域是结构的和充满了不同力量的对抗的动态空间。过去的"网络新闻"到现在变成"网络化新闻"，即网络新闻不再是传统新闻网络平台的迁移，呈现出"大众媒体＋社交媒体"的新特征。媒体类型上，大众媒体传播体系，更多的传播习惯被社交媒体改造；受众变化上，从接收信息的用户向信息行动者转变；内容价值上，从建立确定感、安全感向建立情感价值转变，新生代看网红直播获得比看新闻更多的情感体验，因此，只有理解内容价值的转变，才能理解新时代用户。②

---

① 腾讯传媒研究院：《众媒时代：文字、图像与声音的新世界秩序》，中信出版社，2016，第11—12页。

② 张志安：《媒体格局重构背景下，怎样把握用户未来？》，访问日期：2018年7月2日，http：//www.sohu.com/a/168905958_465245。

（一）网络新闻传播符号化①

网络新闻传播有符号化的特征，网络"新闻标签"是网络标签在网络新闻传播中更为严格的界定，是对热点事件的凝练和提升，呈现的是事件的精髓和核心、网络新闻标签的类别及表达方式。从表达内容上看，网络新闻标签有如下三类：

第一类，以新闻事件的主人公为标签，如范跑跑、周老虎、富二代、猪坚强、钉子户等；

第二类，以新闻事件中的事实本身为标签，如躲猫猫、发烧死、70码、纸馅包子等；

第三类，以新闻事件中出现的雷人话语为标签，如很傻很天真、很黄很暴力、打酱油、贾君鹏你妈叫你回家吃饭等。

从词语风格看，网络新闻标签有如下四类：

一是描述型，如某某事件门、钉子户、周老虎等；

二是抽象型，如打酱油、贾君鹏你妈叫你等；

三是讥讽型，如躲猫猫、俯卧撑、富二代、范跑跑、楼脆脆等；

四是夸张型，如史上最等。

从构成方式看，网络新闻标签有如下五类：

一是主谓式，如猪坚强、范跑跑、楼脆脆等；

二是动宾式，如躲猫猫、打酱油等；

三是并列式，如很傻很天真、很黄很暴力等；

四是动补式，如发烧死等；

五是偏正式，如钉子户、纸馅包子、富二代、凤凰男、孔雀女等。

符号化传播的特征一方面与网民的从众心理有关，即网络空间群体表达的极化机制使得网络社群使用的语言表达风格同化。另一方面，符号化的舆论表达在特殊的社会舆情中便于受者解码和形成认同，使二次传播依托特定框架，减少对琐碎细节的依赖。

（二）新技术影响大

之前的门户网主流采编机制按频道划分，频道的管理岗位多由一个内容主编和一个运营主编构成。从成本和效率出发，门户时代内容生产运营

---

① 赵雅文：《网络传播"新闻标签"的价值及作用》，《新闻大学》2010年第1期。

仍涉及很多人工干预模式，沦为被摒弃对象。

面临基于兴趣推荐机制的机器自动分发平台产品的全面竞争。有的网站把这两个不同分工的主编划到"内容"和"运营"两个部门。当前的移动新闻产品强调独立设计并完成三个跨媒体的新闻作品，要求至少包含三种以上媒体表现形态。增加了宏观层面的内容，如认识媒体的定位和产品设计，组织和策划融合新闻报道等。

网络新媒体中的传播分为四个环节：内容获取（生产）、审核、分发、互动。最近几年来，每个环节内涵都发生了本质变化，特别是内容生产和分发环节。如在门户时代，强调海量和快速，而当前，更强调丰富、精准。

生产层面的变化：内容生产权力发生转换。之前，内容生产是媒体专业人士的职务行为，代表其所在的媒体机构。现在，每个用户都有生产内容的权力。2006 年，BBC 实行了大幅度改革，将过去传统报道中形成的组织机构重新整合，特别增加了 UGC 社交网络媒体部，专门负责 24 小时收集来自全球用户发布的信息。在其每天发布的新闻中，来自公众发布的信息占据超过 40％ 的比重。[①] 2017 年，我国的微信公号注册超 2 000 万个，其中两百多万个为活跃号。一点资讯平台上有近 50 万个活跃号，但是社交媒体影响最大的当属突发新闻领域，一个有拍照手机的普通用户，比一个专业记者出现在突发事件第一现场的可能性更大。因此，社交媒体更像一个呐喊者、鼓动者，在重要的事件上让信息滚动的速度更快，并激发用户参与的兴趣。[②]

（三）优质内容[③]

好的文章要体察到人性的痛点，表达大众的情感共鸣。优质内容有五个维度，其中前四个是从机构的角度来说的：

1. 原创度

资料作为背景写进文章算不算原创，对已知内容提炼独特观点是否属

①　《互联网时代》主创团队：《互联网时代》，北京联合出版公司，2015，第 129 页。

②　［美］马克·格雷厄姆、威廉·H. 达顿：《另一个地球：互联网＋社会》，胡泳等译，电子工业出版社，2015，第 117 页。

③　吴晨光：《2 000 万自媒体人必读：内容分发新逻辑揭秘》，访问日期：2018 年 7 月 20 日，http：//www. sohu. com/a/169133294_ 440492。

于抄袭，界定标题、图片、文章的重合度比例。在自媒体平台，此类工作任务量大，非人工能及，要通过先进的技术进行系统梳理。

2. 垂直度

垂直度涉及内容传播的效率问题。内容拆分越细，越利于精准分发。分发逻辑是千人千面，自媒体推荐文章时要精准，可把相关内容发给感兴趣的用户，增加点击率。

3. 活跃度

每周、每月发文的数量和比例就是活跃度。精细化运营需对比发送文章的数、质量、时间的差距。一篇时政、财经文章，如竞争对手先发，晚多久可容忍。有些内容，如果差一两个小时，发送的意义不大。精细化思路要贯穿每一环节。

4. 关注度

指某自媒体号的用户订阅数，订阅后，该号与用户间的关系密切。自媒体平台须先建立订阅功能，如不建立订阅功能，自媒体人不确定和用户间关系，就不愿来此发内容。

5. 知名度

自媒体作者的影响力，可以分为三类：名人、达人、普通人。名人指具备社会知名度的作者，达人指在某领域具备知名度的作者。这两类人使用自媒体，在内容分发上加权，在同质量的前提下，优先分发这类作者的内容。把普通号变为达人号、名人号，这是自媒体平台的责任。

网络新闻传播的内容和小报类似，很多新闻信息趋向于以下内容：远离政治而趋向犯罪；远离每日议程而趋向于几天前编辑而成的推广项目；远离社会话题的讨论，而趋向有关生活方式或名人的娱乐故事；最终趋向对视觉，对新闻娱乐的压倒性投入。娱乐主义、消费主义和新媒体密切关联。[1] 这也意味着网络新闻机构要扮演好把关人的角色，在信息到达受众之前，进行分析、矫正，保证新闻传播的质量。

---

① ［澳］格雷姆·特纳：《普通人与媒介：民众化转向》，许静译，北京大学出版社，2011，第23—25页。

知识链接：移动场景与卡片式新闻①

分析用户身处的移动场景，需要关注三个阶段：在哪里、从哪里来、到哪里去，也就是"此时此地""此前彼处""此后彼处"。分析用户从何处到达此处，可以更好地理解用户在此时此地的行为目的及可能特点，而预测他们下一步的行动方向并提供相应服务，或通过分析他们此时阅读的新闻而引导其未来需求与行为方向，可以产生新的产品空间。对于移动场景三个阶段的关注，已经成为媒体业的共识，并且已经开发出适配的服务形态。"卡片式"新闻应用大行其道，正是出于对碎片式阅读场景需求的满足。曾经红极一时的新闻应用Crica，打出"只用5分钟就可以了解全世界"的口号，每个新闻由多个卡片组成，这些新闻单元串联起来形成完整的新闻线，为读者提供"速读"和"秒读"服务。这种快新闻，试图一分钟满足读者需求，宗旨是能用标题解释的就无须内容解释，能用要点提炼的就无须完整推送。核心目的是让读者在碎片化时间更有效地阅读新闻，提高新闻的到达率。这种新闻阅读模式代表一种趋势。

第二节　我国网络新闻的发展历程

我国最早上网的期刊是1995年1月的《神州学人》，其定位是向在外留学人员及时传递新闻和信息。我国最早上网的报纸是1995年10月的《中国贸易报》，1997年1月《人民日报》网络版问世。商业网站介入新闻传播始于1998年。到1999年底，全国已建立独立域名的网上新闻报道机构达700多家。21世纪初期，中国网络媒体的影响全面形成，新闻网站进入一个新的历史时期。体制内的新闻网站形成了三级格局：国家级重点新闻网站十余家，综合性网站有人民网和新华网，省级重点新闻网站共有280多家，但是这些分类标准值得商榷。

---

① 腾讯传媒研究院：《众媒时代：文字、图像与声音的新世界秩序》，中信出版社，2016，第123、127页。

一、传统媒体网站的发展

传统媒体网站实现了两个转变：

（一）从报业集团的附属机构向独立网站发展

1. 传统媒体翻版阶段

将印刷版直接搬上网络，新闻的标题、摘要和内容不改变。

2. 网络化阶段

从1999年开始，诸多媒体网站开始自觉依据网络传播的特点选取新闻内容和形式。

3. 独立、综合的发展阶段

该阶段的媒体网站摆脱了传统媒体的思维方式和制作方式，突出多媒体的特性。更重要的是不再依附母体（报纸和期刊等），独立经营和运作。

（二）从单打独斗转向联合发展

早期的传统媒体上网，基本上各自为政，所有媒体都各自建一个网站，对于非一线城市的网络媒体而言，此举既不现实，也没必要，会带来重复浪费，使各媒体网站的视野与发展空间受限制，同时还可能造成各媒体网站间的恶性竞争。联合发展整合了同一地域的优质资源，为做大做强网络媒体探索出一条可行的道路。代表的新闻网站有四川新闻网、浙江在线、千龙网、东方网等。

重点新闻网站的发展经历了以下历程：①

1. 1994—1998年：萌芽期

1997年，中国新闻媒体形成第一个上网高峰。1997年1月1日，人民日报网络版正式发布。同年11月，新华网上线，定位为"全球信息总汇"。

1998年，新闻媒体网站开始发挥特长崭露头角，如以"网上文化大餐"为定位的光明日报网站、突出"青年"特色的中国青年报网站、被誉为中国科技通讯社的科技日报网站等。不少媒体突破了原媒体翻版的做

---

① 此处内容综合蒋嫦：《我国重点新闻网站发展现状及对策研究》，中南大学，2011级硕士论文和东方网资源《重点新闻网络发展历程》，http：//news.eastday.com/eastday/13news/auto/news/china/u7ail299284_k4.html。

法，从内容到形式上开始大胆创新。除注重新闻的传统特性如时效性外，还全面地利用网络传播的新形式，如连续、滚动、实时报道、全方位、多角度报道、电子邮件推送新闻等。网站运作上，在规模效益的带动下，地域性媒体首先开始走向联合建网。

2. 1999—2000 年：建设期

1999 年 10 月，中央下发《中央宣传部、中央对外宣传办公室关于加强国际互联网络新闻宣传工作的意见》（中办发〔1999〕33 号），这是党中央关于网络新闻宣传工作的第一个文件。新闻网站发展被纳入国家发展战略。

2000 年 3 月，中央下发《国际互联网新闻宣传事业发展纲要（2000—2002 年）》，提出互联网新闻宣传事业建设的指导原则和三年奋斗目标。地方各大传统媒体相继成立了新闻网站，标志性的事件是北京千龙网、上海东方网、天津北方网的相继诞生。

2000 年 5 月，在北京和上海两地成立"千龙新闻网"和"东方网"，前者得到了北京地区传统强势媒体的支持，后者则集中了上海市大部分媒体。其他新闻媒体则不约而同地更名改号，如《人民日报》网络版称为"人民网"，《中国青年报》网站称"中青在线"《中国新闻社》网站称"中国新闻网"《光明日报》网站称"光明网"等。中央五大网站为第一梯队，即中国互联网络新闻中心网站、人民网、新华网、中国国际广播电台网站、中国日报网为龙头；以中央及其他重要媒体为第二梯队；以省市大型联合网站如四川新闻网、河南报业网、南方网、大洋网、浙江在线、北青网等为第三层面，行业性报纸建立了专业性垂直网站群，一个多层次、全方位的网络传播结构已初现雏形。

2000 年 12 月，人民网、新华网、中国网、央视网、国际在线、中国日报网、中青网等中央网站经国务院新闻办公室批准，成为我国首批重点新闻网站。紧接着国务院新闻办公室又先后批准建立了千龙网、东方网、北方网、东北新闻网、浙江在线、红网、中国江西网等 24 家全国重点地方新闻网站。

3. 2001—2005 年：发展期

2001 年 8 月，中宣部、国家广电总局、新闻出版总署共同发出《关于深化新闻出版广播影视业改革的若干意见》（中办发〔2001〕17 号），文件第 16 条是关于"加强新闻网站建设"的意见，主要内容包括新闻网站建设的指导原则、报道方针、网站定位和经营管理。其中定位上的"把新闻网站办成思想政治工作新阵地和对外宣传新渠道"和经营管理上的"新闻网站可在新闻出版系统内融资，必要时可吸收国有大企业参股，不吸收私人资金和外资，暂不上市"，基本确定了新闻网站的发展方向和体制。2004 年，国务院新闻办官员表示，我国重点建设的 8 家中央新闻网站和 24 家地方新闻网站成长为主导网上新闻舆论的网络"主流媒体"。

新华网、人民网、央视国际、千龙网等多家重点新闻网站进入了全球网站的百强行列。

4. 2006 年至今：跨越期

2006 年，国家"十一五"时期文化发展规划纲要提出，"要加快建设一批综合实力强、在国内外有广泛影响的新闻网站，形成若干个与我国地位相称的、具有较强国际竞争力和影响力的综合型网络媒体集团，争取其中一到两家重点新闻网站进入世界前列"，"要完善地方互联网新闻事业发展格局"。中央和地方重点新闻网站进入迅猛发展时期。

2007 年，新闻网站基本完成了中央、省、市三级布局，占据中国互联网 85％的时政类信息发布。2007 年 12 月，国务院新闻办公室官员表示，要积极推进新闻网站体制改革试点，列入改革试点的新闻网站可以尝试通过多种渠道拓展资金来源，引进国有战略投资者，在确保主办单位控股的前提下，建立现代企业制度，组建股份公司，条件成熟时在国内上市。

2009 年，人民网、新华网、央视网 3 家中央重点新闻网站，以及北京千龙网、上海东方、天津北方网、湖南华声在线、山东大众网、浙江在线和四川新闻网 7 家地方重点新闻网站，被列为全国重点新闻网站转企改制试点单位。同时出台的《重点新闻网站转企改制试点工作方案》明确了转企改制的线路图和时间表。

2009 年 10 月，全国重点新闻网站转企改制试点工作正式启动。2010 年 5 月，人民网、新华网改制方案获国务院新闻办公室批准，千龙网、华声在线、四川新闻网改制方案正在报批，其他试点网站正在加紧制定方案。

二、商业网站的新闻传播

新浪、搜狐、网易、腾讯并称为"中国四大门户"（见图 8 – 1），商业网站涉足新闻传播领域成为网络媒体发展中一种值得关注的现象。

图 8 – 1　我国主要的商业新闻网站

案例：

新浪是一家服务于中国及全球华人社群的领先在线媒体及增值资讯服务提供商，拥有多家地区性网站，通过旗下五大业务主线为用户提供网络服务，是中国的四大门户网站之一。下辖北京、香港、台北、北美新浪等是全球最大中文门户。从技术到门户的转型：1993 年 12 月 18 日，香港利方投资有限公司与北京四通集团公司合资创建了北京四通利方信息技术有限公司，有很强的技术背景，以技术起家的新浪今天成长为世界上最具影响力的中文门户网站。

韩寒曾为新浪移动（手机新浪网和新闻客户端）代言，声称捍卫"新闻尊严"，他倔强的肢体动作与表情，结合他不愿跟着唱赞歌的文人情怀，配上"新闻不是讨你喜欢"的文案，这是商业网站对真实客观的新闻观一种认识（见图 8 – 2）。

就商业或者个人网站进入新闻传播领域而言，国外个别案例更有代表性。1995年德拉吉报道诞生，法新社将其创办者德拉吉列为"20世纪最具推动力和影响力的10大人物"之一，与CNN创始人泰德·特纳、电视发明人约翰·拜尔、无线通信之父马可尼等名人并肩。1998年1月17日，麦特·德拉吉向世界各地的近5万名邮件订户发送了"在最后一分钟，星期六（1月17日）晚上6点，《新闻周刊》杂志枪杀了一个重大新闻。一个白宫实习生与美国总统有染"的消息，成为世界上第一个报道克林顿"拉链门"绯闻事件的人。

图8-2　新浪移动新闻的代言广告（新浪网）

专业的商业网络新闻机构所扮演的角色十分重要，它们是新闻传播的主导者、新闻专业水准的标杆、信息海洋的导航者、社会环境的主要监测者等。

三、媒体行业进军短视频①

移动视听传播成为热点，其中短视频和网络直播是发端于移动时代的媒体新形态，具有移动、轻量和碎片化等特点，占有流量小，画面感连续。短视频和网络直播的应用近年来层出不穷。就短视频而言，其应用允

---

①　腾讯传媒研究院：《众媒时代：文字、图像与声音的新世界秩序》，中信出版集团，2016，第142页。

许用户通过智能手机等移动终端设备拍摄 30 秒以内的极短视频，并支持编辑和美化。媒体和政务宣传等近年来大举进军短视频领域，用户呈井喷式发展。

国内外的短视频新闻应用市场新秀辈出，巨头发力。BBC 推出短视频服务 instafax，在知名社交媒体上提供内容，用户关注 BBC 账号后，可以在账号下看到精简的视频新闻，长度在 15 秒左右。近年来的两会期间，移动短视频也成为诸多媒体新闻报道的神器。一些媒体在双微一端和网站上都推出了移动短视频版块。短视频新闻适配移动场景具体表现在：

1. 内容方面，放弃长篇叙事

在新的视频战略下，一些知名媒体将更多的人力和物力投入到短视频制作中。诸如《华盛顿邮报》甚至把视频制作团队安插到编辑部的不同版块中，从而将短视频贯穿新闻制作始终。一般认为，短视频最受欢迎的长度在 15 秒到 4 分钟左右。这说明，媒体应该放弃大面积的长篇叙事，在社交平台上发布短视频内容。

2. 形式方面，随时随地迎合用户需求

人们在网络上不是定时消费视频新闻的。在报道形式上，国外的主流大报的做法是，结合用户的场景和新闻热点，生产更加适合碎片阅读的内容，在界面设计上也趋向于移动。还要考虑移动用户体验，短视频高清晰的画面质量更受欢迎。

3. 报道模式上，记者现场发回短视频

在新闻采写实践中，仅仅发回文字报道是远远不够的。记者从新闻现场发回短视频，然后把这些视频直接推送给用户，这是一项新的挑战。

知识链接：新闻短视频的 10 条规定[①]

一个场景一件事，网友不是看电视。
二十秒内进高潮，前戏太长很无聊。
现场视频才抓人，别拿空镜糊弄人。
字幕标题请配好，不开声音也明了。

———————————

① 全媒派：《什么样的资讯短视频更受欢迎？腾讯新闻提出了十条"军规"》，访问日期：2018 年 7 月 21 日，http://www.sohu.com/a/147374890_ 465296。

音乐太多招人烦，静静看完这么难？

特效音效别乱用，炫技过度像有病。

别做标题封面党，点进看完想骂娘。

不用保留主持人，快点让人看新闻。

街头抓拍不要演，观众不是二五眼。

辣眼视频不要用，否则后果很严重。

在碎片化时代，新闻视频的制作要求：清晰、明白、节制。

（1）内容2—3分钟；

（2）故事上不要把用户当傻子；

（3）知识上把用户当小白；

（4）倾听用户的声音；

（5）搞清楚用户到底想要什么。

以短视频、微信、微博和客户端为代表的"三微一端"，在根本上不是要取代新闻业，而是演进出新的媒介传播的生态环境。传统媒体、网络新闻媒体和社交媒体组成了强大的共生关系。

第三节 网络媒体的构成

网络新闻传播者构成要素具有多元性。从网络媒体的整体构成来看，主要的结构性要素包括：专业新闻机构、有传统媒体背景的网站（如人民网、新华网、各地传媒集团的网站等）、商业性网站（如知乎、视频短媒体、微信、微博等）、网民（如一些意见领袖、网络事件当事人等）。门户网站以内容频道为纵格，快速扩充编辑团队，实行24小时三班倒。商业门户的新闻频道大多数无采访权，但是可以深耕娱乐和体育内容。有自己的报道队伍，偶尔打擦边球，和三级新闻网站发展的逻辑不同，自媒体的发生较为迅速，发生的一些事件也较为惊人。

一、传统媒体网站

由传统媒体兴办的多种类、多层级、多区域、多行业的网站集群成为中国网络新闻的直接提供者，控制着中国网络新闻特别是时政新闻的内容门类和数量规模，是我国网络新闻基础性的生产力量。

二、商业新闻网站

商业门户网站全面进入新闻传播领域，成为中国新闻信息的集散平台。该平台对于传统媒体及其网站所生产的新闻起着能量聚合与扩张的作用。商业网站在时事新闻领域没有采访权。即便如此，还是通过以下方式成为网络媒体中一支充满活力的力量：

（1）通过网络专题等形式整合多家媒体的新闻。

（2）在娱乐、体育等非时事新闻领域进行原创报道。

（3）针对现实热点展开评论。

（4）不断优化各种"转载"内容的呈现效果，比如修改新闻标题，让它更吸引网民。

商业新闻网站获得成功的原因有：从外部环境来看，传统媒体不能完全满足受众需求，为商业网站留下发展空间。从内部看，商业网站在进行新闻选择与编辑时，能更多考虑普通网民需求；没有传统媒体的约束，敢于探索，对于网络传播手段的运用，更充分、更到位；以客观中立的面貌出现，更易为人接受。但是，就门户网站而言，其发展也面临严重的瓶颈限制。

三、网民

网民积极加入新闻传播的过程，成为中国网络媒体结构中影响能量转化的第三极力量。该群体的评论观点为观察新闻提供多元视角，同时也酿造舆论元素。网民作为新闻消费者的同时，还扮演着新闻的生产者的角色，是典型的 prosumer（生产消费者）。作为生产者，网民传播具体表现为：

（1）网民评论：网民评论是最具活力的网络新闻解读，不仅丰富网络新闻传播观察视角，对提升新闻报道与新闻事件的影响力也起到重要作用。

（2）Web2.0 时代网民可以利用诸如微信、微博这样的手段来进行新闻的原创、整合与评论等，进一步冲击专业媒体。

知识链接：

网络媒体中传播者与受众关系变化明显。承认非专业人员可以参与大众传播，将业余的或者公民新闻并入正规的新闻生产，是创新。媒介权力发生了重要转变，但不意味专业媒体存在必要性的丧失；参与传播人数的增加，并不意味着对信息需求的充分满足；非专业人员参与网络传播，会导致信息的复杂化；专业大众传媒作为一种产业，是国民经济的一部分。在新闻的本质、叙事方式、传播主体等方面，新闻的新规则和旧规则区别明显。

表 8 - 1　新闻的旧规则和新规则①

	旧规则	新规则
1	新闻是新闻	新闻是营销
2	现场拍摄补充新闻叙事	现场就是故事
3	工作经验有价值	一年就是经验
4	天气得到其应得的关注	雨是头条新闻
5	报道突发新闻	编造突发新闻
6	报道事实	报道民众所言
7	遵从新闻总监的领导	谁是新闻总监？

第四节　网络新闻中的把关

政治学者哈罗德·拉斯维尔在 1948 年提出 5W 模式，使人们明确地意识到在信息的传播过程中客观地存在着选择和把关。1950 年，怀特明确提出了新闻筛选过程的"把关（gate - keeping）"模式。

一、网络新闻机构的把关功能

实践中，传媒组织的把关直接体现在对素材"新闻价值"的判断上。

---

① ［澳］格雷姆·特纳：《普通人与媒介：民众化转向》，许静译，北京大学出版社，2011，第 63 页。

同时还体现在提供新闻价值的标准：业务标准与市场标准。把关活动最终还受到传媒的立场、方针、营利目标、意识形态等影响。

网络新闻机构的把关功能体现在微观与宏观两个方面。从微观层面看，在信息的发布结构中，信息发布者的作用极关键，决定信息以何种结构发布，处于什么样的地位。每一次对信息的选择与复制，皆是一个控制过程；从意见流的结构来看，网站具有控制意见的发布与流动的能力。从数量上，如果网络媒体把一切可得到的信息拿来就用，结果是信用度下降，品牌贬值，最终导致自己经营上的失败。所以网络媒体仍然会采取种种方法来把关，并用各种相关的网络技术或编辑手段来体现自己的意图。

从技术上看，控制信息与意见的扩散的常见方式之一是封闭某些网站的 IP 地址；另一种方式是控制邮件或发帖，但由于信息发布路径的多样和数量上的海量，实现全方位的控制几乎不可能实现。

二、网络中三个层面的把关

（一）政府把关

通过技术手段进行控制，如屏蔽某些网站或设定某些过滤词来限定内容；通过扶持重点网站来贯彻自己的意图；通过加强基层设施建设，推动本国主流媒体在网络中的信息传播。

（二）网站把关

网站把关的主体是网络新闻编辑。网络编辑是指有资质的网络媒体充分运用各种网络传播手段，并通过各种网络传播渠道呈现出来的活动，亦指从事网络内容编辑的主体。2006 年，我国有 300 多万人从事网络编辑工作。2014 年，我国从事网络编辑的人数达到 600 多万人，8 年期间人数增加一倍，其中持证记者约 25 万人。关于网络编辑有两种观点：一种认为应侧重网页技术制作；另一种认为网页制作是手段，信息的内容与形式是重点。

1. 移动端编辑

移动端新闻编辑比 PC 端的网络编辑需要更多的技能。很多新闻机构移动端的流量达到或者超过总流量的一半以上。移动端编辑需要构思如何把新闻和多媒体展现在移动端 App 或者网站上。另外还需要监控内容管理系统，检查移动端新闻的自动发布。编辑需要学习代码之类的技术，但更应专注于新闻内容的推送，比如突发新闻报道等。那么，又如何才能做好移动端新闻编辑呢？

要成为移动端的忠实用户；随时跟踪移动技术最新进展；全面考虑各种影响移动端阅读的因素，如屏幕大小、设备的滚动动作、操作系统和版本、联网速度、位置、时间等；一切从读者需求出发；在编辑室倡导移动端思维。

网络编辑存在的问题：生存艰难，频繁跳槽；机械重复，工作枯燥（一键导入、复制粘贴等是网络编辑工作中常见的内容，没有创造性）。网络编辑的角色转型体现在：从单纯的"新闻编制者"转向全方位的"新闻与信息服务提供者"，从单纯的"新闻把关人"转向"新闻解析者"与"公共论坛主持人"。

2. 网络编辑工作中的常用术语

（1）PV（page view），即页面浏览量或点击量，指一个访问者在24小时（0点到24点）内到底看了网站几个页面。同一个人浏览网站同一个页面，不重复计算PV量，PV是一个访问者打开了此网站的几个页面。PV通常是衡量一个网络新闻频道或网站甚至一条网络新闻的主要指标。PV之于网站，就像收视率之于电视，从某种程度上已成为投资者衡量商业网站表现的最重要尺度。Alexa工具条是一个可以随时查看PV流量以及网站世界排名的工具。

（2）UV（unique visitor）。在同一天内，UV只记录第一次进入网站的、具有独立IP的访问者，在同一天内再次访问该网站则不计入在内。独立IP访问者提供了一定时间内不同用户数量的统计指标，而没有反应出网站的全面活动。

3. 网络编辑的把关行为

（1）通过对内容的选择来把关。

（2）通过网站结构与页面的布局来把关。

（3）通过"推送"技术，如电子邮件、手机、电子杂志等手段，把符合自己价值观，并认为是最重要的信息送给受众。

（三）网民自我把关

在互联网时代，网民一方面可以绕过政府或网站的关卡，去获得自己需要的内容；另一方面，网民自身也能成为信息引导者，如在朋友圈中发布内容是经过选择和思考的，属于把关行为；在论坛中转帖也有选择，也是一种把关行为。

四、网络中的把关机制

（一）信息传播方面的把关

（1）信息生产环节的控制。指网络媒体在内容生产时的新闻选择方面的把关，如选择哪些新闻，通过何种媒体形式、在何种位置上传播等。

（2）信息传播环节的控制。指在网络信息传播时何时传播，在重大事件发生时引导舆论，例如，是否开放网络新闻的评论权限等。

（3）信息再利用环节的控制。网络新闻另一重要作用是可以反复利用，经过前期的传播反馈后，对于用户反馈积极的、能影响某一方面的事件，可以作为史料存放于网格中，这也是一种把关形式。

（二）意见传播方面的把关

（1）对网民意见的直接控制。一般有删帖、关键词过滤等，是一种压制式控制；将某些帖子放到突出位置，则是一种提升性的控制。

（2）控制者意见的直接表达。最常见的手段是网站评论或网站特邀的嘉宾、专家评论等。

（3）扶持意见领袖。通过支持有发展潜力的意见领袖，把其培育成舆论场中的意见领袖，从而弘扬主旋律。

本章小结

新型传播流程使信息传播规律迥异于既往，信源、传播通道、内容产品的展现形式都发生了深刻变化，从第一时间采写向第一时间发布转变，波纹式信息传播。就当前的移动网络媒体而言，手机报已死，客户端、微信公众号、网络在线直播和短视频正当时。网络新闻生产的新模式有 UGC 模式和众包模式，前者能增强体验感和媒体黏度。不足之处在于质量低，零散，无把关。客观公正和导向性缺乏。众包模式指一个公司或机构把过去由员工执行的工作，以自由自愿的方式外包给非特定的大众网络的做法。过去"网络新闻"VS 现在"网络化新闻"，网络新闻不再是传统新闻网络平台的迁移，有大众媒体 + 社交媒体的新特征：媒体类型上，大众媒体传播体系中的传播习惯被社交媒体改造；受众变化上，从接收信息的用户向信息行动者转变；内容价值上，从建立确定感、安全感向建立情感价值转变。中国网络媒体的影响全面形成，新闻网站进入一个新的历史时期。商业网站涉足新闻成为网络媒体发展中一种值得关注的现象。专业网络新闻机构所扮演的角色十分重要，是新闻传播的主导者、新闻专业水准的标杆、信息海洋的导航者、社会环境的主要监测者等。网络新闻传播者构成要素具有多元性。从网络媒体的整体构成来看，主要的结构性要素包括：专业新闻机构、有传统媒体背景的网站（如人民网、新华网、各地传媒集团的网站等）、商业性网站（如知乎、微信、微博等）、网民（如一些意见领袖、网络事件当事人等）。网络新闻机构的把关功能体现在两个方面上：微观与宏观。从微观层面看，在信息的发布结构中，信息发布者的作用是极关键的，决定信息以何种结构发布，处于什么样的地位。从宏观层面看，控制信息与意见的扩散的常见方式之一是封闭某些网站的 IP 地址。

关键名词

新闻场域；众包新闻；迭代新闻模式；网络化新闻；PV；UV

思考题

1. 网络新闻的传播特性有哪些？
2. 如何理解网络中的优质内容？
3. 传统媒体网站发生了怎样的转变？
4. 网络新闻传播者构成要素有哪些？
5. 如何理解网络新闻机构的把关功能？

延伸阅读

1. 吴晨光：《超越门户：搜狐新媒体操作手册》，中国人民大学出版社，2015。
2. 喻国明等：《新闻传播的大数据时代》，中国人民大学出版社，2014。
3. 马杰伟、张潇潇等：《媒体现代：传播与社会学的对话》，复旦大学出版社，2011。

第九章　网络舆情

舆情是"舆论情况"，指在一定的社会时空内，围绕社会事件的发生、发展和变化，作为主体的民众对作为客体的社会管理者及其政治取向产生和持有的社会政治态度。国内的网络舆情研究始于 2002 年，除了传统媒体，网络成为民意下情上传的又一渠道。网络舆论对中国社会发展产生深刻影响始于 2003 年，这一年发生数起网络舆论热点事件，被称为"网络媒体元年"。网络舆论的影响是集体声音的初步胜利，尽管网络媒体无法和传统的主流媒体相比，但此后，出现了一些专业的网络舆情研究机构，如人民网舆情监测室和各高等院校的舆情研究实验室等。同时，网络舆情相关软件也不断发展，内容涵盖网络舆情数据收集、分析、预警、索引、管理等方面，主要服务于国内党政机关和一些企事业单位，注重对重大事件、突发事件的监测与引导。网络舆情是指公众在一定社会时间和空间内，通过互联网对自己关心的公共事件所表达的多种态度、意见及情绪的总和。[①]

2008 年，中国进入网络舆论空前活跃的时代。民众参与意识开始觉醒，体现在网民不满足网上发言和跟帖，以不同形式介入社会现实生活和公共事务。互联网改变了媒体的意见气候、改变了社会的公共空间和理性讨论的界定，也改变了整个舆论形态。

[①]　上海交通大学舆情研究实验室：《2014 年中国网络舆情研究报告》，《新闻记者》2015 年第 2 期。

第一节　概念、特征与发展阶段

中国最早的网络舆论事件是 1998 年发生的"沈洪嘉事件"，1998 年 3 月，原山东矿业学院的沈洪嘉致信《南方周末》，反映山东省电信局对他有关电话资费的咨询和质疑冷漠对待，声称他准备投诉。信件刊出反响很大，引发关于中国电信的大讨论。当时，网络上围绕这一主题也展开了讨论。1998 年三、四月份，在上海某网站上张贴相关文章近 700 篇，邮件列表投送量 16 000 次。央视重点报道了沈洪嘉事件，许多有见地的文章见诸报端。在舆论的压力下，电信部门调整话费，着手体制改革。他是第一个"叫板"电信垄断的人。后来固定电话初装费、移动电话入网费终于被取消，一年减轻社会负担 200 亿元。

网络舆情是指以互联网为载体所表达的公众情绪，本质是社会情绪在互联网上的公共表达。网络既是舆情表达的载体，也为记录、监测社会情绪提供了绝佳平台与手段，同时为新闻分析和新闻评论提供新的空间。网络舆情可以从这几个方面理解：网络环境中形成或体现的舆情即民意情况；网络使用者的社会政治态度；在网络空间内，围绕舆情的发生、发展和变化，网民对执政者及其政治取向所持有的态度。网络舆情研究既是一门理论学科，又是一门应用学科，并将发展成为一门专门研究网络舆情发展及管控的科学，涉及网络舆情诱发、回应、推动、干预、博弈、平息、表达、管控流程等很多领域。

📖 知识链接：舆情和舆论

舆情是人们的认知、态度、情感和行为倾向的原初表露，可以是一种零散的、非体系化的东西，也不需要得到多数人认同，是多数不同意见的集合。

舆论是人们的认知、态度、情感和行为倾向的集聚表现，是多数人形成的一致的共同意见，是单种意见的集合。需要持有某种认知、态度、情感和行为倾向的人数达到一定的量，否则不能认为是舆论。

舆情产生聚集时就可以向舆论转化。对舆情的监测引导就是要使舆情不转化成舆论或转化成良性舆论。

一、网络舆情的特征

1. 分散性和多样性

和简单文本形式的舆情数据相比，以多媒体形式存在的舆情数据在存储方面更加分散、体量更大且更具多元化特征，传统存储模式难以实现多媒体舆情信息的高效处理。网络舆情信息来源丰富，格式、内容多样。从舆情信息形式来看，结构化与非结构化的舆情数据并存。从舆情信息的内容来看，几乎包含公共事件和社会热点问题的各个方面。

2. 碎片化

多媒体网络舆情分散于博客、微博、微信、论坛、短视频等媒介平台，网络社交媒体用户成为新的信息传播节点，用户可以通过社交平台即时上传视频、简短文字或图片等多媒体信息并与网民互动，数据碎片化程度高、冗余度大。大数据背景下多媒体网络舆情数据分析要求，要对海量碎片化数据进行信息挖掘、关联及趋势分析，以实现网络舆情的有效管理。

3. 自发性和时效性

网络舆情的自发性指网民自发通过三微一端（微信、微博、微视频、客户端）发表意见，自然表达自己的观点和情绪，反映现实社会矛盾。网络舆情的时效性指事件频发、社会热点不断涌现，舆情事件正常不超过一周，从而使网络舆情具有很强的可替代性。

4. 情绪化和片面性

情绪化是网络舆情最显著特征之一，有正面、负面和中性的舆情。网络舆情的片面性指情绪化表达，感性有余，理性缺失，很多情况下是发泄情绪，形成偏激言论。网络舆情只是社会舆论的局部而非全部。

二、种类与阶段划分

（一）网络舆情的种类

可以从舆情发生的时间、空间及影响力度来看，网络舆情事件一般分为四类：

（1）简单事件，这类事件与其他事件关联性极弱，大部分网络舆情事件属于简单事件范畴。

（2）相关事件，这类事件是一连串逐级相互作用的相关事件的集合。

（3）分组事件，这类事件在某方面高度相关，舆情发展中会相互重叠，扩大事件的影响范围和力度。

（4）混合事件，由相关事件和分组事件相互叠加，涉及范围广、影响力大。

此外还有更多元的划分方法：

按照涉事主体：分为涉机构舆情（政府、企业、社会组织）和涉个人舆情（公共人物、一般公民）。

按社会类别：可分为政治、经济、文化、社会和生态环境舆情等。

按照事件发生的范围：可分为国际舆情和国内舆情（国内舆情又细分为全国舆情和区域舆情）。

按照事件发生的领域：可分为公共舆情和专业舆情，前者指一般公共性事件，后者指特定范围和领域内事件。

按照对事件评价的性质：分为正面舆情和负面舆情。

按形成过程：分为自发舆情和自觉舆情，前者指人们被盲目支配，不能预见自己行为后果而产生的舆情；后者有目的性和计划性。

按存在形式：分为显性舆情和隐性舆情。当公共事务发生后，网民在浏览、搜索、互动的过程中会随时发表言论信息，这些信息直接呈现网民的情绪、态度、意见，被称为"显性"网络舆情大数据。还有一些数据并不是直接的网络舆情内容，但却从侧面客观反映网民的关注热点、舆情主体之间关系等，可被称为"隐性"网络舆情大数据。①

知识链接：社会心理

社会心理：指在一段时期内存在于社会及群体中的整个社会心理状态，是整个社会的情绪基调、共识和价值取向的综合，是人们对社会现象的普遍感受和理解，是自发的、凌乱的，是对社会生活的直观反映，促成一定社会风气形成。

（二）阶段模型

关于网络舆情的划分，有三阶段、四阶段、五阶段和六阶段等模型，

① 唐涛：《基于大数据的网络舆情分析方法研究》，《现代情报》2014年第3期。

每个模型都从不同角度分析网络舆情演进、传播的特点。相比于其他阶段模型，四阶段模型提出最早，被验证次数最多，有大量的舆情事件作为实例支持该模型。该模型以网络舆情的传播进程为划分基础，结合生命周期理论与网络舆情的传播特点，清晰地将多媒体网络舆情的演进阶段表示出来，便于分析各阶段网络舆情发展的方向及传播。

1. 四阶段划分法

此种划分法认为，网络舆情的演进阶段包括初始传播阶段、迅速扩散阶段及逐渐消退阶段，不同的阶段受多种不同因素的影响，较典型的是危机传播阶段分析理论，该理论将突发公共事件危机分为四个阶段：[①]

第一阶段是危机潜在期。该阶段是最容易对危机进行处理的时期，但却最不易为人所知。所以，决策者应树立一种危机意识，要有一种"危机悄然隐现于地平线"的念头，尽早察觉危机可能发生的"潜在警告"，应多想"万一发生危机怎么办"的问题。

第二阶段是危机突发期。这是四个阶段中时间最短、但感觉最长的阶段，它对人们的心理会造成严重的冲击。此阶段的特征是事件急速发展和出现严峻态势。危机管理者在此阶段面临的最大威胁就是雪崩式的信息传播速度和巨大的压力。危机突发期有四个典型的特征：在强度上事态逐渐升级，由不为人所知达到引起公众广泛注意；事态引起越来越多媒体的注意；烦扰之事不断干扰正常的活动；事态影响了组织的正面形象和团队声誉。

第三阶段是危机蔓延期。这是四个阶段中时间较长的一个阶段，但是如果危机管理得力，将会大大缩短这一时间。此阶段主要是采取措施，纠正危机突发期造成的损害。这是危机之后的恢复时期，决策者要认真分析危机产生的深层次原因，是外部因素所致，还是因为内部功能的失效而导致的危机。一个组织有无危机管理计划，在很大程度上影响危机恢复时间的长短。

第四阶段是危机解决阶段。此时，组织从危机影响中完全解脱出来，但仍要保持高度警惕，因为危机仍可能重现。这种危机阶段分析理论的优点是提供了一个综合性的循环往复的危机分析全过程。危机的过程就像一

---

① 陈璟浩：《突发公共事件网络舆情演化研究》，博士学位论文，武汉大学信息管理学院，2014。

个用锅煮水的过程，从慢慢烧水的"危机潜在期"到水烧开至沸腾的"危机突发期"，之后，或者把锅从火上取走，危机得到及时解决，或者经过"危机蔓延期"后，把锅底烧掉，危机也会得到解决，重新再来。

2. 三阶段划分法

第一阶段是初始传播阶段。该阶段是网络舆情最初的形成阶段，有两个去向：一是进入发展期——迅速扩散阶段，二是进入消亡期——逐渐消退阶段。使网络舆情由第一阶段演进到第二阶段的两个主要影响因素是网民关注度和主管部门采取的措施。其中，网民关注度尤为重要，只有网民只有能迅速引起网民讨论和评价的网络舆情事件才能最终导致爆发性的网络舆情。主管部门若采取措施得当，则能有效引导网络舆情事件良性发展，将其推向消亡阶段，避免网络舆情危机事件的发生。

第二阶段是迅速扩散阶段。该阶段是网络舆情的发展阶段，发展演变较复杂，受多方面因素影响：包括网民参与量、网民意见倾向、传播媒介和主管部门合理措施等。网民参与量在网络舆情扩散阶段尤为重要，只有网民大量参与并大规模传播的公共事件才能引发讨论，出现导向性意见，少量网民参与的网络舆情事件一般不具有引导及预警的意义。

第三阶段是逐渐消退阶段。该阶段网民关注度逐渐降低，传播的内容主要是事件的总结和处理情况，网民很少或不再对舆情事件表达看法，更多的是表达自己了解真实信息后的感受。但舆情消退并不意味着舆情的彻底终结，舆情事件解决不彻底或同类事件再次发生时，很容易造成网络舆情的反复，出现新的舆情灾害，发展出新的演进方向之后使该舆情事件更加复杂，重新开始这三阶段的循环。

三、网络舆情的基本功能[①]

1. 信息传播功能和宣传导向功能

网络媒介会影响社会舆论的态势和走向。如引导不力或不当，处于"潜伏期"的群体性事件就可能会通过网络的催化和放大，从局部性话题扩大为全局性话题、使一般问题演变成群体性问题、使个人的偏激言论扩散为非理

---

① 常锐：《群体性事件的网络舆情及其治理模式与机制研究》，博士学位论文，吉林大学哲学社会学院，2012。

性的社会情绪，直接影响社会安定、损害政府形象甚至危害公共安全。

2. 危机预警和惩治腐败功能

危机预警指从危机事件萌芽到危机对社会正常秩序造成影响的期间内，及时报告、应对危机所采取的有效行动。运用信息分析技术及时发现网络舆情萌芽、变化和消亡信息，在整个过程中动态监控、汇集、评价舆情信息，预测发展趋势，判断舆情等级水平。网络主体多元化、技术先进、成本低廉等特性使其成为反腐倡廉的一个信息平台，网民的揭露使一些腐败行为得以暴露，一些大案要案也在公众的问责下得以彻查。"网络曝光——媒体共鸣——组织查处"的"三步曲"，已成为当前网络反腐的常态和基本模式。

3. 舆论监督和建言献策功能

网络媒体的发展使一种新的社会监督形式（网络监督）在社会上形成。网络舆论在交流、讨论中形成后，会在很短的时间对相关事件的决策者形成强大的舆论压力，影响事件的进一步发展态势。网络舆论的监督功能有利于告诫政府革除时弊、提高工作的公开性和透明性。网络媒体常反映出许多在其他大众媒体上很难见到的、来自社会基层的各种信息，能使政府最快速度、最大限度地了解到民意的真实情况，成为科学决策的依据。

4. 起到决策气球的作用

"决策气球"在释放之前，政府的决策目标已经基本明确，政府部门接下来关注的是大众的反对程度是否超出预期，以决定推出信息的时间。即便引发了网络讨论，由于网民的知识水平、话语权、消费立场不一样，以至于怎样在网络上进行有效讨论，怎样评价讨论效果，目前还难以拿出行之有效的方案。

四、网络舆情的演进要素[①]

网民关注度、传播媒介、网民意见倾向、网民参与量、网民注意力及主管部门合理措施是网络舆情最关键的六个演进要素。

---

① 高歌、张艺炜、黄微：《多媒体网络舆情演进机理研究》，《图书情报工作》2015 年第 21 期。

1. 网民关注度

并非所有公共事件都能引发网络舆情，只有影响网民切身利益、切合网民关注点的公共事件，才能够引起网民讨论，产生有倾向性的整体态度和观点，从而形成网络舆情，进入网络舆情发展的初始传播阶段。网民群体对网络舆情事件的关注度是网络舆情初始传播阶段的重要影响因素。

2. 传播媒介

新媒体对网络舆情的扩散有重要影响，图片、音频、视频等多媒体信息在加快阅读速度的同时，还带来深阅读的衰落。媒体传播信息的能力与媒体影响力正相关，媒体规模、专业程度、传播方法等，都对舆情扩散产生重大影响。新旧媒体融合影响网络舆情的发展，其中新媒体在舆情传播中起主要作用。该要素主要作用于网络舆情发展的迅速扩散阶段。

3. 网民意见倾向

网络舆情演变受多种因素影响，网民意见倾向是主要影响因素。网民意见可分为支持、中立、反对三种，可分析何种意见占主导地位。舆情发展被网民意见推动，网民意见又受各种复杂因素影响，包括舆情事件相关主管部门、利益相关者、主流媒体等，尤其是被大量转发和讨论的焦点意见，甚至对网络舆情的发展起主导作用。

4. 网民参与量

在网络舆情的迅速扩散阶段，网民参与量至关重要。对网民参与量的统计可以从 IP 地址和账户名两方面入手，分析网络舆情发展过程中网民参与量的变化趋势、参与讨论网民的地区分布规律，预测舆情未来发展的时间周期，判断是否应采取相应措施，加速或延缓网络舆情的消亡。

5. 网民注意力

网民对公共事件的关注时间是有限的，若公共事件没有在其发展过程中出现关乎网民切身利益等容易引起讨论的内容，有关该事件的信息就难以继续传播，网络舆情事件会随着网民注意力的转移逐渐消亡。外界干扰往往会使网民注意力转移，造成原有网络舆情的消亡。该要素主要作用于网络舆情发展的逐渐消退阶段。

6. 政府干预

网络舆情事件相关主管部门若能及时关注舆情事件的发展、承担责任、采取合理措施，如发布权威信息、回答公众疑问、出台相关政策等，就能将网络舆情推向消亡，该发展是良性的。该要素作用于网络舆情演进的各个阶段。

第二节　传播渠道与传播源

互联网推动社会进入"大众麦克风"时代，网络舆论的生成发酵机制基本遵循：传统媒体报道或网友爆料（短视频异军突起）—网友讨论（新闻跟帖、论坛发帖等）—形成网络舆论压力（"意见领袖"作用突出）—媒体跟进呼应网络议题，挖掘新的事实（各类媒体互动）—政府应对—如不当则再掀波澜—政府解决问题和官员问责—网友注意力转移—网络舆论消解。在这个过程中，新媒体与传统媒体互相影响、互相作用，但新媒体在网络舆情的扩散过程中始终起主导作用。网络舆情的传播渠道包括有形（媒介形式渠道）和无形（公众心理情绪渠道）两种。

一、两种渠道①

（一）媒介形式渠道

媒介形式渠道可以分为结构化渠道和非结构化渠道，新媒体的非结构化通道包括，新闻组、论坛、门户网站、微信、微博、短视频等。呈现出数据化特征，用户可量化，用户行为形成大数据基础（数据量大、数据种类多样、实时性强、价值大等），形成非结构化特征。非结构化带来网络舆情的复杂和不完全可控性。传统媒体具有结构化特征，尽管其舆论扩散和到达率不如网络媒体，仍是非常重要节点。电视的画面传播吻合了网民的读图式阅读习惯、情绪化判断，故电视传播在舆情传播中起很大作用。

（二）心理情绪渠道

心理情绪渠道指个体间网络舆情传播渠道的最原生态的存在，包括社会话题的立场传播渠道和网络话题的情绪传播渠道。社会话题的立场传播渠道是指在网络舆情的观点和立场的传播中，报纸和广播电视的议程设置引导着社会公众的舆情走向。网络媒体偏向于个体的情绪化结构。网络话

---

① 魏超：《新媒体技术发展对网络舆情信息工作的影响研究》，《图书情报工作》2014 年第 1 期。

题的情绪传播渠道包括新旧媒体、口传、交谈、文字线索等形式，还可以通过特定主题或行业的网页。网络信息和网络舆情在共享传播渠道的基础上，呈现出各自在政治学和传播学领域的差异形态和不同机制。

二、网络舆情传播源[①]

(一) 新闻资讯网站

当某个热点突发新闻事件处于网站首页时，跟帖量可达到数万条甚至百万条。网民话语或言论形式和指向多种多样，有的追问事件真相，有的用反讽、幽默、讽刺语表达一种无奈、不满或消极的态度，还有观点对事件当事人的行为或事件本身进行评价，甚至新闻发布方式、新闻用语和报道角度都会成为网民评论的对象。从主要网站的新闻跟帖看，主要商业网站跟帖量较多，而政府主导的主流网站及地方新闻网站的新闻跟帖量较少。在网络舆情的发展中，新闻网站起到的作用有：现场记录和传播舆情事件的形成和发展；新闻报道推动舆情演变。一些重大的、突发的事件报道，还有某些现象的深度挖掘式报道，都会对舆情的演变起较大的推动作用。

(二) 网络论坛社区

网络论坛社区是非常重要的网络舆情载体。全国性的论坛如天涯社区、西祠胡同、强国论坛、发展论坛等。还有一些搜索引擎也设置了特定的论坛，如百度贴吧。此外，各大高校及地方网站也会开设各种形态的论坛，还有一些群体也会根据兴趣等聚集一起开设特定的论坛，如天益社区、乌有之乡等。

(三) 博客、微博与播客

网络博客被称为"平民媒介"，是网民拥有的话语或言论空间。网络博客类型多样，如时政博客、新闻博客、美食博客、明星博客等。博文形式也十分多样，博文字数可长可短，2009 年之后，出现了限定字数且可与其他媒介共通的微博平台。微博凭借着用户之间重重叠叠的关系嵌套，形成核裂变式的传播效应，类似于博客模式的还有专门播放音视频等影像、

---

① 方付建：《突发事件网络舆情演变研究》，博士学位论文，华中科技大学公共管理学院，2011。

音像资料的播客平台，播主将相关音视频发布到播客后，其他网民可下载、评论或观看，近年来也日益成为网络舆情的集散地。

（四）网络社交平台

网络社交平台主要以即时通信工具、社交网站等为主。网络社交平台用户数量急剧增长，平台内含的功能日渐丰富。即时通信实现了人们随时随地传播，随着社交平台参与人数的增多，在线人数增多，人气指数不断上升，一些网民将社交平台作为动员网民参与统一行动、签署意见书、公开信的基本组织渠道，网民通过参与、签名等组织行为表达对某个事件的态度、观点或认知。社交平台可能成为某个事件信息或评论的发源地，具体表现为，用户搜索信息主动关注、发布信息扩散传播、留言评论、盖楼等行为。

（五）网络游戏

目前逐渐形成或发展的还有一些新的舆情载体，其中一种是网络游戏空间。网络游戏最基本的功能是提供不同网民的游戏与娱乐，目前流行的是各种社会交往形态的游戏。现在的大型游戏可以同时有上万甚至更多的人在线游玩，且游戏玩家之间可相互交流。由于网络游戏平台具有交流信息、进行协同或沟通的功能。未来网络游戏空间会成为一种可行的组织、动员或交流新工具。

三、网络舆情的特点

1. 网络舆情形成的突然性

因为突发性，留给政府职能部门应对的时间很有限，通常的观点是，政府应对网络舆情的黄金时间是3—4小时。

2. 网络舆情的鲜明指向

网络舆情多指向当前社会的痛点，执政问题、民生问题、住房医疗和教育等领域的问题极容易成为网络舆情的高发区。

3. 网络舆情传播的符号化

符号化传播的特征一方面与网民的从众心理有关，即网络空间群体表达的极化机制使网络社群使用的语言表达风格同化。另一方面，在社会舆情中，符号化的舆论表达便于受者解码和形成认同，使二次传播依托特定框架，减少对琐碎细节的依赖，此外，符号化能激发社会集体记忆。

4. 网络舆情中意见领袖的作用显著

有研究机构对推特两个月 12 亿条信息调查：71％的信息没任何回复，0.05％的精英用户吸引了一半以上用户的关注。不同网民之间协同互动：一部分网民陈述社会现象；一部分网民展开质疑；更专业的人深度分析与讨论。

5. 网络舆情依托新老媒介互动发酵

在一些网络舆情中，事件的发酵在网络媒体，但是形成舆论风暴往往有传统媒体的助推，使事件成为主流舆论场中的焦点。

6. 网络舆情的马太效应

一个事件发生后，首先出现的某个或某类观点对后续舆论发展影响显著。前十效应：前十位网民的意见和评论决定了后续的数十甚至成千上万的意见和评论。

知识链接：马太效应

马太效应是十分重要的自然法则，广泛应用于社会心理学、教育、金融和科学领域。指强者越来越强，弱者越来越弱。一般被社会学家和经济学家们描述两极分化，尤其是财富的占有遵循富的更富，穷的更穷这一现象。老子曾说："天之道，损有余而补不足。人之道则不然，损不足奉有余"，也有马太效应中的规律。和中庸之道、平衡之道不同，马太效应更类似于二八定则。

7. 网络舆论的次生效应

从舆论的发酵、爆发再到更大的舆论风暴，出现了公众诉求点的转移，在原来的事件之外，出现了新的诉求目标，推动舆论的强度和烈度升级。这种现象产生的根源与现实社会中的泄愤事件有相似的内在机理，没有直接利益的网民借突发事件来表达对社会的不满，以发泄情绪为主。网络舆情的积极面——"减压阀"，通过互联网及早暴露矛盾，及早解决，能避免事件的扩大。从另一方面还起到温暖社会的作用，如群体间的相互取暖、良性互动。互联网舆情的消极面：放大社会矛盾，使局部问题变成全局问题。现在网民关心什么？是祖国统一、民族尊严、安全生产、食品药品安全、建筑质量、教育、医疗、社会道德、诚信等话题。

四、网络围观

网络围观就是互联网使用者在虚拟空间中对特定信息的聚焦、评议和扩散的群体行为。2010 年被称为"公民网络围观年"，重大新闻事件，无不在网络上引起焦点关注，从而被"围观"——围观不是"浮云"。[①] 新媒体让政府处于全民、全时空的"全景化围观"中，公权力成为被围观的对象。重大的网络事件发生后带动各类社会新闻事件进入围观视野。在众多社交媒介平台，以"快来围观、火速围观"为关键词的标题时常有强大的号召力。围观是网民热衷的网络参与和互动方式，还是一种比较有效的创造"舆论"和"舆论监督"手段。人们对网络围观现象的看法普遍乐观，响应较为积极，"围观改变中国"，甚至有研究用"公民观察团"一词，把网络围观主体定性为观察团。

网络围观有如下特点：[②]

1. 主体的隐蔽性和安全性

人们在网络围观中，可以指名道姓地进行批判指责，却只留下一个可以随时更换的用户名。围观者的表达方式多样，可恣意言谈，嬉笑怒骂，不一而足。

2. 无组织性

网络围观没有严格的组织纪律，只有网友们自发形成的、不约而同地表达方式和特定的话语体系。围观者散如细沙，却忽而如蚁聚。

3. 高发性和反复性

网络围观伴随着新闻、资讯和各类事件的不断发生而随时产生，并且转发、评论、跟帖等围观痕迹可以长期保留。网络围观有四个层面的动态类型：观而不语、既观且评、围观并发起新的围观、从网络围观转移到现实围观。

网络围观有如下缺陷或不足：[③]

---

① 徐迅雷：《发现"公民网络围观年"》，《观察与思考》2011 年第 2 期。

② 黄舒蔚：《网络围观现象研究》，硕士学位论文，湖南师范大学新闻与传播学院，2012。

③ 乔莉萍：《如何使网络围观现象发挥积极效应》，《传媒观察》2011 年第 8 期。

（1）存在以假乱真、混淆视听的现象。

（2）非理性发泄较为普遍。

（3）个案围观的视野狭窄，不能持续。

网络围观是网民利用网络互动对某些社会问题的普遍关注，本质上是一种舆论监督行为。因此，争夺传播的主导权变得更加重要。中东、北非的一些国家已经经历过社交媒介深度介入政治甚至军事变革的大事件。我国在近年来提出建立新型主流媒体和现代传播体系，用新技术、新应用创新媒体传播方式，占领信息传播制高点。我国领导人关于互联网的观点有："要把网上舆论工作作为宣传思想工作的重中之重来抓。宣传思想工作是做人的工作的，人在哪儿重点就应该在哪儿。我国网民有近六亿人，手机网民有四亿六千多万人，其中微博用户达到三亿多人。很多人特别是年轻人基本不看主流媒体，大部分信息都从网上获取。必须正视这个事实，加大力量投入，尽快掌握这个舆论战场上的主动权，不能被边缘化了。"[1]

五、网络舆情的发展规律

（一）自媒体成为最具"杀伤力"媒介

微博、微信、短视频等属于"自媒体"，互联网与手机等无线终端的结合，出现了事件的"现场直播"，每个人都可能成为一个事件的报道者。

（二）网络社群发展迅猛

即时通信工具（IM）、QQ、微信群、社交网站（SNS）等新媒介促进了各类社群的迅速发展，此类社群的特点有：成员间的关系以现实社会中的关系为基础，真实度高；信息以 N 次方的速度传播；有隐蔽性。此类社群还能从娱乐与交友的功能发展到介入社会公共事务的功能。

（三）论坛、博客爆料功能弱化，新闻跟帖数量减少

论坛、博客适合于深度阐述观点、剖析问题，近年来，网民爆料首选微博、知乎、微信群等新型媒体，很多知名网友退出博客入驻微博、微信、知乎等平台。

---

① 《习近平十八大以来关于"宣传思想工作"精彩论述摘编》，访问日期：2018年 7 月 22 日，http//cpc. people. com. cn/n/2014/0819/c1b4113 – 25493994. html。

（四）"无图无真相"促进播客、网络直播和短视频发展

此类媒体具有大众参与性、随时随地性、移动终端性。

（五）"全民造词运动"推动"词媒体"登上舞台

"词媒体"是指将词作为传递信息的载体，将特定时间、地点、人物、事件进行浓缩，发布到网上或传统媒体中，以便于传播，如作为年度网络热词出现的"打 CALL""尬聊""贫穷限制了想象力"等。

（六）官民良性互动格局初步形成

地方政府制度化办理领导留言板，多个省份出台文件规范留言办理，组建"网友留言督办处"，相关职能部门领导积极参加网络在线访谈。

（1）网民走出互联网，网上舆情出现向现实空间"扩散"的趋势，给政府带来更大的压力和挑战。

（2）热点事件的"关联性"话题层出不穷。在一些敏感的热点事件中，公众对事件背后的人际关系、权力影响、可能存在的潜规则保持高度警觉，有时甚至达到"过敏"的程度。虽捕风捉影，但"不幸而猜中"的情形也不在少数。

（3）商业利益渗透互联网，网络非理性情绪和非正常的群体和秩序出现，"网络水军""网络打手"介入事件，带来"群体极化"和"人肉搜索"等现象。

网络舆情通常是具有公共性、冲突性、反常性和现实性的事件，更易成为公众普遍关注的事件，引发舆论风暴，因此要找出风暴眼。一起网络事件是否会成为热点，一个判断标准便是看其在多大程度上能触发网民敏感点。此外，网络舆情还存在周期问题，即生命周期和生命力，在热点事件中，只有表达出来的态度才是舆情。发生舆情事件必然涉及多个方面，因此存在沟通的需要，舆情是在互动中形成的。

第三节　网络舆情的应对

网络突发事件发生后，2 小时内网上就会出现文字或视频，6 小时左右该事件就能被多家网站转载，24 小时左右网上跟帖就会达到高潮。但无

论怎样的社会制度，从来没有在 24 小时以内建立起国家民情应急制度。[1]
网络舆情中存在一条生态链：官员（公务员、专家）—富豪、名人—金领、高管—普通白领—草根（普通白领、蓝领）—弱势群体。在网络舆论上，越上游的群体反而越弱势，从生态链中的"官员"群体到"弱势群体"，越上游的群体在舆情中越被动。当链条上两方发生对抗、冲突、辩论时，如果只差一环，还可以进行相对公平的辩论，如果差个两三环，舆情会一边倒。在舆情事件中，反智倾向是很多部门踩中的坑。动用专家出来站台，说话的效果反而不如在暗中、背后用专家的头脑知识，让普通人面向公众。这个方法适用于这条舆情食物链。[2]

　　新媒体与舆情管理。要理解舆情，舆论场多元、突发事件处理黄金四小时原则都是应对网络舆情的一些基本观点。其中黄金四小时指新闻发布的及时性，第一时间发声，政府要第一时间处理问题，做突发事件的第一定义者。功夫在地方政府部门畅销机制的建立上。黄金 4 小时媒体主要指产生快速舆论传播的网络媒体，如微博、微信、QQ、人气高的 BBS 等，处理舆情事件存在时间压力：要在短时间内对事情做出判断、认识和评估。危机事件来临时，有风险也有机会。舆情负面事件要快报结果，慎报原因，再报跟进，4 小时内做出结果性回应，再复查原因，双向沟通，良性互动。

一、三类舆情的应对策略

不同类型网络舆情的政府应对策略：[3]

（一）弱型舆情的"淡化式"和"萌芽式"应对策略

"萌芽式"网络舆情表现出短暂的"弱围观"趋势，暂未引起网民和媒体的强烈关注，为防止网络舆情的进一步扩散、升温提供了契机，也是职能部门第一时间化解网络舆情危机的关键时期。"淡化式"网络舆情应对策略指，在刺激性事件影响不大的情况下，政府职能部门可暂不介入事

①　《互联网时代》主创团队：《互联网时代》，北京联合出版公司，2015，第 100 页。
②　范卫锋：《新媒体十讲》，中信出版社，2015，第 46—47 页。
③　王国华、冯伟、王雅蕾：《基于网络舆情分类的舆情应对研究》，《情报杂志》2013 年第 5 期。

件处置过程，使自身处于一种边缘状态。这并不代表政府不采取任何措施，而是先由事件主体自行处理，在适当时候介入，调停事件矛盾，有利于避免网络舆情过早、过多的给政府施加压力或将舆情指向转至政府。"淡化式"网络舆情应对策略可运用的具体方式主要有：

（1）政府调停矛盾纠纷，处置不合法行为。主要指涉及政府职能部门的职责时，由该部门调停事件，并对相关事件主体实施说服、奖惩、责任追究等措施。

（2）通过司法途径解决，依据法律、法规解决现实纠纷。这不仅是快速化解危机的有效方式，也彰显政府依法治国的施政策略和决心，能够较好维护政府的形象和公信力。

（3）完善相关法规政策，避免类似网络舆情的再次爆发。

（二）强型舆情的"强力式"应对策略

公众认为信息越重要，而信息越模糊不清，流言传播的速度就越快。在短暂的网络舆情爆发初期，网民对事件信息有各种质疑，尤其是政府机构作为事件的涉事主体时，一旦未能在第一时间发布权威信息，就会给谣言传播以可乘之机，继而引发负面网络舆情。因此，"强力式"网络舆情应对策略强调快速发布权威信息，表明事件处置立场和态度，回应网民质疑，抢占媒体话语权。

（1）要及时发声。第一时间公布事件相关信息对于打消网民质疑、遏制流言和谣言传播、掌握主动的话语权具有重要作用。

（2）要表明立场、态度，客观、公正的公布处置信息或结果。职能部门应着力进行事件的有关调查和处置工作，尽早公布事件处置结果，尤其应避免公布虚假信息或"护短"做法，或只表明态度不公布结果的"不了了之"做法，以免造成网络舆情的反弹，引发新一轮的网络舆情。

（三）波动型舆情的"溯源式"应对策略

一个或一些同类型刺激性事件多次、反复引爆网络舆情，可从一个侧面反映事件背后的社会热点问题，通常是一些现实社会中普遍存在的、直接关系民生的具体矛盾，虽然不会对国家政治安全等构成明显威胁，但属于社会肌体层面的潜在风险。政府对网络舆情事件所反映出的社会问题进行研究，找出症结所在，并采取有效手段解决问题，不仅能够减小此类网络舆情再次发生的可能性，还有利于提高政府效能。

"溯源式"网络舆情应对策略指对事件的追本溯源，不仅要对事件进行彻底调查，还原事件真相、追究相关主体责任，还要针对事件反映出的社会问题进行深挖，消除现实隐患。"溯源式"网络舆情应对策略主要是对波动型网络舆情而言。

二、新时期的网络舆情

社会危机常态化，舆情频发，防不胜防，发生率增大。新媒体具有信息互通、全天候监视、全民"围观"的特点，网友掌握话语表达权，"大众麦克风时代"的传播形式多样化，无时差传播的实现使传播更快、更广，出现了所谓的"雪球效应"。另一方面出现了社会失信、对立和紧张的现象，舆情同情弱者，舆情中的普通网民极易出现联想，由弱者遭遇联想自己、由此事联想彼事，社会心理认同"我们""你们"。因此要重视新时期的舆情，舆情无小事。舆情中的民意可作为政策考量基础，舆情是精神生产力和宝贵社会资源。舆情还是民情体现，负面舆情是有价值的舆情，包括"显"与"隐"的成分，要能够见微知著。舆情与媒体关系密切，提高与媒体打交道的能力，舆情不仅是应对，还要主动、全方面管理，多元素之间相互渗透，网络舆情逐渐占据核心位置。

（一）新时期的舆情

我国社会发展进入了新阶段，这是当前网络舆情发展必须要考虑的背景性因素：

（1）改革进入深水区，利益调整加速，社会整合。

（2）各个地区的社会发展不均，矛盾不同，这些问题实现了跨地域传播。

（3）传播环境变迁，当前出现了信息公开、全球化、新技术的趋势。

（4）教育水平提高、公众意识觉醒，舆情中的"倒逼机制"使得公众话语释放充分、传播形式也多样化。

（二）政府舆情

政府舆情包括的范围较为广泛，具体表现在如下方面：

（1）内容集中在政府行为不当、官员违法乱纪方面。

（2）网络上对政府批评多认同少，负面信息所占比重大。

（3）民众诉求渠道不畅、官民互动不足是出现政府负面舆情的原因之一。

（4）本是突发事件，但容易引起对政策、制度或法律的质疑。

（5）各级政府舆情管理能力不均，基层政府需要直面公众，应对舆情的能力急需提高。

新媒体时代，网络舆情的来源往往是互联网，舆论领袖存在且威力巨大。传播者、传播渠道和网络参与之间的关系复杂：

（1）年轻人更易加入讨论，批评多于认同。

（2）网民大范围参与讨论的场所有：新闻跟帖、微博，在讨论过程中，最初的信息往往被修改，新的内容被添加，个体意见被传播，谣言容易生成。

（三）舆情监测

舆情研判要见微知著、及时预警，舆情事件的发生绝非出于偶然，舆情监测指建立常态性工作机制，进行日常性的舆情监测工作，需要做的工作有：

（1）重点监测部分媒体、网站、论坛、微博、微信、知乎等。

（2）定量和定性分析相结合，关注网友言论及各种态度倾向的分布情况。

（3）进行动态性监测，分析发展态势是良性还是负面，发展速度如何。

（4）监测不是删帖，而是密切关注。

哪些媒体或网站是舆情监测重点？

（1）网络社交媒体：新浪微博、微信朋友圈、知乎等，同时要特别注意部分舆论领袖的言论。

（2）广播电视：中央级的媒体和本省主要广播电视媒体。

（3）新华社和新华网中涉及本地的报道内容。

（4）论坛：天涯、凯迪、猫扑、人民网论坛以及本地论坛等。

（5）网站：网易、新浪、搜狐、凤凰以及本地网站等。

（6）报纸：尽管传统报纸在衰落，但还是舆情监测的一个重要考量因素，尤其是涉及本地区内容的中央报纸以及本省的主要报纸。

以下情况要引起注意：

（1）新闻事件登上重点监测媒体首页或头条。

（2）单个文本点击或文末评论量超过1万。

（3）论坛或贴吧多处发现类似的信息且时间上有早有晚。

负面新闻事件中，如果被抽样的关于此事件的主帖、博文80%以上的回复与浏览比均在10%以上（即网民在论坛上平均每浏览主帖、博文100次，回复均超过10条），则说明网民对该事件关注程度高，职能部门需密切关注防止舆情危机发生。

舆情处置要及时、回应、公开、处理负面舆情事件发生后，需要：

（1）第一时间进行回应，必要时表明态度。

（2）宣布将要采取的措施，特别是调查的程序和方法，但在该时间节点原因要慎讲。

（3）与媒体保持密切联系，要快报进展，慎报结论。

（4）直面网友的疑问而不要回避，宣传口径要统一。

（5）给出最终的处理结果，如确实是相关部门或人员的责任，不能袒护。

面对舆情事件，职能管理部门应做到"三要三不要"：

（1）要心态平和，不要急躁对立。

（2）要敢于"示弱"，不要"强词夺理、争强好胜"。

（3）要主动"面对"，不要被动接受。

舆情跟踪阶段要做的工作有，密切关注、修复形象。舆情消退后，还要继续跟踪，密切关注，防止次生舆情灾害发生，也要防止网友将此事与彼事相互联系起来。

（四）网络问政

2009年7月28日晚，有网友在广东奥一网网络问政平台上发帖，指出某市工商局及辖下某区工商局在处理一起违法广告案件时涉嫌滥用职权，该省工商局办公室工作人员以"广东省工商局网络发言人"名义将相关市工商局的回复发布到网上，开政府部门"网络发言人"之先河。网络发言人缘起网络问政，而网络问政背后的动因是，日益发达的网络信息传播引发公众诉求的高涨。传统的由媒体发动公众讨论、寻求公共问题解决方案的模式发生改变。公众在网络自主发表观点、形成舆论，形成一个影响媒体、影响政府的新阶段。网络发言人集传统的新闻发布、信访、投诉、参政议政、舆论监督、社会治理、信息咨询等多种功能于一体，而功能上的完善与权威发布、及时答复则是网络新闻发言人吸引民众关注、凝聚网络人气的根本保证。

　　网络问政包括制度化形式和非制度化形式，非制度化形式包括：党和政府官员主动进行微博或网络直播，比较随意，无法常态化。制度化形式包括：开设网络问政的栏目，为公众和政府部门搭建沟通交流平台，以便咨询问题、投诉举报、建言献策；对政府而言，这些举措是倾听民声、解答疑惑、处理问题。如何做好回复？以最快速度回复，口吻亲切，不要公事公办，针对不同的情况，给予不同的重视程度，在回复中采用多种形式，如图片、表格、视频等。要用积极姿态回复，答复可以链接到其他传播渠道中，以个性化的语言形成不同发言人的风格，区别对待做好集纳工作，定期统计对信息再利用。

本章小结

　　网络舆情是指以互联网为载体所表达的公众情绪，本质是社会情绪在互联网上的公共表达。网络舆情有分散性和多样性、碎片化、自发性和时效性、情绪性和片面性等特征，从舆情发生的时间、空间及影响力度来看，网络舆情事件可以分简单事件、相关事件、分组事件、混合事件等。关于网络舆情的划分，有三阶段、四阶段、五阶段和六阶段等模型，每个模型都从不同角度分析网络舆情演进传播的特点。四阶段模型提出最早，被验证次数最多，有大量的舆情事件作为实例支持。网络舆情演进要素包括网民关注度、传播媒介、网民意见倾向、网民参与量及主管部门合理措施。网络舆论的生成发酵机制基本遵循：传统媒体报道或网友爆料—网友讨论（新闻跟帖、论坛发帖等）—形成网络舆论压力（"意见领袖"作用突出）—媒体跟进议题，挖掘新的事实（新老媒体互动）—政府应对—如不当则再掀波澜—政府解决问题和官员问责—网友注意力转移—网络舆论消解。一个事件发生后，首先出现的某个或某类观点对后续舆论发展影响显著。前十位网民的意见和评论会影响了后续的数十甚至成千上万的意见和评论。政府要第一时间发声、第一时间处理问题，做突发事件的第一定义者。舆情研判要见微知著、及时预警，舆情事件的发生绝不是出于偶然，舆情监测指建立常态性工作机制进行日常性的舆情监测工作。

关键名词

网络舆情；网络问政；次生效应；马太效应；平民媒介；决策气球

思考题

1. 网络舆情的特征有哪些？
2. 网络舆情的种类可以分为哪些？
3. 如何划分突发公共事件危机的阶段？
4. 网络舆情的基本功能是什么？
5. 网络舆情的演进要素有哪些？
6. 网络舆情的应对策略有哪些？

延伸阅读：

1. 杨明刚：《大数据时代的网络舆情》，海天出版社，2017。

2.《图书情报工作》杂志社：《新媒体环境下的网络舆情研究与传播》，海洋出版社，2016。

3. 杨国斌：《连线力：中国网民在行动》，邓燕华译，广西师范大学出版社，2013。

第十章　新媒体营销

新媒体营销，指基于网络、移动媒体、数字媒体平台进行的公关、广告、促销等营销活动，是在信息化时代、网络化环境下所开展的营销活动。新媒体营销形式主要有博客营销、播客营销、微博营销、维基百科和搜索引擎营销、视频营销、社会化媒体营销等。新媒体营销方式的出现是网络社会崛起的必然。① 新媒体营销有对话的特点，是对用户近距离的洞察，企业和用户之间是持续存在的交流关系，以此赢得用户的认识与理解。新媒体营销可以消除企业与用户之间的"中介"，使两者随时随地可以展开接触。企业和用户之间的墙拆掉了，用户可以直接洞察企业内幕，如果企业的产品或形象存在致命缺陷，无论营销技巧如何高明，都无法长久持续下去。②

第一节　特点与策略

新媒体营销以人们的社交网络为基础，使社会关系成为营销信息的过滤网，此网可以使个体获得的信息更为个性化，而基于人际网络传递的信息，更容易得到人们的信任。此外，社交媒介营销还可以利用 LBS（基于地理位置的服务），为人们在不同的地理位置和生活场景中特定需求提供营销信息。利用大数据技术对用户行为、偏好、需求等分析挖掘，提供个

---

① 刘小三：《互联网思维下的新媒体营销探析》，《互联网天地》2014 年第 5 期。
② 彭兰：《社会化媒体：理论与实践解析》，中国人民大学出版社，2015，第 41 页。

性化的信息，也成为一种常态。新媒体营销是差异的个性化营销，目的是为用户提供量身定做的信息。①

一、新媒体营销的特点

（一）目标客户精准定向

新媒体涵盖丰富多彩和多样化的载体与内容，微信、微博、博客、论坛等让每个人都可以成为信息发布者。通过对社交平台大量数据的分析，企业可以利用新媒体有效挖掘用户的需求，为产品设计开发提供更好的市场依据。

（二）与用户的距离拉近

新媒体传播的过程中，接受者可利用先进的网络通信技术进行各种形式的互动，这使传播方式发生根本变化。移动网络及移动设备的普及，使信息的实时及跨越时空的传播成为可能。新媒体营销实现了信息随时随地的传播，营销效率大大提高。以新媒体技术为基础的新媒体营销，大大降低了产品投放市场前的风险，拉近了企业和用户间的距离。

（三）企业宣传成本降低

传播状态的改变是新媒体与传统媒体最大的区别。新媒体信息发布的成本近乎零费用，对用户多为免费，这对传统媒体的内容产品制作成本造成挑战。通过社交媒体，企业能以低成本进行品牌宣传。在社交网络出现前，企业对用户直接进行宣传的难度大。

二、新媒体营销策略

（一）新媒体营销的类型②

1. 微信营销

微信在移动互联网中应用广泛，在移动互联网史上，该应用拥有最强大的用户量基础，是移动端用户使用最广的软件之一。凭借获取信息、沟通联系的方便性，智能手机挤占用户对于传统媒体乃至网络媒体的关注时间。微信公众号以及个人的微信朋友圈，都能为企业面向目标消费群体进

① 彭兰：《社会化媒体：理论与实践解析》，中国人民大学出版社，2015，第42页。
② 马智萍：《新媒体营销策略研究》，《中国集体经济》2014年第16期。

行互动营销提供切入点。

2. 微博营销

该种营销模式指通过微博平台为企业、个人等创造价值的一种营销方式，通过微博平台，企业能够发现满足客户各类需求的商业行为方式。微博的注册用户总数已达数亿，日登陆的用户数超过千万。该群体对新鲜事物较敏感，也是在网上消费较活跃的群体，购买力很强。

3. 博客营销

该模式是利用博客开展网络营销。博客内容发布在博客托管网站上，这些网站往往拥有大量的用户群体，有价值的博客内容会吸引大量潜在用户浏览，从而达到向潜在客户传递营销信息的目的。

4. 微电影营销

微电影既是加长版的广告片也是精华版的电影，它是广告，同时传递了电影的剧情。在紧张的生活节奏中，微电影如同快餐一样满足受众的某种精神需求，将营销模式变得温情而抢眼。微电影不同于商业化的影视大片，也不同于视频短片，其营销手段与效果评估与微博等类似，是介于代表大众言论的微博与商业影视作品中间的一个新媒体营销手段。

5. 社交网站营销

社交网络营销型网站是 Web2.0 时代的交流平台，企业必须把社交站当作自己的优势，因为它们有大量的免费流量。

知识链接：如何才能搞好企业自媒体①

对于"如何才能搞好企业自媒体"一事，有学者总结出一套理论："拽、酷、萌"三位一体。拽，主要是对自己产品或服务的自信，要有一种"我的东西就是好"的强烈地、不断地明示或暗示。酷，主要是为了迎合潮流，即便很传统，很古老的东西，也要做出酷感出来：怀旧可以是一种酷，酷说到底是一种时尚，大多数人会追寻符合时尚的东西而拒绝已经不够时尚的物件。萌，品牌偶尔卖萌还是很有必要的，有时候在无关紧要的地方还可以适当自嘲，主要是为了稍许冲淡一下"拽"的感觉。在拽、酷、萌三个维度中，拽的基石是实际的产品和服务；酷的目标是形象工

---

① 范卫锋：《新媒体十讲》，中信出版社，2015，第60—61页。

程；萌侧翼掩护以及打造亲和力。很显然，最重要的是实际产品和服务。

（二）网络媒体中的广告形式

多数网站会在页面中设立一定数量的广告位，允许广告商在这些位置投放广告，包括视频广告在内。有些网站在用户登录或退出的页面也提供广告位。这些广告位可以在各类用户的页面看到，且强制性较强，是一种硬广告形式，效果也较为明显。[①] 具体的形式有按钮广告、通栏广告、竖栏/摩天楼广告、悬浮广告、对联广告、背景广告、跨栏广告、背投广告、弹出式广告、SNS社区广告、游戏内置广告、流媒体广告、QQ对话框广告等形式，其中最常见的有：

1. 文字链（Text Link）

以一排文字作为一个广告，点击可以进入相应的广告页面。这是一种对浏览者干扰最少，但却较为有效果的网络广告形式。有时最简单的广告形式效果却最好。一般媒体首页、频道首页、内容页、客户端均有，文字链一般在10～20字符之间。

2. 弹出式广告

在用户在请求登录网页时，强制插入一个广告页面或弹出广告窗口。类似电视广告，都是打断正常节目的播放，强迫观看。此类广告有各种尺寸，全屏/小窗口，静态/全部动态等各种形式都有，互动程度有所不同。浏览者可以通过关闭窗口不看广告（电视广告无法做到），有软件工具可屏蔽弹出式广告，此类广告不能保证被所有浏览者看到。

3. 赞助式广告

表面上看更像网页上的内容而非广告。在传统媒体上，此类广告都会有明显的标示，标出这是广告，而在网页上通常没有清楚的界限。典型的栏目赞助形式有：一般媒体首页；频道首页各个板块的"页卡"中，以新闻频道居多；遇大事件的新闻专题，如两会、奥运、世界杯，其专题内的各个板块也有诸多栏目赞助。

4. 富媒体广告

随着技术进步以及消费市场的成熟，出现了具备声音、图像、文字等多媒体组合的媒介形式，人们普遍把这些媒介形式的组合叫作富媒体

---

① 彭兰：《社会化媒体：理论与实践解析》，中国人民大学出版社，2015，第212页。

（Rich Media），以此技术设计的广告叫作富媒体广告。弹出式、浮动式、互动式、flash、Java、3D、视频等富媒体广告的出现，丰富和扩展了传统电视广告的视听表现和想象空间。

在传统媒体广告收入持续下滑的情形下，我国互联网广告收入远远超过电视、广播、报纸、杂志四大传统媒体广告收入之和。与 BAT 中广告收入高速增长形成鲜明对比的是，门户网站的广告收入出现了较大幅度的下滑。

知识链接：原生广告①

原生广告又叫定制广告，是为企业定制"疯传"的内容产品，该模式出现的较早，传播主体多元，如微博段子手、大 V 营销号，但是这类内容调性和品质无法保证。其余的像《中国新闻周刊》旗下的"有意思网"，其原生广告已经成为一种盈利模式。视频媒体同样也可以考虑用视频为广告主制作原生广告，YouTube 是最早试水定制视频原生广告的品牌之一。广告主赞助的内容将显示搜索结果的前端。BuzzFeed 动画公司则组建了一个专门为各大品牌拍摄赞助视频的创意团队。越来越多的广告主开始放弃冠名广告模式，转而将目光投向原生广告。

第二节　"双微"中的营销

微博是微博客（MicroBlog）的简称，又叫"一句话博客"，用户将看到的、听到的、想到的事情写成一句话（不超过 140 个字），或发一张图片，通过电脑或手机随时随地分享给朋友。微博是发展最为迅猛的互联网业务之一，新浪微博 6 个月的时间注册用户超过 2 900 万。

知识链接：微博时代到来

2007 年，做啥网正式上线。
2009 年 2 月 8 日，嘀咕网正式上线。

---

① 腾讯传媒研究院：《众媒时代：文字、图像与声音的新世界秩序》，中信出版社，2016，第 219—220 页。

2009 年 5 月，同学网进军微博领域。

2009 年 5 月底，9911 微博客正式上线。

2009 年 6 月，Follow5 上线，同年 8 月开始正式测试。

2009 年 8 月，新浪微博开始内测。

2009 年 11 月，百度 i 贴吧推出。

2009 年 12 月，搜狐微博上线。

2010 年 1 月，网易微博上线内测。

2010 年 4 月，腾讯微博启动对外小规模测试。

一、微博营销

（一）微博营销的特征

1. 个性化

微博简短的表达形式，降低了普通大众发布信息的难度。符合自媒体易操作、门槛低的特点。与手机打通，使得微博具有随时随地应用的优势，同时，微博传播最大程度张扬了传播者的个性。

2. 表达自己

微博最主要的用途是自己写，其次才是分享和关注。博客虽具备这样的特征，但对写作能力的要求限制了博客的产出量，在信息生产能力上，"短、平、快"的微博更能满足大众化的需求。

3. 平民化

尽管在推广期间，借助名人的影响力可提高微博的市场认知度，但追星或作秀，不是微博的主流，其生命力应该是为普通人提供表达、分享和沟通的平台。

4. 立体化

借助多媒体技术手段，用文、图、视频等多方位、立体的形式对产品进行描述，使潜在消费者能更形象直接地接受信息。

5. 高速度

一条关注度较高的微博在互联网及与之关联的移动终端上发出后，很短时间内就可抵达每个角落，实现即时化传播。

6. 便捷性

发布信息的主体不必经过烦琐的审批流程，从而节约了大量的时间和经济成本。

7. 广泛性

微博是一种病毒式传播，影响面广泛，名人效应能够使事件的传播量呈几何级放大。

（二）微博营销策略

内容营销：微博是快速传播最便利的工具之一。最能影响用户的内容会得到广泛传播，尤其是通过视频、图片等传播手段展开，更容易与用户达到情感上的共鸣。

意见领袖：网络上没有权威，但是有意见领袖。该群体在女性、互联网、美食、体育、旅游等领域掌握着强大的话语权，影响着海量的围观者，如果想让品牌、产品传播快，一定要关注意见领袖，引导意见领袖去讨论，传播产品。

活动营销：微博最善用免费、促销的营销模式。免费的东西和促销活动对消费者有很大的吸引力，但这也是建立在产品质量保证的基础上的。微博使该方式更为方便，且传播迅速蔓延。

情感营销：品牌的塑造不仅包括产品、符号、个性等方面，更重要的方面就是企业本身。在社会化媒体普及之前，企业一直以空洞、刻板的形象示众，消费者难以直接和其沟通。微博的沟通能力和亲和力很强，此种方式能深入用户内心，企业能调动用户参与其中，用情感链条连接起来品牌的影响力。

微博是一种社会化传播，其正确的目标是粉丝经济，进行微博营销要做到：明确社会化传播目标；发挥传播内功：活动产品化，产品活动化；借助传播外力。传统媒体的传播主导权消解，新媒体时代内容和用户同等重要，消费者用转发、分享和赞来参与内容传播。企业要善于制造话题，借势传播。"100个销售代表，抵不过一个优秀的杂志主编"，因此，有专家甚至建议，每一个大公司都去挖一个杂志的总编去当公司的网络部总管。

📖 **知识链接：微博营销的四个点**

痛点：抓住目标人群的真正诉求和底层需要，具体表现在说有温情话。

笑点：有趣，代表互联网精神。可以充分利用娱乐化。在互联网上不仅要做一个"有意义"的人，如模范标兵，还要做一个"有意思"的人。

泪点：感动常在，体现了善意和爱。

热点：品牌善于结合热点创造内容。具体的形式有事件传播、体验传播、话题传播、名人传播等形式。

图 10 - 1　微博营销的四个关键节点（图片来自网络）

二、微信营销

（一）微信营销理念

1. 内容为王

微信自媒体数量众多，内容冗杂。为脱颖而出，大量的微信自媒体运营者开始注重优质内容的生产，尤其是原创内容，直接体现就是推送的文章从"以量取胜"日益变为"以质取胜"。

2. 多平台发展

微信自媒体在运营过程中不能仅局限于单一渠道，而应该主动跟其他平台合作。因为仅仅依靠微信很难实现长远的经济效益，自媒体平台的种类繁多，不少都是比较大而且比较成熟的平台，运营者可以选择和这些平台合作，从而提高自己的品牌效益。

案例链接：

作为财经作家出身，吴晓波曾尝试过写博客，玩微博，但最终目光还是落在了微信和视频这两个平台上。"吴晓波频道"是他在微信平台上进行内容发布的自媒体，包含了视频、专栏和测试等一系列的功能。视频部分选择爱奇艺这一平台，每周四更新。吴晓波频道采用的是"公号＋视频"的模式，在微信和爱奇艺上双管齐下。不仅如此，吴晓波先后投资"餐饮老板内参""酒业家""12 缸汽车网""豚鼠科技""B 座 12 楼"

"十点读书""灵魂有香气的女子"等自媒体大号，不同于 Wemedia 的运营思路，吴晓波是希望在每个行业寻找一个"独角兽"，通过资本联结形成"微信矩阵"。

3. 人性化服务

微信自媒体"人性化服务"的运营理念主要与其面向的人群有关。微信的核心价值在于覆盖的人群，想要增强用户与微信自媒体的黏性，与用户互动是必然。在与用户互动的过程中，人性化服务是重中之重。运营者最常用的做法就是设置自定义菜单，或者进行二次开发，让自己的服务嫁接到微信自媒体上。

4. 产品化发展

微信自媒体产品化发展的运营理念有两种含义：开发出微信渠道之外的产品；像运营产品一样运营微信自媒体。

（二）微信营销的类型

按照盈利模式的不同，在微信公众平台上进行运营的模式大概有六种：①

1. 基于内容的广告模式

该模式是最流行的一种模式，同时也是目前自媒体最直接的盈利方式。首先，微信自媒体既可以通过商务合作出售相关广告位，也可以抱团请专业团队来负责商务合作，整体上管理广告的分配。其次，广告植入的方式多种多样，既可以通过硬广告和软文的形式直接植入，可以通过超链接将用户的注意力引导到第三方平台，实现广告的目的，进而从中受益。微信自媒体的广告形式多样，但无论哪种形式，内容的质量都必须有保障，不然广告就不能持续、盈利也无法保障。

---

① 张莉芳：《微信自媒体运营模式研究》，硕士学位论文，黑龙江大学新闻传播学院，2016，第22—33页。

案例阅读：①

微信朋友圈首批广告正式亮相，包括宝马中国、vivo 智能手机和可口可乐。朋友圈广告以类似朋友的原创内容形式展现。首波第二批登陆微信广告的将是 OPPO 和福特。不难看出微信广告前期非常青睐"手机＋汽车"的黄金组合，这个组合对有潜在消费能力的用户，可以从上到下地毯式地覆盖。此外，据说微信选择的偏好也正是高科技（汽车、3C）和奋斗梦想。

2. 基于粉丝的社群模式

当下已是社群经济时代，微信的运营离不开社群经济的支撑。基于粉丝的社群模式，是当下大多数微信自媒体的立足之本。所谓社群经济，指在社群上发展起来的一种新的经济模式，依靠的是社群里人与人之间的相互关系和社群情感进行产品营销。② 社群媒体的威力强大，它可以在一夕之间迅速强化或摧毁品牌，不论个人或企业形象皆然。其实，维系一个社群的关键在于相同的价值观，微信自媒体每一次信息的推送都是在传递它自身的价值观，通过不断与用户互动，不断有人被它传递的价值观吸引而加入到这个微信自媒体的社群里。

知识链接：社群形成基础和 1 000 用户理论

1. 社群形成基础③

克莱·舍恩在《无组织的组织》一书中这样阐释社群形成的基础：

第一，共同的目标：社群需要拥有一个共同的目标或者纲领。基于这些共同的愿景，可以将人群进行有效区隔，从而让"对的人在一起"。

第二，高效率的协同工具：在移动传播时代，因为拥有微博、微信等实时工具，让协同变得非常容易，人们可以随时在线上分享和交流。

---

① 未将龙殇：《可乐命操着宝马心下 一波微信广告独家调侃》，访问日期：2018年 7 月 26 日，http://mobile.yesky.com/9/46697009.shtml。

② 腾讯传媒研究院：《众媒时代：文字、图像与声音的新世界秩序》，中信出版社，2016，第 73 页。

③ 腾讯传媒研究院：《众媒时代：文字、图像与声音的新世界秩序》，中信出版社，2016，第 73 页。

第三，一致行动：基于前两个因素，一致行动变得相对容易，而一致行动也反过来促进了社群的稳固。

2.1 000 用户理论

凯文·凯利在《技术元素》中提到："创作者，比如艺术家、摄影师、演员、设计师等等只需要 1 000 名忠实粉丝便能生存下去。"这就是所谓的 1 000 个铁杆粉丝理论。按照凯文·凯利的观点，只要接触的人足够多，这些创作者的价值也就越大。但这是一个循序渐进的过程，1 000 个铁杆粉丝就意味着粉丝的数量会发展的更多，会达到 1 万、10 万，甚至更多。

3. 基于活动的赞助模式

微信自媒体收取赞助费，一是企业对其举办的活动进行赞助，赞助可以是直接的资金支持，也可以是活动场地支持，或者是活动所需其他物资上的支持，作为回报，微信自媒体提供适当的资源置换；二是微信自媒体无偿收取企业的产品作为对会员的福利。

4. 基于产品的电子商务模式

此模式是当下微信自媒体运营者在广告模式之外最为推崇的盈利模式，所谓基于产品的电子商务模式，主要是指基于微信自媒体平台，结合媒介的传播属性和用户属性打造出一系列的产品，在微信自媒体上开设自己的店铺或者商城，这类模式又被称为自媒体微商。不同于普通微商的是，自媒体微商是基于自媒体展开的，用户具有一定的自主性，朋友圈不会出现"常常被刷屏"的现象。

5. 基于线上的线下收益模式

线下收益是微信运营者取得大量粉丝后，在线下举办一系列的活动，通过门票或者其他方式实现价值变现的收益方式。当用户被微信自媒体的专业性吸引时，运营者可抓住时机举办线下活动，比如培训、课程或其他一些提高专业技能的活动，在成功举办线下活动或课程之后，微信自媒体实现赢利的目的。在微信自媒体举办线下活动的过程中，不仅虚拟的粉丝实体化，实现由虚拟粉丝到社会人的转变，部分社会人因为活动的缘故也有转变为虚拟粉丝的可能性。

案例：

微信公众号盈利模式的创新

1. "打赏"：一种基于情感互鸣的盈利方式

"打赏"其实并不是新鲜的名词，而是在民间传统里长期存在的。熟悉相声的人都知道，在相声诞生最初的那些年里，其实是没有"门票"的，都是先说然后再给钱，给多给少全看客户们的意愿，这其实就是"打赏"。街头艺人们大多都是依靠打赏维持生计，即便是那些知名艺人，比如清末时候那些京剧大师们，靠着卖票收入也不能维持奢华的生活，更多的收入来源还是达官贵人的"打赏"。而罗振宇自称是一个手艺人，他曾在网络视频脱口秀中说过这么一句话："古时候有很多有钱人，自己明明有一双眼睛，但自己不读书，他们雇别人来读书给自己听。从今往后，我就是您身边的这个读书人，读书是一件很苦的事，所以我的口号是：死磕自己，愉悦大家，这就是我的罗辑思维。"罗振宇的手艺便是成为用户身边的读书人，分享知识和乐趣。由此，罗振宇把通过会员招募从喜欢罗辑思维的用户处获取赞助的盈利方式称为"打赏"。罗辑思维在2013年的8月和12月分别进行了两次会员招募，均被称为"史上最无理"的会员招募。之所以如此，是因为罗辑思维并没有给出会员们太多的利益承诺。

2. "团要"：一种互利的广告传播方式

在罗辑思维知识社群通过会员招募的形式创建起来形成了一个品牌并取得了一定的社会影响力后，"团要"——一种新的盈利模式就产生了。商家把自家产品以"赞助"的形式赠与"罗辑思维"的会员们，这便形成了一种互利的局面：对罗辑思维的会员而言，得到了福利，对商家而言，获得了广告效应和口碑效应，如此一来，也有利于知识社群的品牌进一步推广。这其实是一个多方共赢的局面。黄太吉的10万份煎饼也是"团要"而来。"团要"比利用"强制相邻关系"的传统广告更有效，推荐和信任将构成未来互联网社会的基本组织形态，因为交流的成本越来越低。"团要"的方式看似是商家做了亏本生意，实则是做了一个新颖的"广告"。

3. "众筹"

社群经济的底层密码就是让一群协作成本更低、兴趣点更相同的人结合在一起，共同抓住这个时代赋予人们的机会，打造"所有会员为所有用户服务的众筹平台"。众筹，翻译自国外 crowd funding 一词，即大众筹资或群众筹资，香港译作"群众集资"、台湾译作"群众募资"。众筹由发起人、跟投人、平台构成，具有低门槛、多样性、依靠大众力量、注重创意的特征，是指一种向群众募资，以支持发起的个人或组织的行为。一般而言，通过网络上的平台联结起赞助者与提案者。群众募资被用来支持各种活动，包含灾后重建、民间集资、竞选活动、创业募资、艺术创作、软件、设计发明、科学研究以及公共专案等。①

6. 基于衍生品的 IP 增益模式

该方式主要体现在对微信自媒体的多次整合上，通过出版图书、开发衍生品等方式，微信自媒体将实现自身价值的多次收益。首先，基于微信自媒体的粉丝实现广告、赞助收益等，这给自媒体带来首次增值。其次，在自媒体通过优质内容壮大之后，运营者通过资源整合，将其包装成一个产品进行售卖，比如在线下出版发行图书，这是微信自媒体内容的二次增值。最后，微信自媒体人还可以凭借视频、微信公众号、纸质图书获得已有品牌，设计出一系列衍生品，比如一些富有特色的文创产品，设计者可以根据自己对产品的理解，将微信自媒体本身的一些精神融到一些艺术品或者生活用品之中，运用一些新奇的元素、符号满足粉丝的好奇心。

三、短视频营销

无论是工具型、资讯型还是社交型短视频平台，主要的商业模式是以内容生产为主，最常见的是原生广告等形式的内容营销，社交短视频目前有六种典型的营销策略：②

1. 短视频上的营销策略

（1）短视频原创——自带流量的私人订制。

（2）冠名植入搭载流量。

（3）短视频分发，集结一切精准流量。

---

① 周路：《自媒体的运营策略研究——以罗辑思维为例》，硕士学位论文，江西师范大学传播学院，2015。

② 徐志斌：《如何利用短视频，精准营销引爆市场?》，访问日期：2017 年 10 月 19 日，http://www.sohu.com/a/198888558_ 114819。

（4）活动直播，线上传播新标配。

（5）视频电商，全新电商导流渠道。

（6）超级广告王，粉丝经济和网剧的再融合。

2. 短视频的营销价值

（1）聚焦圈层，深度沟通。每一个视频自媒体 KOL（意见领袖）的背后，都聚合一个能量磁场。拥有共同标签的人，会因为兴趣、爱好、关注而集合在一起。找到自带粉丝和流量的他们，也就找到与目标用户沟通的渠道，能够快速提升品牌认知和信任。

（2）融合场景，升华情感。短视频营销发生在特定场景里，真人出镜、真切表达、真实情感。不再是单纯植入，而是围绕产品、品牌及自媒体原有的风格调性去生产原创内容，原生传递，能更完整的展示品牌、产品，引发用户的共鸣和讨论。

（3）声画结合，创意众包。短视频内容容易制造分享，制作成本较低、制作周期较短，改变了传统视频营销难以大规模使用和扩散的难题。优质 PGC 和 UGC 内容创作者的出现，更是赋予了品牌、产品千人千面的解读机会，让品牌能在短时间聚焦声量，形成话题。

（4）长尾效应，易于扩散。用户大量的时间会停留在短视频，对于广告投放来讲，这很有价值。如果能够按照用户的语言方式做对应的投放，就能积聚大量的用户。其中的关键问题是产品对应了什么样的人？用什么语言方式表达他们的诉求？产品是不是满足了这个诉求。

知识链接：短视频与原生广告

短视频催生出了"广告即内容"的概念，从三个层面确保广告在短视频中成为一段有意思的内容，即原生。所谓的三个层面，首先是内容原生，这代表了内容的变革。由于短视频具有轻量化、碎片化的特点，制作上也未必需要高昂的成本，因此，直接将广告做成视频内容，对于广告主而言，可操作性极强，并且很容易吸引用户观看，效果更好。曾经 Facebook 上疯传的康恩都乐超级碗广告就是典型的内容原生。康恩都乐在美国橄榄球超级比赛的中场休息期间，投放了一支短视频广告，这支广告讲述了都乐的"咖啡队"如何打败"奶昔队"的过程，广告本身就是一个有趣的搞笑视频，这一视频最终也被美国用户在 Facebook 上主动传播，引起了不小的轰动，传播效果惊人。

内容原生广告与植入广告的不同之处在于，它不再单纯地植入品牌，而是围绕产品去生产内容，让内容成为产品的广告。在此基础上，形式原生是第二步，也就是让广告与内容的界限变模糊，从技术上实现"广告即内容"。如果说内容原生解决的是"相关性"，那形式原生想要实现的就是"拟态化"。通过对用户阅读环境的模拟，使广告隐藏于用户的阅读体验中而不易被用户第一时间识别。比较常见的形式原生是信息流广告，将广告融入信息，成为被阅读内容的一部分。今日头条在信息流的基础上，还提供了开屏和详情页两处点位，可以说这是针对越来越恶劣的广告环境所作出的改变。这种形式能使广告更容易捕获用户的注意力。形式原生广告多少有点儿"变色龙"的意味，善于改变"肤色"来模拟周围环境，保护自己安全的同时，还能捕捉"猎物"，似乎天生为恶劣的广告环境而生。从短视频营销内容生产上，要抓住最优质的原创内容；从分发上，要找到最合适的分发渠道；从消费上，最深入地挖掘用户需求，让内容真正抓住用户；从评估上，抓取用户主动行为的数据，将用户的主动获取行为纳入效果评估中。[①]

四、新商业模式

BAT模式，指百度、阿里和腾讯三家互联网公司构建的一种商业模式，三家视频网站年营业额达到百亿量级，包括广告收费、会员付费收费、游戏点卡和在线直播等。[②]

BAT经营的共同战略是以争取最大化的普通用户群及其忠诚度为起点，经营也不偏离此大方向，这是对国情和用户整体情况的精准把握，也是尊重网络技术传播的精髓，回应普通用户民主平等的传播诉求。反观传统媒体，长期存在精英主义经营理念、群体经营主导模式、单向传播偏颇、管理体制保守等弊端，被用户尤其年轻用户日渐抛弃，广告商离去，

---

① 卞海峰：《短视频营销的三个关键：内容原生、技术驱动、用户主动》，访问日期，2016年12月17日，http：//www.woshipm.com/operate/521780.html。
② 王臣：《BAT江湖加速影视IP增值 视频网站盈利突围待考》，《21世纪经济报道》2015年11月10日第20版。

媒体行业地位下跌，难行可持续发展大计。①

五、自媒体运营中的问题

由于自媒体自身的传播特性限制以及缺乏资金，大部分自媒体仍处于亏损的状态，有些自媒体甚至因为缺乏有效的运营策略和盈利模式，不得不放弃创业之举。自媒体运营中出现的问题主要有以下方面：

（一）内容同质化严重，抄袭成风

自媒体在运营中的第一个突出问题是内容同质化和抄袭成风。以微信公众号上推送的文章为例，"1 人原创，99 人抄袭"的现象频频出现。在一些微信热门榜中的文章，不署名、不标注来源就转发的公众号成百上千，微信文章抄袭成风的例子则不胜枚举。

（二）内容更新少，粉丝量小，影响力弱

在数量庞大的微信公众号中，一些公众号呈现出内容更新少、粉丝数小、影响力弱的状况。数量上快速增长的微信公众号呈现出的问题有，缺乏运营和维护，若缺乏一定数量的粉丝作支撑，就算公众号推送信息，点击量也不可能会高，公众号的影响力也就无从谈起。

（三）盈利模式不明朗，品牌缺乏可推广性

虽然前文在阐述自媒体运营类型时对微信公众号的盈利模式有所介绍，但那只是对于部分成功者而言，大部分自媒体仍未找到能够变现的盈利模式，除了在线支付、流量加固之外，用户数量增加及线上线下互动模式仍是一大难题。无法盈利就意味着无法实现可持续发展，关于自媒体的品牌推广更是无从说起。

本章小结

新媒体营销形式主要有博客营销、播客营销、微博营销、维基百科和搜索引擎营销、视频营销、社会化媒体营销等。网络媒体中的广告形式包括文字链、按钮广告、通栏广告、悬浮广告、对联广告等形式。微博常用的营销策略有内容营销、意见领袖、活动营销、情感营销等形式。在微信公众平台上进行运营的模式有：基于内容的广告模式、基于粉丝的社群模

① 樊拥军：《BAT "三国争霸" 的传媒经济战略共性》，《传媒观察》2015 年第 4 期。

式等。由于传播特性的限制及资金缺乏，自媒体运营也存在一系列问题。

关键名词

新媒体营销；弹出式广告；富媒体；内容营销；众筹；打赏

思考题

1. 新媒体营销有哪些类型？
2. 网络媒体中有哪些广告形式？
3. 微博常用的营销策略有哪些？
4. 自媒体运营有哪些形式？
5. 自媒体运营中呈现的问题有哪些？

延伸阅读：

1. 杜一凡：《新媒体营销完全攻略》，人民邮电出版社，2017。
2. 谭贤：《新媒体营销与运营实战：从入门到精通》，人民邮电出版社，2017。

第十一章　网络思潮与社会运动

社会思潮是反映特定环境中人们的某种利益或要求并对社会生活有广泛影响的思想趋势或倾向。[①] 随着互联网及各种终端的快速发展，社会思潮的交锋越来越社会化、显性化、白热化。新媒体成为当代社会思潮传播的新场域，其兴起活跃了人们的思想，提升了民众的自主意识，加强了文化的交流、观念的碰撞，但是也对价值观、思想领域、民众的认同感产生一定程度的影响。[②] 网络思潮和新社会运动之间有着千丝万缕的关系，互联网时代，社会运动不仅指线下的群体运动，也可以是纯粹发生在虚拟空间的集体行动，或者称为"在线集体行动"，比如网上签名、网上公祭等。社交媒体有很强的动员能力，新媒体传播对于社会运动而言也有负面影响。

第一节　新媒体与网络思潮

一、网络思潮

社会思潮是一种社会意识，是对社会现实尤其是重大现实问题的反

---

① 佘双好：《当代社会思潮的内涵、特征及其研究意义》，《学校党建与思想教育》2011 年第 19 期。

② 张军、张俊华：《当代社会思潮对我国主流意识形态的影响分析》，《理论探讨》2016 年第 1 期。

映，是在社会和大众中广泛持久流行的、对于人们的思想以及生活方式有重大影响的思想潮流。传统社会中社会思潮的传播是经过三级层面传播，第一级：专业学术界，是思潮的源头，也是核心层；第二级：一般知识界；第三级：社会公众。

核心层的思想能否被第二层接受和热情拥护，是思潮能否形成的关键。传统的社会思潮传播路径是自上而下的单向传播，即社会思潮的核心层（主要包括理论专家、高级官员、社会活动家等精英群体）在考察社会心理变化的基础上，通过讨论、验证，提炼出解决社会问题、引领社会走向的思想理论，然后，该群体将制造的思想理论进行加工、改造，通过发表文章、出版专著、举办论坛、讲座等形式，向社会大众传播，由此形成社会思潮。在这种"传播者本位"的传播路径中，多数在场受众是被屏蔽的，仅仅是作为社会思潮传播的消费者而存在。

新媒体环境下的社会思潮传播路径是中间大、两边小的橄榄式网状、裂变传播。巨大的民间传播力量在网络上消解了传统的"议题设置"。当社会热点事件出现时，各种意见的交流、对话和冲突在网上形成强烈的"舆论场"。精英群体根据点击率、回帖率、转发率把社会舆论的中心和心理共鸣的焦点整合出来，并把问题放大，造成舆论力量的互动和共振，形成强大的聚焦功能。这种强大的聚焦功能又会形成巨大的舆论冲击波，形成社会思潮传播网。此外，社会思潮的传播路径呈现裂变的特点。网络的有用性（价值）随着网络用户数量的增多而呈指数增长的趋势。分享某个话题的受众越多，整体的效能就越大。

在新媒体时代，社会思潮的传播线路主要有两种：第一种是"粉丝"线路，即传播者在网络上发布思潮信息后，其"粉丝"都可以迅速获知信息；第二种是转发线路，即某一受众转发了传播者发布的信息，该信息立即同步到该受众的好友圈里，然后依次类推，实现勾连与嵌套的裂变式传播。可见，新媒体环境下的社会思潮，扬弃了单向化、窄播化的传播路径。

二、网络思潮的主体

网络社会思潮的主体是分散、不确定的网民，且以草根青年群体为主，主要体现中青年网民的群体意识。该主体呈现四个特征：

一是去中心化特征。移动互联网时代，信息传播的结构模式由"树状"传播发展为"网状"传播。每个人都是平等参与社会思潮传播的独立个体，这改变了社会思潮从专业学术界到一般知识界再到社会公众三级层面传播模式。"树状"传播模式中的主客体关系也不复存在。

二是平民化特征。智能手机价格的平民化、移动上网资费的降低、低准入和零门槛等要素为普通用户参与社会思潮提供了广阔平台。公众渐渐由旁观者发展为社会思潮的传播者和参与者。

三是年轻化趋势。青年大学生、青年蓝领、白领以及青年农民工等成为主要的移动终端用户。同时，此类群体发声意愿强烈。相比其他群体有更多的困惑和诉求，也更容易引发对自身境遇和社会现实的思考和发声。

四是底层化倾向。移动互联网的特征和社会思潮的主张使处于社会低位人群的利益主张得到宣泄和表达。为乡镇居民、外出务工人员、低学历、低收入群体参与政治生活和社会生活提供平台。社会思潮也多以社会存在的矛盾为切入点，标榜自己为底层群体代言。

网络思潮的传播中呈现出明显的群体心态：孤独的人群、千人一面，这是当代人的处境和感受。进入群体的个人，在集体潜意识机制的作用下，心理上会产生本质性变化，像"动物、痴呆、幼儿和原始人"一样，个人失去自我意识。群体中人的个性受到不同程度的压抑，即便在没有任何外力的强制作用下，也会让群体精神代替个体精神。约束个人的道德和社会机制在狂热的群体中失去效力，会产生一种残忍、短暂但又巨大的能量。

三、网络思潮传播的特征[①]

新媒体终端多元，通过网络技术、移动技术、数字技术向用户提供信息服务。其交互性、隐匿性、共享性等特点，改变了社会思潮的传播逻辑和聚合形态。

（一）传播内容呈现生活化和交互性特征

在信息爆炸时代，一种思潮能否为广大民众所接受，不仅取决于其理论是否正确和科学，更看其是否能满足多数人的现实诉求。从社会时政热

---

① 毕红梅、李婉玉：《移动互联网时代社会思潮的传播特征及引领路径——基于主流意识形态建设的视角》，《思想教育研究》2016 年第 5 期。

点切入，与人们的现实境遇紧密衔接。教育、医疗、生态、就业、收入差距等民生问题就成为当下社会思潮的核心议题。同时这也掩藏了背后的政治意图，缺乏政治敏感度的普通民众很难将其识别。人们在现实中的政治生活和经济生活状况，也会直接影响人们对社会思潮的理解和接受。

内容的交互性现象日益明显。一方面，移动互联网的交互特性为不同思潮的交流创造了条件，各类社会思潮在网民的推动下相互碰撞交融；另一方面，社会思潮的传播者具有不同的经历和知识背景，会根据个人喜好以及对社会现实的分析和理解，对社会思潮的内容加以丰富或解构；再一方面，部分社会思潮为壮大自身力量，也会相互吸收共同壮大。

（二）传播内容的现实化、碎片化

随着微阅读时代的到来，社会思潮的传播内容由博大精深的理论体系转变为贴合现实的社会热点。社会思潮的传播内容往往汇集人生的困难境遇和社会的现实问题，容易对人们的心灵产生极大冲击。而且，社会思潮还试图从不同层面、视角来考量和解决这些现实问题，并对重大社会现象做出积极回应，使其在内容上呈现出时代化的特征。移动网民利用碎片化的时间查看、编辑和分享碎片化的内容。使人们的思想处于浮躁状态，并在无意识的情况下接受信息。社会思潮的代表人物会零碎地、看似无意地发表一些主张和观点，但多通过具有震撼性和冲击力的标题、图片和视频进行传达，会给接收者的认知和心理留下烙印，碎片化的传播方式使得社会思潮的传播频率也逐渐变高。

（三）传播方式的立体化、个性化

文字、图表、数据、声音、影像等多种媒介融为一体，是具有集成性、兼容性、立体性的通信方式。这种超文本的传播手段使大众阅读呈现出快餐式、跳跃式的浅阅读特质。当代社会思潮在传播时，往往将社会中的热点焦点问题及难点疑点问题分解成若干个经典片段，并配上戏谑诙谐的图片或短小精悍的视频，进行感性表述，以此来掩饰其背后的政治意图和意识形态内涵。这种立体式和隐蔽化的传播手段，既抚平了各个年龄代际间的知识语境鸿沟，又对精英化、规范化的传播方式进行了抗争，实现了抢占民众注意力的目的。社会思潮的传播方式彰显个性化，在新媒体时代，社会思潮的传播者多利用新媒体进行分众传播、小众传播，通过"点餐式"个性服务来吸引更多的受众，不断扩大自身的社会影响力。

（四）传播效果呈现群体差异性和双重性特征

一是传播效果呈现群体差异性。受众群体因年龄、身份、知识背景、经济地位等因素不同，导致社会思潮的传播效果和表现状态存在群体差异性。即使在同一群体内部也存在着差异。以青年群体为例，青年大学生、青年农民工以及青年白领对不同社会思潮的知晓度、认同度和影响力都不尽相同。二是传播效果具有双重性特征，即积极性与消极性并存，开放性与保守性并存，先进性与落后性并存。社会思潮对人们的影响是复杂多面的，是一把启迪与冲击并存的双刃剑。一方面，一部分社会思潮体现了人类文明发展的新成果，具有启蒙反思和批判的作用；另一方面，也应该意识到，多样化的价值观念、思想观念、行为观念之中可能存在杂念。话语流和认识流之下也潜藏了暗流。

四、网络思潮的本质

网络思潮包括社会心理、思想体系和思想运动三个结构因素。网络思潮发生发展于虚拟社会，更显错综复杂，是一种复杂的社会意识现象。它既不完全属于简单的社会心理活动，也不完全属于理论形态的思想体系，既包含社会心理要素又包含理论形态要素，在条件具备时还演化为思想运动。

网络思潮具有对社会存在的认知内容，主要体现网民的利益和要求，是以网络为载体反映网民与带有普遍性的社会事件和基本问题之间价值关系的一种社会评价活动，在一个方面或一定层次上反映网民的思想状况和所作所为。

网络社会思潮的本质是一种民众评价机制，既包括思想家们的理论成果，也包括民众对众多社会事件评价的思想成果。是一种民众评价活动，即民众"没有经过某种程序的组织"而对某些事件和问题表达意见的活动。

网络思潮还是一种用户的解读框架，所谓框架，是人们认识事物时就已存在的一种认知模式。面对新问题、未知问题，人们会依靠一种自己能接受的认知方式、解读符码和逻辑思维来理解。框架是可把各种信息组织起来的基本模板、资料结构，有助于人们思考或整理信息，也会形成刻板印象，限制人的认知行动。网络社会思潮是一种解读社会现象的框架。网络社会思潮不等于学术思想，前者的主体是民众，后者的主体是个人或少数人。网络思潮不等于政治意识形态，也不等于社会舆论。

知识链接：当代中国的几种思潮

1. 新权威主义

代表学者有吴稼祥、萧功秦等。新权威"新"在它不是在剥夺个人自由的基础上建立权威，而是用权威来粉碎个人自由发展的障碍以保障个人自由。剥夺还是保障个人自由，是新旧权威的分水岭。新权威主义认为，在民主与自由结婚之前，有一段专制与自由的调情期。如果说民主是自由的终身伴侣，则专制是自由的婚前情人。新权威主义强调的不是政体而是领袖，还强调与领袖人物配合默契的决策集团，强调英明的远见，果断的行动，排除任何障碍的力量以及高超的应变能力。

2. 后现代主义

代表学者是德勒兹、德里达等。后现代主义（postmodernism）出现于20世纪二三十年代，意识到思想和行动需超越启蒙时代范畴。从理论上难以精准下定论，因为后现代理论家，反对以各种约定俗成的形式来界定或者规范其主义。由于后现代主义的无中心意识和多元价值取向，带来的直接后果是评判价值的标准不清楚，社会理想、人生意义、国家前途、传统道德等等，在后现代主义的浸淫下变得相当模糊、淡化。

3. 实证主义

代表学者有杜威和胡适等。基本特征是将哲学的任务归结为现象研究，以现象论观点为出发点，拒绝通过理性把握感性材料，认为通过对现象的归纳就可以得到科学定律。把处理哲学与科学的关系作为理论的中心问题，力图将哲学溶解于科学之中。不仅对哲学而且对整个社会科学均发生深刻影响，实证主义社会学，在其产生后的一个半世纪是西方社会学的主流，是一种哲学思想。

4. 女权主义

女权主义指一个主要以女性经验为来源与动机的社会理论与政治运动。着重于性别不平等的分析以及推动妇女的权利和利益。该理论目的是了解不平等的本质，着重在性别政治、权力关系与性意识之上。探究主题包括歧视、刻板印象、物化（尤其关于性的物化）、身体、家务分配、压迫与父权等方面。

5. 消费主义

消费主义是一种新的消费观念和消费文化，消费的目的不在于满足实际需要，而是为了满足不断被制造出来、被刺激出来的欲望，是对符号象征意义的消费。炫耀性、时尚性和挥霍性是其特征，是一种想要被承认的欲望。新消费主义重视购物过程的享受。以网购为主要新型消费方式，具有消费的感性化、小众化、娱乐化、狂欢化、新媒体化、互动化等特性。

6. 文化保守主义

代表学者有近代的熊十力、章炳麟、梁漱溟等，当代的李泽厚等。为了应对西方文化挑战，该思潮主张以传统文化的价值作为现代化中介与民族凝聚力的基础，并在此基础上引进外来文明，实现民族稳定与文明汇合，其中新旧融合是要义。中国的文化保守主义主张以儒家文化为基础的民族主义作为转型时期的政治文化资源。

7. 民粹主义

民粹主义的英文是 populism，可译为平民主义，是 19 世纪在俄国兴起的一股表面上以人民为核心，但实际上缺乏公民个人尊严与个人基本权利观念的社会思潮。民粹主义的内涵十分复杂、模糊。有人说民粹主义是民主极端主义。在谈到民粹主义的时候，人们往往将其与"草根、激进"等关键词相联系。

第二节　新社会运动与新媒体

社交新媒体擅长口号传播，具有很强的煽动性，是鼓动街头政治的最佳工具，能促使人们将政治思想转化为现实政治行动，产生巨大的影响力。新媒体可以划分为两种类型：一是新闻新媒体；二是新型社交媒体。二者是完全不同的概念，新闻新媒体以新闻信息传播为主导，以内容吸引用户，单向度传播色彩较为明显，而新型社交媒体则借助新技术的力量，通过双向互动和即时交流，精准定位阅读用户，后者在行动感染力上更胜一筹。新媒体精准对接实际的阅读需求，将原来单一权力体系打碎之后，如果无法重新聚合到对政治权力本身的关注，那么它就注定是碎片化的、离散式的，对主流意识形态、政治权力将难以构成严重的威胁。①

一、新媒介与社会运动

网络时代的社会运动，不是争夺国家权力的运动，而是争夺人心的权力运动。互联网技术和社交网络等新媒体的发展，使各种社会运动、集体行动愈发频繁，全球范围内的社会运动在不同程度上与互联网、手机等新媒体交织，新媒体影响着社会运动的产生、发展甚至结果，对各国的政治、社会产生重要影响。

（一）新社会运动

根据社会运动的分类方法，集体行动指多个体参加的、具有很大自发性的制度外的社会行为，社会运动则指有多个体参加的、高度组织化的、寻求或反对特定社会变革的制度外社会政治行为。② 兴起于 20 世纪 60 年代末的"新社会运动"则指当前社会中出现的一系列大众抗议运动，如和平运动、同性恋运动、妇女运动、反核运动和生态运动等。与传统的社会运动相比，"新社会运动"主要表现为以下几方面特点：③

（1）运动主题。直接目标不在于为社会特定群体争取直接利益，而是更多地表达社会的普遍关注，如环保、和平、公共健康等。

（2）运动理念。终极目标是建设社会，关注社会生活的各个方面，提倡新的生活方式和文化价值观。

（3）组织架构。组织方式是非正式的，松散而灵活，由 NGO（非政府组织）而不是政党或政府组织发挥作用。

（4）运动风格。高度依赖现代大众媒介，常常通过社会营销，借助网络媒体来表达诉求和建构形象，以此来争取社会公众的广泛关注和支持，为新政策的推行创造良好的舆论环境。

（5）阶层基础。并非由社会中占不利经济地位或受压抑的少数派发

---

① 王多：《冲击力、行动力与控制力：新媒体与执政权力关系的思考》，《华东师范大学学报（哲学社会科学版）》2017 年第 3 期。

② 赵鼎新：《西方社会运动与革命理论发展之述评——站在中国的角度思考》，《社会学研究》2005 年第 1 期。

③ 刘颖：《反全球化运动：新社会运动理论的视角》，《欧洲研究》2005 年第 2 期。

起，而是以价值观和问题为基础进行的动员，有跨越阶层的性质。

移动技术嵌入到人们日常生活的结构中，使用手机联系成为社会生活的组成部分，这是 PC 机所无法实现的，也为人们行使民主权利提供了可能。在行使政治权利方面，网络原生代一般通过网络论坛、短视频、微信朋友圈或"闪聚"等新媒介，以温和的方式来表达自己的利益诉求。"新社会运动"对当代青年产生一定的正面影响：① 强调非物质性诉求和价值观，有助于青年摆脱现实主义和物质主义价值观，发现和追求物质利益之外更多的价值选项；能使青年的主人翁体验愈发强烈，提升政治参与意识；主张理性表达和合法操作，在制度化的范围内解决矛盾和问题，不支持暴力手段实现价值目标；能提升青年的法纪意识和规则意识，当然公共意识的培养应该在制度框架内进行"体验"与训练。

（二）新媒体的角色担当

新媒体交流和联系的力量让社会运动变得异常简单，直接影响政治生活，其在社会运动中的角色如下：②

1. 舆论斗争的新力量

（1）新媒体是集体行动的催化剂。新媒体时代是赋权的时代，新媒体正在让传播权利转变为传播权力。新的信息技术赋予个体以传播的权利，无数权利的汇集变成具有影响力的权力，让集体行动简单化。在社会运动中，新媒体发挥了最重要的信息传播、宣传鼓动和组织联络作用。新媒体的信息传播可以提供参与的道德合理性基础、限定程序、共享意识和理性抉择等，使集体行动成为一种可能，新媒体还是意见分享、信息传播和集体行动的场所。

（2）舆论斗争的重要平台。在互联网和社交网络时代，无论哪个国家出现群体行动都不会令人意外，因为任何一个国家都存在社会问题。重要的问题是如何对待人们的不满，如何疏导被压抑的社会情绪，是未雨绸缪，着手改革，引导舆论，还是更为保守消极、疲于应对？

---

① 杨雄、雷开春：《"新社会运动"视野下的青年集体行动》，《青年探索》2016年第 1 期。

② 赵春丽、朱程程：《新媒体在转型国家社会运动中的角色及启示——从"阿拉伯之春"看新媒体的政治角色》，《社会主义研究》2015 年第 2 期。

2. 新媒介革命有双重性

组织、政党、领袖、纲领、资金、时间等这些传统的社会运动必需元素，新兴网络媒体的出现使这些都不再是必需的，因此，新媒介革命又被称为"五无革命"：无组织、无纲领、无领袖、无资金、无时间的准备。新媒体革命也造成了一些国家的社会动荡、宗教教派纷争、民生更加艰难等问题，体现在这些国家的抗议游行过程中发生了大量暴力性、破坏性的群体性事件。通过新媒体，短时期内消极信息大量爆发，网络中产生的噪声使人难以分辨真假。而且，社交媒体也可以放大错误信息，在网络空间无休止地重复错误。

3. 新媒体并不决定社会运动的发生和根本走向

如果不把政治环境考虑进去，就很难理解社会媒体在集体行动中的角色，虽然在"脸书革命、推特革命"中，新媒体似乎起到决定性作用，一些研究者也把此次革命发生的原因归结为新媒体力量。但是数字媒体本身并不会产生革命，过多地强调社交媒体的作用，就会把其影响神秘化，而忽视在前互联网时期社会抗争与反抗的历史根源。大规模的新媒体使用贯穿于重大的抗议活动的整个过程中，是政治环境决定了新媒体所能起的作用和所承担的角色，而不是相反。

二、新媒介与政治参与

2010 年以来，发生在西亚、北非等国家和地区的以民主转型和经济社会平等为主旨的社会运动，引发了社会动荡甚至政权更替。突尼斯"茉莉花革命"、埃及革命、伊朗选举危机、占领华尔街等类似的运动不断上演。与以往不同的是，这场大规模的社会运动又被称为"推特革命"或"脸书革命"，如英国《卫报》把伊朗德黑兰选举危机称为"twitter 危机"和"twitter 革命"。其主要原因便是，担负着重要的政治动员和组织角色的是Twitter、Facebook、Youtube、Wikileaks 等社交媒体，并在运动中发挥巨大的作用。社交网络强大的政治传播和组织动员功能逐渐被人们认知。我国近年来社会群体性事件频发，新媒体在不少事件中起到了极其重要的组织和动员作用，因此又被称为"新媒介事件"。

就新媒介技术对政治参与或社会抗争运动的影响而言，一般分为三种类型：动员结构、政治机会和框架化。动员结构是指组织参与社会的机制；政治机会一般是指发动政治参与或社会运动的自主空间；而框架化则指对事件进行定义和阐释的能力。

（一）新媒介与政治参与

阿尔蒙德认为政治文化有三种大的类型：[1]

（1）蒙昧型政治文化。在此种文化中，公民既不向政府表示自己的愿望和要求，也不关心政府的政策和法令。

（2）服从型政治文化。公民尊重并执行政府的决策，但缺乏政治参与和向政府表达利益诉求的意识。

（3）参与型政治文化。与现代民主政治相适应，公民愿意参与社会公共事务，同时对合法的权威亦有充分的尊重，"参与"是政治文化中的核心要素。[2]

网络政治参与则是公民以网络为途径和工具介入政治生活领域，参与议决公共事务、制定公共政策、监督政府运行，从而影响政治体系的生存方式、运行规则和政治决策过程。我国公民的网络政治参与既有"制度内的参与行为"，也有"制度外的参与行为"。从社会风险的角度来看，"制度外"的事件参与更受关注，尤其是社会影响力较大的集体行动事件。

新媒体既挑战现在的权力格局，同时还引发新的政治秩序、新的群体组织和新的结合。21世纪以来，不论是新媒体，还是新媒体与社会动员的互动机制都日趋复杂化。2001年，菲律宾马尼拉发生要求总统下台的集体抗议，这是首次由社交媒体扮演重要角色的政治抗议，当时的新媒体是手机短信。2010年，在阿拉伯地区，以移动互联网为基础的各种社交媒体引发大规模的街头示威，并在不同领域展现动员力量。在埃及，导火索是一段警察贪污腐败的视频和被害人尸体的手机照片。网络上照片的传播和facebook上抗议群体的形成最终导致了街头抗议。接着抗议的细节在Twitter和facebook上被广泛传播，行动者长达12页的行动指南也通过电子邮件被传播出来。在突尼斯，一个年轻人因抗议自己的水果店被征收而自焚的行

① 蔡立辉：《论公共管理的特征与方法》，《武汉大学学报（哲学社会科学版）》2002年第4期。

② ［美］加布里埃尔·A·阿尔蒙德、小G·宾厄姆·鲍威尔：《比较政治学：体系、过程和政策》，曹沛霖等译，上海译文出版社，1987，第37页。

为引发游行活动。此后，行动者在不同的社交媒体进行传播，大约有两百个街头抗议者通过 Twitter 发布消息，而在 facebook 上讨论的人数后来也达到 200 万人。一段首先在 facebook 上传播的抗议视频，接着由半岛电视台向阿拉伯观众播放，可见社交媒体并非只是直接向个人传递信息，还通过传统媒体向更广大人群传递信息，对现实世界的变革产生更大影响。

在新媒介时代，互联网使用者形成一种网络政治共同体，即在某种共同的兴趣或者相似的利益诉求的凝聚下结合成某种群体。"网络政治共同体"主要可以分为两类：一种是现实社会中的政治群体的网络化，另一种则是网络世界中凝聚起来的政治群体。专门的政治类网站、时政论坛、政治博客等，促成了网络政治共同体。公民利用新媒体进行结社或集会活动则节省了很多机会成本，而获取的政治信息却远比利用传统媒介丰富得多。人们可以在不违反法律的前提下，在新媒介平台上便捷地结社或集会，进行讨论和协商，这些都能够降低公民政治参与的成本，提高其政治参与的积极性。

新媒介时代的社会运动存在两种逻辑：一是高度组织化的、形成集体身份和认同的"集体性行动"的逻辑；二是建立在媒体网络中共享基础上的"连结性行动"逻辑。数字媒体的引入并未改变"集体性行动"的核心动因，但却改变了"连结性行动"的核心动因。新媒介对政治参与的影响力与新媒介的内容结构和技术演变密不可分。新媒介是政府了解民意和观察舆情的窗口，同时也使得公众对政府和官员的监督更加及时和有力，使政治生活更透明。新媒介已成为跨越不同领域、覆盖不同群体、超越传统媒体的全新平台。①

知识链接：

奥巴马 2006 年年底宣布参加总统竞选时，直接面对无数底层民众。竞选团队利用互联网所有的社交工具，在这个网民占人口比例最高的国家展开宣传攻势，社交媒体上的主页、视频网站中的视频、电子邮件的发送、竞选网站的回复等，时刻扩散着这位竞选人的声音和动态，那些曾经难以

---

① 素年锦时：《"阿拉伯之春"中的传媒因素探究》，访问日期：2018 年 7 月 25 日，http://blog.sina.com.cn/s/blog_5e5c15b501011lpj.html。

捕捉的赞成、反对、犹豫，更成为团队调整策略的重要依据。网友用千万人的照片组成奥巴马头像、女网友制作的"我暗恋上了奥巴马"视频、众人用竞选标志设计的百款图案、来自网络的创造者们簇拥着美国第一位非洲裔总统候选人……前美国白宫数字新媒体事务总监说："这位总统深知技术的力量，人们必须联合行动，在过去的 5 到 7 年，多亏了这些技术工具，我们见证了这种合作的爆炸式增长。"①

在动员结构中，社会组织不再成为动员的最重要构件，其地位与作用弱化。新媒体作为直接动员的平台，在抗争的组织过程中开始发挥重要作用。比如一些以普通民众为主体的抗争事件，目前多数以论坛或者微信朋友圈作为最主要的组织形式，而不是依赖现实生活中的社会网络（如熟人关系）。尤其是当某些事件抗争初期的组织化抗议受到压制时，参与者往往发展出"无组织"的策略，这种策略与新媒体的传播方式恰恰是契合的。②

"网络串联示威"开始出现。在已经发生的"网络串联示威"案例中，网络社交媒体具有任何一种媒介形态都无法比拟的动员力和可及性。比如在伊朗大选、颜色革命等一系列事件中，Youtube、Twitter 等社交媒体成为煽动群众、联络组织的主要工具。新媒体技术的广泛使用使网络舆情的形成更加非理性化，群体性事件更容易在网络爆发并蔓延到现实社会生活中去。③

信息中下阶层引发的新媒体事件和中产人群有很多不同：前者基于"生存性需求"的比重大，个体被动的事件减少，同时群体主动的事件增加。从侧面说明该群体推动集体协商已有相当成效。至于中产人群眼中的事件，则折射出权力与资本的纠缠。中国的新媒体事件已经有 20 多年的历史，其中前十余年存在的问题不太明显。网上话语与网下行动，包括社会组织行动，在 2010 年前的大部分时候相辅相成，新媒体事件，包括各次

---

① 《互联网时代》主创团队：《互联网时代》，北京联合出版公司，2015，第 95 页。
② 邓力：《新媒体环境下的集体行动动员机制：组织与个体双层面的分析》，《国际新闻界》2016 年第 9 期。
③ 魏超：《新媒体技术发展对网络舆情信息工作的影响研究》，《图书情报工作》2014 年第 1 期。

PX 事件和微博打拐，都有网下的实体部分。参与者都不只是诉诸口号，而且还发动了线下集体行动，有时成功扭转公共政策和企业行为，就算不成功也让对方感受到来自现实空间的抵抗和压力。①

（二）社交媒介参与政治的优势②

1. 成本低

公民进行政治参与需要付出一定的时间、精力、体力和金钱，同时还需放弃一些机会或闲暇，并要冒一定的风险，这些都构成了参政成本。对于部分经济不宽裕的公民来说，高昂的参政成本是阻挡他们政治参与的重要原因。网络一体化的媒介特性保证了任何公民，只要有手机或者可以上网，注册一个账号就可以通过社交媒体进行政治参与，成本很低，且突破了时空障碍，在一定程度上缓解了传统政治参与的城乡差异和地区差异。公民的新媒介参政可以随时随地进行，并不排斥其他参与方式，也不影响其正常工作和生活，直接降低了参政的机会成本。

2. 效率高

新媒介平台上的公民政治诉求，在很短的时间内会迅速形成强大的公共舆论，并很快反馈至有关政府部门，从而使新媒介参政具有高效的特点，对于传统政治参与中因制度不完善所导致的参政渠道受阻具有很好的化解作用。通过新媒介进行政治参与，沟通政府与公众，不但可以为完善民主政治提供渠道，也有助于政治合法性的强化。

3. 主动性强

新媒介的草根性和开放性能够让每一个人都可以是一个没有执照的电视台，每一个新媒介用户都可以轻易地、不受外界干扰地主动就其所感兴趣的议题表达自己的政治意愿，并得到"粉丝"的关注、评论和转发。个体意见一旦得到尊重，就会进一步促进其发言的欲望，并以此形成良性循环，带动整个自媒体平台政治参与的积极性和主动性。

4. 议题全面

新媒介政治参与的议题非常全面，尤其是对传统政治参与中的热点、

---

① 邱林川、苗伟山：《反思新媒体事件研究：邱林川教授访谈录》，《国际新闻界》2016 年第 7 期。

② 翟杉：《我国微博政治参与研究》，《湖南社会科学》2011 年第 6 期。

难点问题，如贫富差异、行业垄断、社会保障、城乡差距等有着深入而广泛的讨论，在一定程度上改变了传统政治参与中信息不对称的局面。其多媒体和超链接功能使政治参与者在讨论议题时能将更多内容链接至相关网页，形成社交媒介与网络大众媒体的深度融合，极大地扩展了新媒介政治议题的深度和广度。

（三）消极作用[①]

新媒介技术作为双刃剑，其消极意义存在于社会生活的各个方面。新媒介技术对政治参与的消极作用主要包括如下方面：

（1）新媒介技术的管制的程度影响网络民主。实际上，政府对互联网的管制各国有之。但如何善用和善管网络，依然是一个难题。管制的过于宽松和过于严格均不利于社会发展。在信息社会，信息不仅是一种经济资源，而且是一种重要的权力资源，控制和垄断信息就意味着有了权力，有了对他人支配的能力。

（2）新媒介技术的娱乐功能降低了个体的社会资本，不利于政治参与。从"时间替代"的观点出发，由于网民沉迷于网络游戏、娱乐新闻等内容，造成对政治信息和传播媒体使用的时间降低，也造成个体社会交往和社会资本的减少，而社会资本是形成和预测政治参与的重要变量。因此，从这种意义上讲，新媒介技术阻碍了政治参与。

（3）新媒介平台容易滋生网络谣言，进而降低媒介可信度，造成网络政治参与的疏离。网络空间也出现各种虚假信息和谣言，并以很快的速度传播。网络谣言降低了网络媒介的可信，研究发现，在报纸、广播、杂志、电视和互联网的媒体可信度得分中，网络的可信度得分最低，排在最末。网络可信度的低下造成了公众对网络的不信任，从而降低了政治参与意愿。

（4）新媒介平台的观点讨论存在群体极化现象，难以达成共识。网民在参政议政的过程中时有泛政治化倾向，从而出现"网络暴民"和"哄客社会"的现象，也有部分不理性的网民将新媒介作为泄私愤的平台，使得群体意见带有非理性和极端化的色彩，良好的网络公共领域难以建立。

---

① 李东：《作为变革诱因的新媒介：传播与当代中国社会文化变革》，博士学位论文，武汉大学新闻与传播学院，2014。

本章小结：

在新媒体时代，社会思潮的传播线路主要有两种：一种是"粉丝"线路，即传导者在网络上发布思潮信息后，传导者的"粉丝"都可以迅速获知信息；一种是转发线路，即某一受众转发了传导者的思潮信息，立即同步到好友圈里，然后依次类推，实现勾连与嵌套的裂变式传播。网络社会思潮的主体是分散、不确定的网民，且以草根青年群体为主，主要体现中青年网民的群体意识。网络社会思潮的本质是一种民众评价机制。既包括思想家们的理论成果，也包括民众对众多社会事件评价的思想成果。新媒体影响着社会运动的产生、发展甚至结果，对世界各国的政治社会产生重要影响。近年来，我国社会群体性事件频发，其中不少被称为"新媒介事件"，新媒体在事件中起到了至关重要的组织和动员作用。网络政治参与则是公民以网络为途径和工具介入政治生活领域，参与议决公共事务、制定公共政策、监督政府运行，从而影响政治体系的生存方式、运行规则和政治决策过程。在行使政治权利方面，新生代青年一般通过网络灌水、论坛、短信、微信或"闪聚"等新媒介温和方式来表达利益诉求。在已经发生的"网络串联示威"案例中，网络社交媒体具有任何一种媒介形态都无法比拟的动员力和可及性。社交新媒体之所以会产生巨大的影响力，或者说它比传统新闻媒体更为强大，最重要的原因就在于它的互动性强、吸附力大。社交新媒体善于集聚人群，精确化细分人群，擅长口号传播，具有很强的煽动性，是街头政治的最佳鼓动工具。新媒体与传统媒体的传播结合形成了一个多层次"媒介城邦"，在此，不同属性的空间与诉求得以连接，这个多维空间的交汇点给不同时空的公民社会行动者提供了新角色和机遇。

关键名词：

新社会运动；社会思潮；媒介城邦；网络政治共同体；参与型政治文化

思考题：

1. 新媒体环境下的社会思潮传播路径如何？

2. 网络社会思潮的主体有何不同？

3. 网络意见领袖的煽动手法有哪些？

4. 新媒介政治参与的积极和消极作用有哪些？

5. 网络思潮的本质是什么？

6. "新社会运动"有哪些特点？

7. 新媒体在社会运动中的角色有哪些？

延伸阅读：

1. 张顺洪：《西方新社会运动研究》，中国社会科学出版社，2015。

2. 胡泳：《众声喧哗：网络时代的个人表达与公共讨论》，广西师范大学出版社，2008。

3. ［法］雷蒙·阿隆：《社会学主要思潮》，葛秉宁译，上海译文出版社，2015。

4. 林立树：《现代思潮：西方文化研究之通路》，中央编译出版社，2014。

第十二章　互联网与青年文化

互联网是多元文化的产物。互联网在青年群体的全面普及，90 后、00 后已经成为互联网原住民，他们在生活方式上截然不同于父辈，当年的"网瘾"（每个月上网时间超过 144 小时，即一天 4 小时以上是其中一个标准）已经变成基本生活方式。因此，互联网必然成为当代青年文化最重要的媒介和载体。这正是缘于互联网本身就是多元文化的产物，整个互联网的兴起，就是一场从边缘到中心的"边缘革命"，整个过程就是这样一步步从边缘展开的，由一批边缘人群展开一场划时代的互联网革命，然后进一步推动整个经济、社会和文化的变革。一切源头都来自青年的、边缘的、颠覆性的创新。这些互联网的原住民，可以同时拥有新型文化的制造者、推动者和消费者的多重身份，他们一边自行创造各种新的潮流，一边为各种轰动效应摇旗呐喊。他们通过高科技化、新媒体化、全球化、娱乐化的过程塑造自身，也慢慢在改造当前社会的基本文化结构。[①]

青少年是中华民族的未来，是新媒介技术最顶尖的盟军，他们创造的文化纷繁复杂却意义重大。将中国网络文化放置在新媒介语境下来分析其内部意义场域的特性和其与外部文化环境的关系就显得尤为必要。新媒介催生了一系列新的文化类型，其中，青年文化是最为突出的景观。新媒介已经成为青年文化生长和扩张、成为新型青年文化传播以及寻找志同道合的文化族群和部落的场域。从青年文化自身的交流系统来看，新媒介正在

---

① 张天潘：《互联网亚文化：从虚拟进入现实》，《南方都市报》2017 年 9 月 10 日第 AA19 版。

历史性地改写着青年文化与主流文化之间的关系，新媒介对青年文化构成要素的技术重组和建立，催生了新型表达方式。青年文化主体通过新媒介产品，时刻传递自己创造的文化，在信息传播、交友、玩耍和自我表达的世界中追求自治与认同。

第一节　网络中的青年文化

网络社会文化是一种通信协议文化，从根本上实现不同文化之间的通信，但是不一定要共享价值观。各种文化可以共存，相互改变。网络社会的文化是对网络权力的一种信任，通过向他人开放而得到用户所需要的，从多样性中获得乐趣。①

如今的中国，除了嘻哈、街舞、街头篮球这些以80后为主体的青年文化，还有非主流、杀马特（以90后为主体），再加上弹幕文化、二次元文化、网络游戏、丧文化、尬舞等，它们依靠互联网，形成一个蔚为壮观的青年文化群体，并以不同的兴趣取向，形成具有强力集体认同的群落。亚文化已经从现实的地下转移到虚拟的线上。而这样的文化类型，对于主流社会来说，很大程度上还是后知后觉的，甚至与以传统传播方式（报刊、电视、广播等）和线下为主的主流文化不会发生直接关联，这也会导致对很多文化的误解。

一、从虚拟到现实的网络青年文化

伯明翰文化研究学派使"青年文化"成为研究议题。青年不再被视为可疑的"越轨人群"或"民间恶魔"，所有在主流看来夸张古怪的风格、举动背后，都是具有仪式特征的社会行为，是青年与主流秩序之间的抵抗、协商乃至斗争。正如美国心理学家埃里克森所说："在任何时期，青少年首先意味着各民族喧闹的和更为引人注目的部分。"这种喧闹和注目，往往带来的是争议和蛮横的干预，造成青年文化与主流文化之间往往难以调和。

---

① ［美］曼纽尔·卡斯特：《网络社会：跨文化的视角》，周凯译，社会科学文献出版社，2009，第43—45页。

知识链接：前喻文化、并喻文化和后喻文化

美国社会学家玛格丽特·米德在《文化与承诺》一书中，将人类社会划分为"前喻文化""并喻文化"和"后喻文化"三个时代。在"前喻文化"中，晚辈主要向长辈学习，这主要发生在农业时代，农耕技术基本都是靠长辈向晚辈手把手教；"并喻文化"中晚辈和长辈的学习都发生在同辈人之间；而在第二次世界大战后，科技革命的蓬勃发展使整个社会发生了巨大变革，社会进入长辈反过来向晚辈学习的"后喻文化"时期。如果说过去存在若干长者，凭着在特定的文化系统中日积月累的经验而比青年们知道得多些，那今天却不再如此。

在文化社会学领域，有"文化中心主义"和"文化相对主义"两个理论，前者指社会群体的成员对外部群体持偏见态度和敌对心理，常将自己的生活方式、信仰、价值观、行为规范看成是最好的，优于其他人的。而文化相对主义的核心是尊重差别并要求相互尊重，强调多种生活方式的价值，这种强调以寻求理解与和谐共处为目的，而不去批判甚至摧毁那些与自己原有文化观不相吻合的东西。文化还可以区分为评比性文化与非评比性文化，前者是指有好坏、高下之分的文化，比如吸毒、赌博、卖淫等是劣性文化；非评比文化则无优劣高下之分，如生活方式、礼仪禁忌、文化喜好等。

迪克·赫伯迪格在《亚文化：风格的意义》中认为"收编"是亚文化的普遍宿命。这种"收编"主要有两种方式：

一是商品方式，对亚文化符号进行大规模的复制和出售。将亚文化符号转化为商品形式，使之离开最初语境，变成消费对象，削弱其作为亚文化存在的基础。

二是主流文化对异常行为重新界定，使之可用主流文化的价值符号进行解释，消解因陌生的风格所带来的恐慌。主流社会通过对越轨行为"贴标签"和重新定位，将其纳入并整合到现存社会秩序中去，消解其反叛性和颠覆性。青年文化与主流秩序之间的关系，很大程度上是当前社会文化进程中最活跃的变革因素。

费斯克认为有两种社会变革模式：① 一种是激进的社会变革模式，即导致社会权力重新分配的革命。另一种是进步但非激进的大众变革模式，是一个持续进行的过程，旨在维系或提高体制中大众的自下而上的权力。往往通过文化的手段和力量实现，嘻哈、弹幕、丧、怼等亚文化，充满消费主义底色的娱乐精神。亚文化群体生产出新的以示对抗性的风格，然后这些风格被市场转换成大量利润丰厚的产品，而此时亚文化风格也丧失特殊的抵抗性质。亚文化兴起会引来媒体、社会学者等描述和解释，消除亚文化的陌生感、抹杀"他者的性质"，把亚文化重新安置在主流文化体系的某个位置。

二、青年文化、新技术与趣缘共同体

青年文化首先是在青少年群体中产生并快速传播的，它不仅以对新的媒介技术的使用形成与一般成人群体的区隔，还形成文化形态的快速流变、淘汰、更迭。青年文化的本质是场景文化：一群人因为某种兴趣或共性聚集在同一场景下，随后在更多维度上互动，例如摇滚青年、街头涂鸦爱好者等，并形成青年文化圈。

（一）青年文化

贝斯利（A. C. Besley）认为，在后工业社会中，有两大特征影响青年文化的生长和传播，"一是被跨国公司而不是被单一国家影响和主导的消费社会，另一个是被信息技术、媒介和服务行业而不是被旧制造业赋予特征的全球化社会"。② 在青年文化构成要素的技术重组和创建方面，网络媒介以"数据、图像、多媒体视频"等技术特质为基础，创建一个互动、复制、仿真和拟像的世界，这是一个全然不同于以往的世界。网络媒介上盛行的自拍文化、恶搞文化、迷文化、搜索文化、黑客文化、御宅族文化、同人女文化、COSPLAY 文化等，都是生于网络，活跃于网络，而掌握新媒介技术的青年群体甚至以网络技术为"武器"，在自我与成人世界之间筑

---

① 张天潘：《互联网亚文化：从虚拟进入现实》，《南方都市报》2017 年 9 月 10 日 AA19 版。

② 马中红：《新媒介与青年亚文化转向》，《文艺研究》2010 年第 12 期。

起一道自我保护的"高墙"。①

在现实生活中话语权弱小的青少年一直将青年文化视为抵抗霸权的武器，并体现出一种对社会变迁中的结构矛盾和社会问题的"象征性解决"的尝试。这种通过抵抗表现出来的对自我宣泄、自我满足的个性化追求一直延续到今天，因为它与新媒介技术的特性不谋而合——新媒介技术，如移动互联网技术，本身就是一种自我表现的技术方式，包含着对权威话语的抵抗和颠覆。②

（二）趣缘共同体

网络趣缘群体，指对某一特定的人、事或者物有持续兴趣爱好的人或群体，主要借由网络进行信息交流、情感分享和身份认同而构建的"趣缘共同体"。③ 在新媒介空间里，青年文化成员以相同的兴趣而聚集，形成典型的趣缘群体。某种意义上，网络上集群而居的青年文化群体都是以趣缘缔结而成，形成所谓的"新部落"，没有我们熟悉的组织形式的硬性标准，更多的是指一种气氛，一种意识状态，并且是通过促进外表和"形式"的生活方式来完美呈现的。④

"新部落"分散在网络世界的各处，文化青年可以在豆瓣上创建小组，在QQ上创建组群，在百度上创建贴吧，在论坛上设立版块，在微博上建立话题，在微信上设定朋友圈和群聊组……而对"FTP、电驴、SLSK、网络硬盘、搜索引擎"等技术的运用，使他们能够方便地双向上传下载，并加以储存、传播、分享，由此而呼朋引伴，结成同盟，分享信息，交流情感，建立起社群。⑤ "青年文化"以互联网为支点，对主流文化进行"降维打击"，"ACGN、LGBT、宅、腐、萌、冷、黑、挖槽点、无节操"等标签悄无声息的潜入人们生活中。

---

① 马中红：《新媒介与青年亚文化转向》，《文艺研究》2010 年第 812 期。

② 蔡骐：《新视野与青年亚文化研究（上）》，《青年学报》2017 第 3 期。

③ 罗自文：《网络趣缘群体的基本特征与传播模式研究——基于 6 个典型网络趣缘群体的实证分析》，《新闻与传播研究》2013 年第 4 期。

④ 陈霖：《青年亚文化的新媒介空间》，"传播与中国·复旦论坛"（2013）——网络化关系：新传播与当下中国论文集，2013。

⑤ 陈霖：《新媒介空间与青年亚文化传播》，《江苏社会科学》2016 年第 4 期。

第二节　青年文化的类型

一种新媒介的长处，将导致一种新文化的产生。社交网络、直播应用、兴趣社区等平台，构建起参与者"狂欢式"的文化广场。媒介消费由大众走向以兴趣为导向的差异化和个性化。亚文化有各种分类方法，可以分为人种的亚文化、年龄的亚文化、生态学的亚文化等。其中年龄亚文化又可分为青年文化、老年文化；生态学的亚文化可分为城市文化、郊区文化和乡村文化等。由于亚文化是直接作用或影响人们生存的社会心理环境，对特定群体的影响力往往比主流文化更大，它能赋予人一种可以辨别的身份和属于某一群体的特殊精神风貌。青年文化的主要类型有：二次元文化、电竞文化、性别文化和宅文化等等。

一、二次元文化

"二次元"（にじげん）一词源自日本，在日文中的原意是"二维空间""二维世界"，本是一个几何学领域的术语，后来被日本的漫画、动画、电子游戏爱好者用来指称这三种文化形式所创造的虚拟世界、幻象空间，这三种文化形式之间存在着密切的文化互掺和产业互动。[①] 二次元文化指以 Animation（动画）、Comic（漫画）、Game（游戏）为代表的 ACG 文化。后来，Novel（轻小说）也被整合进入 ACG 产业链，成为"ACGN"。动画、漫画、游戏、轻小说之间的相互改编，创造出新活力。

二战过后，日本经济开始飞速发展，与之相对的是，文化消费需求也在迅速膨胀，最独特的一点就是将对文化的诉求体现在漫画上。二次元文化的根基是漫画，因为战后成长起来的一代日本人和父辈不同，生活在战后经济腾飞的时代，但由于日本"经济巨人、政治侏儒"的尴尬处境，他们自我意识不强，需抱团才有安全感，更喜欢用一种"儿童的方式"来表

---

① 林品：《青年亚文化与官方意识形态的"双向破壁"——"二次元民族主义"的兴起》，《探索与争鸣》2016 年第 2 期。

达情感和想法，漫画无疑是最契合这种状态的表达。①

知识链接：

日本二次元的成功主要表现在三方面：②

第一，作品的个案成功，将优秀的标志性形象设定成为原型，繁衍出大量分枝，彼此互相巩固，垄断观众认知。

第二，有别于其他国家（地区）的独特画风，画风本身表现与可操作性强，对外构成风格同化，形成了超越日本本土的日式画风。

第三，作品中的本国文化烙印鲜明，构建了日式文化的整体形象，不仅博取观众的文化认同，并且对外界文化有强大改造力。

2015 年，中国"核心二次元"（忠诚度极高、对二次元有着深入了解）人群达到 5 939 万。对二次元有着基本了解的"泛二次元"人群达到 1.6 亿，中国"二次元"总人数接近 2.19 亿。

二次元文化中还包含一些子文化，如弹幕文化，本意为 STG（射击游戏）中子弹过于密集以至于像一张幕布一样。在收看视频时，大量评论从屏幕飘过，看上去像是游戏里的弹幕。故而这个弹字指的是子弹的弹，而不是弹出的弹。弹幕是一种很有特点的青年文化，动力来源于对已经结构好的内容予以再生产以及解构的欲望。当我们用"恶搞"来统称许多相类似的网络事件时，"恶搞型文化"就能确定起来。

知识链接：弹幕

什么是弹幕？当视频播放到固定场景，每位屏幕后的用户有感而发，输入评论，各种颜色、大小的字体即刻就能从屏幕上呼啸而过（见图 12 - 1）。通常满眼都是"舔屏"。一旦涉及剧情高潮，会有看过的用户提醒"前方高能预警"，象征"捶地大笑"的"2333333"从猫扑论战延伸到互联网的角落。弹幕已经上了大屏幕，电影《秦时明月之龙腾万里》《绣春

---

① 凤凰游戏：《独特的文化现象二次元正向传统文化发起冲击》，访问日期：2018 年 7 月 24 日，http://games.ifeng.com/a/20151123/41511331_0.shtml。

② 于菁竹：《二次元的迷因——日本动漫标志性视觉的启示》，硕士学位论文，中央民族大学美术学院，2016。

刀》《小时代3》都曾放过弹幕场。很多时候，吐槽或感慨只求得到回应，从某种意义上看，弹幕填补了独自看片时的孤独感。

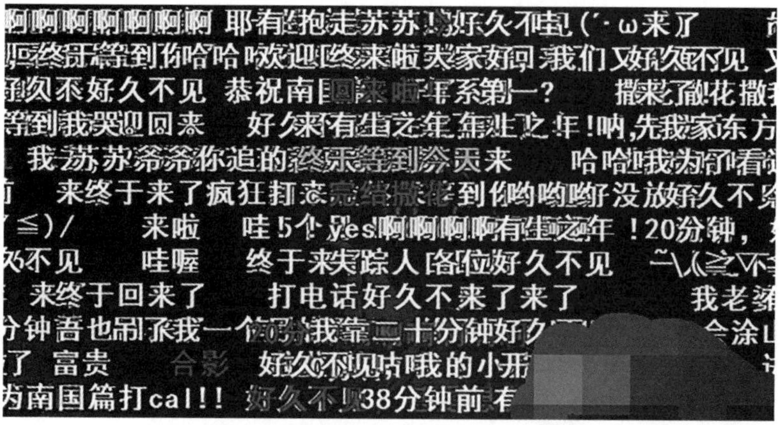

图 12-1 弹幕成为互动主要手段

弹幕是一种恶搞，每个人都可成为恶搞者。完整的产业链平台，鼓励大量的亚文化参与者一起二次创作，这符合后现代文化的特征：大众创作并消费，以及对经典元素的解构、戏仿和拼贴。弹幕本身并不是新内容生产主力军，但未来的内容，很可能包含着浓厚的弹幕要素。以bilibili为例，常年活跃用户在20万左右，其中中小学生占很大比重。有专家认为，低俗"弹幕"会影响未成年人健康成长，需要审查机制。

二、电竞文化

文化部在2010年3月审议通过的《网络游戏管理暂行办法》中规定，网络游戏指由软件程序和信息数据构成，通过互联网、移动通信网等信息网络提供的游戏产品和服务，其表现形式主要包括以客户端、网页浏览器及其他终端形式运营的各种网络游戏。"互联网+游戏"或"网络游戏"长期被认为是边缘化的领域，甚至被贴上网络暴力游戏、网络游戏成瘾等污名化的标签，遭到蔑视与扼制，但网络游戏的快速发展已经成社会现实。中国网络游戏用户数超过5亿人，实际销售收入也超过1 400亿元（包括客户端游戏、网页游戏、社交游戏、移动游戏、单机游戏、电视游戏等），其中，移动网络游戏、网页游戏成为主力。

网络游戏已成为一种世界性潮流和全球化现象。作为新的经济发展阶段的体验经济，其营销的根本目标在于俘获用户的内心——不再仅是内心的撩拨、片刻休闲式逃离之后仍然回归到现实的生活中，而是不断强化内心的欲望，它所扰动的不仅是生活，更是灵魂，从现实生活回归游戏世界，从而促成交易带来效益。网游或许没有根本改变商业规则，但改变的却是商品形态，以人的内心欲望作为商品，形成新的营销机制。

网络游戏正从两个密切相关的方面产生深刻影响：[①]

1. 网络游戏正在悄然构建新型生活方式

当下网络游戏极其丰富和复杂，"生活的游戏化"逐渐成为主流。网络游戏是建构环绕身体真实、生动、可感的直观场景与多觉体验，人们已难以分清虚幻和真实。游戏正在修复破碎的现实生活，建构另一个世界。"我们真正害怕的不是游戏本身，而是游戏结束、现实开始时迷失方向。"

2. 网络游戏催生新型社会关系

互联网强化了社会结构的个体化趋势，游戏则对此进一步产生乘数效应。从务实到游戏的劳动方式，从社会强制到自由地与陌生人结盟的协作机制，尤其是在当下盛行的网络游戏中自发产生的网游战队。玩家在共同目标的引领下形成的荣耀、交互与情感等，正在逐步构成诸多不同而庞大的社会群体。这种趋势中外古今已有之：孔子的"游于艺"、庄子的"逍遥游"、朱熹的"玩物适情"、康德的"促进自由艺术最好的途径"是"把它从劳动转化为单纯的游戏"、维特根斯坦的"语言游戏说"、麦克卢汉的"游戏是我们心灵生活的戏剧模式"、赫伊津哈的"人是游戏者"等。

三、性别文化

同性恋作为一种亚文化，有它独特的游离于主流文化的特征。同性恋者作为一个亚文化群体，具有独特的行为规范和方式。随着社会的进步与宽容，在互联网上，同性恋衍生出独特的文化形式——LGBT 社区，指 lesbians、gays、bisexuals、transgender，即"女同""男同"、双性恋、跨性别恋合称。LGBT 平台可以交友、分享、基于心理刚需进行高频次的互动，形成自己的社交圈。随着 LGBT 群体"地下化"身份的褪去，该群体本身

---

① 林拓：《"互联网＋游戏"：影响未来的"边缘革命"》，《华东师范大学学报（哲学与社会科学版）》2017 年第 3 期。

蕴含的巨大消费力和超前的审美力也逐步走进人们的视野，在消费领域有一个新兴的词语产生，即"粉红经济"，已被用来概括 LGBT 的超前和潜力巨大的消费前景。"粉红经济"一词被广泛使用，粉红经济这个词语最早可以追溯到欧美，指的是由以同性恋消费群体为主的 LGBT 群体消费产生的新的经济体。粉红经济中消费群体的消费领域，其中服饰、配饰等奢侈品占很大比例。①

四、宅文化

"宅"源于日本，是"御宅族"的缩略，最早由日本著名漫画家中森明夫 1983 年通过漫画作品提出，主要描写那些对动漫等着迷、全身心投入的人。后来"宅"就演变成对那些待在家里，沉迷于个人的兴趣、爱好，而与社会脱节的青年的称呼。"宅文化"是随着动漫和计算机游戏的出现而诞生的。20 世纪七八十年代，电影、动漫、夸张的电动玩具等给当时的孩子以强烈的刺激，逐渐把握了青少年精神需求的主导权。该群体长大后，社会竞争压力的增大让他们更愿意在网络上寻求真正能由自己的意志主导的世界。

五、杀马特文化

"杀马特"在微博上是个高频率用词，它音译于英文 smart，原意为时尚的、聪明的，"杀马特"从"smart"翻译成中文，却成为其反义词，几乎是作为审丑狂欢下的贬义词而存在。"杀马特"留给人们的刻板印象是：留着怪异发型、穿着夸张、佩戴古怪、浓妆艳抹、气质诡异、来自农村或城乡接合部的青年。这是非常有趣的青年文化现象。这些"杀马特"青年们，与流行起来的"洗剪吹组合"形象一起，构成了当下中国一个值得关注的群体：新生代农民工。从社会学意义上看，他们如何融入城市、被城市接纳、如何完成个人的现代化，这关系到中国未来的社会局势。但如果从文化的角度看，直白地展示了中国文化多元化背后的文化区隔与文化歧视。

---

① 徐萌：《"粉红经济"影响下小众首饰的现状及发展趋势研究》，硕士学位论文，中国地质大学珠宝学院，2016。

六、小清新

小清新最初指一种以清新唯美、随意创作风格见长的音乐类型 Indie Pop，即独立流行，之后逐渐扩散到文学、电影、摄影等各种文化艺术领域。起初颇为小众的风格，现在已逐步形成一种时尚文化现象，受到众多年轻人的追捧。在中国，偏爱清新、唯美的文艺作品，生活方式深受清新风格影响的一批年轻人，也被叫作"小清新"。该群体的刻板印象由岁月静好、45 度天空、白色棉裙、帆布鞋、脚丫特写、陈绮贞、岩井俊二等符号性的词汇和人物构建起来，是一群被大家认为"不切实际、为赋新词强说愁"的群体，但或许在这背后，是对日渐浮躁的现实社会的一种柔软反击。

七、嘻哈文化

嘻哈即"Hip - Hop"。Hip - Hop 意为"摇摆的屁股"，源自美国黑人社区，可溯源至 20 世纪 70 年代。Hip - Hop 是一种由多种元素构成的街头文化的总称，包括音乐、舞蹈、说唱、DJ、服饰、涂鸦等。Hip - Hop 是街头文化，是一种生活态度。与同是街头文化的滑板、小轮车等运动有亲密关系。Hip - Hop 已从街头步入主流文化。在美国，主流娱乐空间已经被 Hip - Hop 占据；在韩国，Hip - Hop 与其本民族的文化相结合，成为具有韩国特色的最受大众欢迎的文化形式；在中国，这种文化在青少年中日益活跃起来。嘻哈已成一种流行的时尚，甚至已成为一种固定下来的习惯，穿着宽松但昂贵的衣服，包着名牌头巾或运动帽，典藏版的球鞋，当然还有带数位摄影的手机与耳机，加上一堆亮闪闪的金属饰物，踩着摇晃的步伐。这些人往往是中产阶层，热爱独立音乐和另类音乐，追求非主流生活方式，喜欢有机食品和手工制品，刻意选择和"时尚"不同的审美。

"亚文化资本"由后亚文化理论研究的代表人物萨拉·桑顿提出，借鉴了布尔迪厄的"文化资本"概念。桑顿将"亚文化资本"界定为赋予了亚文化群体一定地位的文化资本。青少年的亚文化实践活动以亚文化资本实现区隔，这种区隔一方面可以界定亚文化圈内和圈外人员的身份，另一方面还可以确立亚文化圈子内部的等级秩序。与文化资本一样，亚文化资本可以转换成经济资本和社会资本，虽然这个过程并不是那么简单。在俱乐部文化中，那些掌握了大量亚文化资本的 DJ 们、俱乐部的组织者、服装设计师和各种唱片业的专业人员的职业和收入都很稳定，而且这些从业人员常受到人们的尊重。当手中的亚文化资本愈来愈丰厚，传播者开始探索亚文化资本的转换路径：① 首先是亚文化资本转换为经济资本，通过在内容中进行广告植入的方式，初步实现亚文化资本的转换；其次是亚文化资本转换为社会资本。很多亚文化传播者从社交媒介走红之后，便成为某一领域的网络大 V。一定程度上赋予传播者社会地位和身份，由一个"草根"，摇身一变成为坐拥上千万粉丝的"明星"。

第三节　青年文化的社交媒介传播

ACG 类社交媒介指的是在形式上以传播动画、漫画或游戏为主，内容上以传播二次元文化为主的新型社交媒介。此类媒介发展迅猛，且呈现多元面向，有的基于传统社交媒介产生并有十余年的发展历史，例如，和 ACG 相关的贴吧不低于百万个，而在排名前 20 的贴吧中，有一半和 ACG 有关，所生产的内容和活跃度超过其他 ACG 社交媒介之和。

一、ACG 类社交媒介

近年来基于移动互联网的垂直型 ACG 社交媒介数量众多，在这种新型媒介中，表情包、颜文字和社交勾连，改变了既往的一次元传播逻辑。实践中，不同类型的社交媒介之间还存在着共同接口，构成新形势下新媒介之间的融合实践。ACG 向的社交媒介迅速发展使弹幕、中二等成为一种亚文化标签，在某种程度上定义了这种新社交媒介传播的特征、用户和策略，由古登堡引发的传播革命似乎到了被迭代的前夜。

随着移动通信网络的不断完善以及智能手机的进一步普及，移动视联网应用向用户各类生活渗透。移动应用方面，ACG 向的社交媒介发展主要从两个维度展开，一是以贴吧、知乎等主流社交媒介为代表，目前国内最大的二次元社交应用是贴吧，它不是为二次元而生，ACG 也仅是其传播的

---

① 张庆杰：《亚文化资本的转换："同道大叔"的星座文化帝国》，访问日期：2018 年 7 月 25 日，https：//baijiahao. baidu. com/s？ ia = 15734153983170058wfr = spider&for = pc。

内容之一；二是基于移动视联网产生的新型垂直社交媒介，传播的内容主要是二次元文化，部分媒介甚至完全采用符号和图片传播，社交功能被强化。

贴吧是当前二次元文化传播的重要媒介。2003 年出现贴吧，2011 年推出移动端 APP，目前贴吧已有 80％的用户行为来自移动端。关于二次元的贴吧可以说是发展比较成熟的社交媒介，无论是内容生产方式、用户规模还是影响力。在粉丝数量前 20 名的贴吧，与 ACG 相关的占到 50％的比重，这些贴吧平均每天产生的主题数超过千条，用户基数大，活跃度高，且具备相当的自组织能力，这些贴吧甚至有编辑部、视频组、分析组、汉化组等。

除了贴吧外，还有其他社交媒介也深度卷入二次元传播，知乎和豆瓣等平台上关于 ACG 的话题不在少数。与此同时，基于客户端的一些新兴社交媒介也出现了。

在垂直社交媒介领域，又可以细分为如下几种类型[①]：①侧重工具应用型：代表的社交媒介有脸萌、魔漫相机、bitstrip、小偶、捏捏以及 bitmoji 等。②社区创作与分享型：代表媒体有一下、元气弹、juju、次元等。③媒体应用型：代表媒体有 A 站和 B 站，另外还有一些漫画类 APP，如布卡漫画和快看等。④角色扮演类型：如 lineplay、mimechat 等。⑤附属类型：主要指平台服务于成熟平台的周边，具体包括 line 贴纸、line camera、微信表情、path 贴纸、swarm 贴纸等社交平台。

二、新社交媒介的用户、内容

ACG 向社交媒介的用户、内容有着和其他社交媒介用户完全不同的特点：

1. 用户多是"宅男腐女"，女性所占比例大

二次元群体呈现年轻化特征。与年龄分布相吻合，二次元用户的职业

---

① 《魔漫－脸萌－bilibili……漫画与社交结合的五种体位》，访问日期：2018 年 7 月 26 日，http：//www.sohu.com/a/17100823_ 115207。

多为学生，比例达 80.8%，其次是白领，份额为 14.3%。"[1] 而 ACG 向社交媒介用户分析可以从定位和数据两个角度着眼，基于客户端的垂直社交媒介多是从用户定位开始，因为在产品形成影响力之前，是不存在客观的用户规模的。ACG 社交媒介用户群有两个特点，一是群体抱团意识较强，即二次元是个"死忠粉"密集的文化产业类型。二是用户所分布的区域不再仅局限于大城市，一些四线甚至五线城市的二次元活动也开始在这些社交平台上被用户生产出来。

2. ACG 向社交媒介传播内容的转向

赫尔曼·梅尔维尔的名著《白鲸》中的文字全部被眼花缭乱的 250 多个表情符号取代。[2] 而对符号和图片的倚重更是 ACG 社交媒介内容生产与传播的一大特色。二次元社交媒介的内容传播带有明显的亚文化特色，颜文字、表情包和图片成为主流表达方式，甚至有的社交媒介只允许用符号交流。

绝大多数社交平台的内容更加多样，基于 IP 的大量衍生产物也随之产生，涵盖了游戏、动漫、cosplay、同人、小说、展会、特摄视频、声控、周边、日常几个类别，[3] 在多元终端频繁呈现，形成立体的二次元文化体系，也成为新社交场域中重要的组成部分。

关于垂直社交媒介的内容还存在版权问题，在日本 ACG 产业进入中国的初期时，该问题曾在出版物领域普遍存在，后来逐渐规范，而当前则再现了这种困境，尤其是随着垄断企业大举收购优质版权资源，以及相关部门的规范，像一些在阅读体验上非常出色的移动产品正面临版权保护等问题，同样的情况在网络小说阅读器市场也存在。

3. ACG 社交媒介引发的三点变化

在当前蓬勃发展的 ACG 社交媒介中，出现了一些引人注目的变化，主要有：一是新社交媒介和人的关系更加平等，互动更加频繁，用户的参与

---

① 腾讯游戏：《2015—2016 中国泛娱乐产业发展白皮书》，访问日期：2018 年 7 月 26 日，http://games.qq.com/a/20160307/052889.htm。

② 陈琳、沈晴：《新社交媒介的二次元时代》，访问日期：2018 年 7 月 11 日，http://tech.sina.com.cn/i/2014-07-11/04189487578.shtml。

③ 王玄：《二次元群体，真的需要一个专属社交平台吗？》，访问日期：2017 年 10 月 19 日，http://www.tmtpost.com/1445107.html。

感更加受重视。如果说之前媒介和用户之间像麦克卢汉所说的"媒介是人体器官的延伸"那样，尤其是可穿戴设备的问世，媒介的人体器官延伸论更加有市场，但是该种理论所反映的是人对媒介的依附性。到了 ACG 新社交媒介时代，用户和媒介之间转而变成一种平等的、互动频发而多元的强反馈关系，媒介的个性更加凸显，尤其体现在以 ACG IP 为基础的贴吧、知乎等传统型媒介，海量的帖子数量和用户数也是其个性的彰显。

二是新社交媒介传播的内容发生变化。以微信、微博为代表的传统社交媒介，图片和视频尽管占有一定比例，但总体来说文字占有重要地位。在新社交媒介中，文字的地位被边缘化，取而代之的是颜文字、表情包、视频和图片等视觉符号。在传播中，信息的精确性被弱化，人际传播中的交流通过固定的诸如颜文字和表情包来实现，和二次元用户群的萌、惧怕社交等特点发生了勾连。

三是 ACG 向社交媒介的教化功能弱化。在大众传播媒介的功能理论中，教化功能是一个非常重要的功能，而当前的新闻宣传中，也开始重视社交媒介的引导和教化功能，如对具有网络媒体性质的平台进行统一管理，对网络直播平台进行治理等。但是以 ACG 向社交媒介为代表的新形式，反而把教化功能给最大限度的弱化了。

三、移动媒介与青年文化[①]

在移动媒介环境中，青年文化传播在各类社区中无限连接，人人都可以通过移动媒介发挥主动性和创造性。移动媒介对于时空的进一步突破，再次打破了文化发展的时空限制，成为青年文化形成的理想场域。移动媒介对青年文化的影响表现在：

1. 移动媒介催生多种青年文化类型

没有新媒介就没有多种多样的青年文化类型，新媒介技术和传播特性刺激、催生以及放大了青年文化存在的方式。尤其是时刻链接用户的移动终端，更加便捷地帮助青年文化用户群互动交流、分享观念、建构社群，降低了亚文化部落快速形成的门槛。

---

① 腾讯传媒研究院：《众媒时代：文字、图像与声音的新世界秩序》，中信出版社，2016，第68—72页。

2. 新媒介让不同类型文化对话

青年文化和主流文化在新媒介环境中不断对话、交融。移动媒介打破了主流文化和青年文化之间的藩篱，两者对话日益频繁。但是，两者的对博弈不会消失，有的亚文化也凭借新技术，逃避或主动区隔主流文化。

3. 移动媒介影响青年文化的文本呈现形态

移动媒介不仅影响到青年文化的多样性存在和传播，还影响到青年文化文本的存在形式和表意功能。新传播技术为青年文化赢得更广阔的书写空间，如短视频、网络直播等形态。此外，新媒介技术还对青年文化的表达风格（如挪用、戏仿、恶搞、拼贴等）和美学意义带来很大影响。

大众媒体在互联网时代，要告别工业经济时代的"规模经济"思维，关注新的认同、新的文化整合、新的族群并提供满足个性化需求的产品或服务，挖掘新的盈利模式。

本章小结

新媒介已经成为新型青年文化传播以及青年群体寻找志同道合的文化族群和部落的文化场域。青年文化本质是场景文化，除了嘻哈、街舞、街头篮球这些以80后为主体的时尚文化，还有非主流、杀马特，再加上弹幕文化、二次元文化、网络游戏、丧文化、尬舞等，它们依靠互联网，形成了一个蔚为壮观的青年文化群体，并以不同的兴趣取向，形成具有强力集体认同的群落。青年文化已经从现实的地下转移到虚拟的线上。在现实生活中话语权较弱的青少年一直将自己所创造的文化视为抵抗霸权的武器，并体现出一种对社会变迁中的结构矛盾和社会问题的"象征性解决"的尝试。网络上集群而居的青年文化群体都是以趣缘缔结而成，是所谓的"新部落"，没有我们熟悉的组织形式，更多的是指一种气氛，一种意识状态。

关键名词

后喻文化；青年文化；网络趣缘群体；二次元；亚文化资本

思考题

1. 如何理解"互联网本身就是亚文化的产物"？
2. 亚文化资本的转换路径是什么？

3. 对亚文化的"收编"主要有哪几种方式？

4. 网络游戏在哪些方面产生深刻的影响？

5. 垂直二次元媒介可分几种类型？

延伸阅读：

1. 马中红、陈霖：《无法忽视的另一种力量：新媒介与青年亚文化研究》，清华大学出版社，2015。

2. 谭雪芳：《虚拟异托邦：关于新媒体动漫、网络传播和青年亚文化研究》，广西师范大学出版社，2016。

3. ［英］斯图亚特·霍尔、［英］托尼·杰斐逊：《通过仪式抵抗：战后英国的青年亚文化》，孟登迎、胡疆锋、王蕙译，中国青年出版社，2015。

4. ［美］弗雷德·特纳：《数字乌托邦：从反主流文化到赛博文化》，张行舟等译，电子工业出版社，2013。

第十三章　互联网治理

1958 年，世界上首例计算机犯罪发生。美国的一名工程师偷偷修改了一台计算机的程序，使自己的银行账户一直不会出现负值，一直到 1966 年才被发现。中国的首例计算机犯罪也发生在银行系统，1986 年，深圳一家银行的计算机操作员，利用计算机伪造了存折和隐形印鉴，骗取客户存款。两起案件发生时间相隔 28 年。1998 年，中国计算机犯罪的案件有 142起，到 2000 年剧增到 2 700 余起，2008 年之后，网络犯罪数量以每年30％的幅度迅速增长。2013 年，公安机关共破获网络违法案件近 17 万起，直接经济损失约 2 300 亿元，近 3 亿人成为网络犯罪的受害者，平均每分钟有 600 余人被侵害。① 互联网商业化带来的负面效应也很明显：个人隐私被商业利用，公共领域商品化，商业力量联合政治力量对社会公众实行更有效的治理。② 因此，对互联网进行治理是一项重要的课题。

由于互联网及其影响的复杂性，网络治理应从相对包容和广义的角度来重新定义。传统意义上政府主导的互联网管理，和政府不占主导地位的多利益相关方的社会化网络治理，两者应该是相辅相成的关系。通常意义的网络治理应是广义的包括了政府主导的管理和非政府主导的社会化治理两大部分。③ 此外，网络控制之所以得以实施，依靠的不是个别部门或相

---

① 《互联网时代》主创团队：《互联网时代》，北京联合出版公司，2015，第196页。

② 蔡之文：《网络传播革命：权力与规制》，上海人民出版社，2011，第104页。

③ 方兴东、张静：《中国特色的网络治理演进历程和治网之道——中国网络治理史纲要和中国路径模式的选择》，《汕头大学学报（人文社会科学版）》2016年第2期。

对单一的政治结构，而是多层级、多主体、包含各种逻辑和传统的杂合体。除了最高领导人和中央政府之外，地方政府及官员、网络商业运营机构以及普通网民都起着重要作用。① 网络主权是一个涉及互联网治理的关键概念，不仅存在于国际关系的流动中，更指向国际关系的具体实践。而关于互联网治理中的"国家主权模式"和"多利益相关方模式"的对立，最好的方式是让政府与公民、企业加强协商，以便协调和整合各自的不同，积极促进公民社会和企业在全球治理、合作与沟通中发挥作用。②

第一节　互联网治理的进程

伴随着公共网络迅猛发展，危险出现了。1986 年 1 月，一个绰号为"Brain"的电脑病毒开始在电脑间传播，每当使用者从受感染的软盘中复制东西时，也毫不知情地把病毒在电脑上复制，然后再粘贴到这台机器所使用的其他软盘上。电脑已经变得像生物一样容易受到传染疾病的感染。这个病毒是巴基斯坦拉合尔（Lahore）的一家名叫 Brain 的电脑商店的店主研制出来的，更早的一个病毒叫"麋鹿复制者"，它产生的破坏性相对较小，因为局限在苹果 II 型电脑范围内。1988 年，康奈尔大学的研究生释放出病毒 Morris，使大多数服务器受到感染。③

国内方面：2000 年 12 月全国人民代表大会常务委员会通过《关于维护互联网安全的决定》；2012 年 12 月 28 日全国人民代表大会常务委员会通过《关于加强网络信息保护的决定》；2013 年提出了"七条底线"，坚守"七条底线"共同维护网络安全；2015 年提出了网络账号"九不准"。国际方面：英国 1996 年成立的互联网监督与自律组织"互联网观察基金会"则是另一种成功模式，通过制定互联网行业性规定即《安全网络：分级、检举责任》，积极倡导行业自律和社会监督，成为互联网治理的典范。

---

① 李永刚：《我们的防火墙：网络时代的表达与监督》，广西师范大学出版社，2009，第140—142 页。

② 胡泳、车乐格尔：《"网络主权"辨析》，《新闻与传播研究》2016 年第 1 期。

③ ［美］阿伦·拉奥、皮埃罗·斯加鲁菲：《硅谷百年史：伟大的科技创新与创业历程：1900—2013》，闫景立、侯爱华译，人民邮电出版社，2014，第 259、267 页。

2001 年 11 月欧洲理事会发起的《网络犯罪公约》是首个针对国际网络空间安全的国际公约，截至 2012 年 6 月全球已有近 50 个国家加入。

📖 知识链接：治理与统治

治理不等于政府统治。两者都指有目的的行为，都是有目标导向的活动，也都涉及制度体系；但是统治指有正式授权和强制力量保障的相关活动，目的是确保政策的充分执行；而治理是指由共同目标支配的活动，可能是也可能不是法定责任，而且不一定要依靠强制力量来消灭反抗而使之遵从。治理相对于统治是范围更广的概念，不仅包括政府机构，也包括非正式的、非政府性机构，这些个人和组织在其领域内有所发展，满足他们的需求，并实现他们的愿望。①

一、我国互联网管理的发展历程：②

中国互联网监管始于发展需求和安全需求之间的矛盾。探究中国互联网监管的历史发展，从影响不同历史阶段监管特征的关键因素入手，可划分为四个阶段：

（一）第一阶段：监管的引入与奠基（1994—1999 年）

1994 年 4 月，随着中国对国际互联网的全功能接入，互联网监管同步引入。这一阶段的互联网监管主要集中在对接入互联网的管道控制，尚未触及互联网业务，但已提出内容监管的要求，主题是发展优先。

1. 领导体制及监管主体

1993 年底，国务院批准成立国家经济信息化联席会议，统一领导和组织协调政府、经济领域的信息化建设工作。四个主要的互联网络主管单位（邮电部、信息产业部、教育委员会、中科院）以及公安部则作为管理主体直接负责联网的接入管理和内容管理。

2. 政策法规与监管制度

《计算机信息系统安全保护条例》于 1994 年 2 月发布，是我国第一部

---

① ［英］安德鲁·查德威克：《互联网政治学：国家、公民与新传播技术》，任孟山译，华夏出版社，2010，第 278 页。

② 王融：《中国互联网监管二十年》，访问日期：2018 年 7 月 1 日，http://www.tisi.org/4944。

涉及互联网管理的行政法规。此后三年间，我国集中针对国际互联网出台了若干法规政策，开创了中国互联网监管的奠基性制度，如：国际出入口信道专营制度；联网接入的许可、备案制度；计算机系统等级保护制度等。这些管理制度保证了国际联网的可管可控，通过对管道的监管，实现内容监管目标。

（二）第二阶段：监管体系确立（2000—2007年）

2000年，以《互联网信息服务管理办法》（国务院第292号令）为标志，中国互联网监管进入了体系化阶段。中央多次下发文件，要求加强互联网内容管理。这一阶段的互联网监管首先完成了体系建设工作，构建了包含网络层、接入层、业务层、内容层的监管框架，并重点针对网络的媒体属性，加强内容监管。

1. 领导机制及监管主体

以信息产业部、公安部以及内容主管部门为代表的监管主体地位确立和明晰，总体监管格局呈现出"齐抓共管、各负其责"的特征，宣传部门对新闻、文化、出版、广电等专项内容部门的监管职责予以协调。在全面建立监管体系的同时，也为监管的重叠冲突埋下伏笔。

2. 政策法规与监管制度

《互联网信息服务管理办法》是我国互联网监管的基础性规定，其出台标志着监管从早期的渠道层向应用层深化，为各部委开展部门规章立法，确立更为详细的监管规范提供了法律依据。各部门据此建章立制，完成监管范围的"跑马圈地"，监管部门之间的合作与竞争并存。

（三）第三阶段：监管优化与扩展阶段（2008—2012年）

互联网产业发展壮大，超出内容监管范畴的新型问题不断出现，监管进入调整与优化阶段。

1. 领导机制及监管主体

确立了"三驾马车"的互联网管理体制：国家互联网信息办公室主管互联网信息内容，负责协调其他部门做好互联网信息内容管理；工业和信息化部负责互联网行业管理；公安部负责防范和打击互联网上违法犯罪活动。国家互联网信息办公室不仅负责协调内容管理部门，在整个监管体制中也处于总牵头地位，负责协调行业主管部门、公共安全管理部门，以期最大程度上形成监管合力。

2. 政策法规与监管制度

该时期的立法与制度建设体现出"优化扩展"的特点。2010 年 6 月，国务院新闻办公室发表《中国互联网状况》白皮书，首次正式向外界明确表述了中国互联网监管的基本原则，互联网内容监管持续加强，并进一步走向集中化。2010 年 9 月，《互联网信息服务管理办法》修订工作启动，对互联网监管制度做出进一步完善。部分部委也陆续启动对互联网监管规章的修订工作。除"优化"外，这一阶段的监管工作不断扩展。过去以内容监管为核心，本阶段更多的引入了经济、市场类监管主体和监管机制，监管议题不断丰富。

（四）第四阶段：监管重构升级阶段（2013 年至今）

2014 年 2 月，中央网络安全和信息化领导小组成立，同年，国务院对国家互联网信息办公室做出职能授权，标志我国网络监管进入重构升级阶段。依法治网是本阶段互联网治理的主线，立法进程不断加快、立法效力不断提高，互联网立法呈现体系化发展的趋势。以网络安全法为标志，中国互联网治理法治化进入新阶段。

1. 领导体制及监管主体

我国关于信息化及网络安全的领导体制不断发展变化，从早期由国务院直接负责，到提升至中央层面，在经历了调整弱化后，又再次提升至新高度。在监管层面，网信部门作为网络安全与信息化的统筹协调地位确立，互联网信息内容主管机构的职责更明确。

2. 政策法规与监管制度

互联网立法层级更高，适用领域更宽，调整程度更深。《反恐怖主义法》《国家安全法》《网络安全法》《食品安全法》《广告法》《电子商务法》等一批法律陆续出台。围绕网络的法律制度构建成为立法核心，覆盖网络安全、产业发展、平台责任、业务监管等领域，议题愈加宏大和深入。

知识链接：

2016 年以来，各部门针对网络治理具体出台了多项部门规章与规范性文件。对互联网应用、信息搜索、互联网广告、网络直播等进行专项治理。

2016年6月，国家互联网信息办公室发布《互联网信息搜索服务管理规定》，明确了互联网信息搜索服务的监督管理责任；同月，国家网信办发布《移动互联网应用程序信息服务管理规定》，加强对移动客户端的管理。

2016年7月，国家工商总局发布《互联网广告管理暂行办法》，明确互联网广告的定义与范围，并规定违规互联网广告的行政处罚力度。2016年12月，文化部印发《网络表演经营活动管理办法》，对音视频形式的互联网文化产品的内容作了规定，明确了网络表演经营单位应承担的主体责任。

2017年1月，国家网信办下发《关于开展互联网应用商店备案工作的通知》，对各省、区、市启动互联网应用商店备案工作明确了要求。2017年5月，国家网信办公布新版《互联网信息服务管理规定》，对网络新闻信息服务中的舆论导向、网络主权、公民隐私等内容作了规定；同年5月，《网络产品和服务安全审查办法（试行）》发布并于同年6月起实施。

针对发展迅速的网络直播行业，国家管理部门快速出台了相关规定。2016年9月，新闻出版广电总局下发《关于加强网络视听节目直播服务管理有关问题的通知》，对开展网络视听节目直播服务应具有的资质问题进行了明确规定。2016年11月，国家网信办发布《互联网直播服务管理规定》，对网络直播的内容进行规范管理，通过"实名制"与"黑名单"将办法细化。①

二、网络新闻管理

我国的网络新闻管理体系和上下结合的管理执行体系结合在一起，构成了新闻传播秩序的基础，推动有序发展。

（一）网络新闻的管理主体

网络新闻的管理主体是国家和地方各级互联网信息办公室。其中国家网信办的职责有：落实政策，推动法制；指导第三方进行内容管理；审批、监管网络新闻业务；管理网络游戏、视听、出版；网络文化阵地建

---

① 唐绪军：《中国新媒体发展报告2017》，社会科学文献出版社，2017，第6—7页。

设；网络宣传；关停违法网站；互联网基础管理工作等。

（二）网络新闻的管理客体

网络新闻管理的客体是互联网新闻信息服务机构。网络新闻信息包括：时政信息、公共事务报道、评论（包括政治、经济、军事、涉外等方面的内容），以及有关社会突发事件的报道。网络新闻机构分两大类：有采访权的和只有转载权的。前者是新闻网站，即新闻单位设立的登载超出本单位已刊发的新闻信息、提供时政类电子公告服务、向公众发送时政类通信信息的网络新闻信息服务单位。只有转载权的新闻机构主要指商业网站，即非新闻单位设立的转载新闻信息、提供时政类电子公告服务、向公众发送时政类通信信息的网络新闻信息服务单位。

（三）网络新闻管理行政执法的依据

1. 依据的法律和行政法规有：2000 年 12 月颁布的《全国人大常委会关于维护互联网安全的决定》；2012 年 12 月颁布的《全国人大常委会关于加强网络信息保护的决定》；1997 年 12 月国务院颁布的《计算机信息网络国际联网安全保护管理办法》；2000 年 9 月颁布的《互联网信息服务管理办法》；2006 年 7 月颁布的《信息网络传播权保护条例》；2014 年 8 月国务院颁布的《关于授权网信办负责互联网信息内容管理的规定》。

依据的部门规章有：2003 年颁布的《互联网等信息网络传播视听节目管理办法》；2005 年颁布的《互联网新闻信息服务管理规定》；2007 年颁布的《互联网视听节目服务管理规定》；2009 年颁布的《互联网医疗保健信息服务管理办法》；2011 年颁布的《互联网文化管理暂行规定》；2011 年颁布的《规范互联网信息服务市场秩序若干规定》；2016 年颁布的《网络出版服务管理规定》。

在网络新闻信息管理行政执法中，主要依据的是《互联网新闻信息服务管理规定》。此外，随着实践发展，措施也更加丰富多元，2016 年 8 月，国家网信办召开专题座谈会，就网站履行网上信息管理主体责任提出八项要求，包括建立总编辑负责制、严格落实 7 天 ×24 小时值班制、建立健全跟帖评论管理制度、完善用户注册管理制度、强化内容管理队伍建设、做好举报受理工作等。①

　　与传统媒体之间的版权纠纷是新媒体版权保护领域的一个重要议题。"时事新闻"究竟有无版权,成了新媒体与传统媒体版权之争的核心。我国《著作权法》第五条将"时事新闻"排除在著作权保护范围之外。实践中,部分新媒体机构以此为依据,得出"新闻无版权"的结论,未经授权便大量复制传统媒体的新闻作品,严重损害了传统媒体的合法权益。所谓的"新闻无版权",实际上是对《著作权法》的误读。《著作权法》第五条提到的"时事新闻",指的是客观事实,并非媒体从业者根据其创作的新闻作品。新闻作品包含了作者的劳动,是受到现行法律保护的,未经授权的随意转载已经形成了侵权事实。并且,随着自身发展,新媒体也逐渐转变为时事新闻作品的创作者,"新闻无版权"这一误读,从长远来看,也必然会损害新媒体的发展。②

第二节　互联网监管现状

　　我国互联网的管理大致经历了从先发展、后治理到边发展边管理的一个过程。但是在管理过程中也存在一些问题,如治理资源匮乏、治理的可操作性措施大多来源传统的治理技术,这可能引发更多、更复杂问题。互联网管理的最大影响是互联网和中国历史之间实现了可通约性。如果说20世纪前半期,国家权力竭尽全力,企图深化对乡村社会的控制。那么当前的中国,国家权力同样企图控制一个异质社会——网络社会。

一、我国互联网监管的特征:③

（一）互联网产业发展是监管演化的根本性力量

互联网最初主要提供资讯、通信、娱乐等信息服务,其强大的信息传

---

　　①　赵新乐:《新闻网站要建立总编辑负责制》,《中国新闻出版广电报》2016年8月19日第1版。

　　②　唐绪军:《中国新媒体发展报告》,社会科学文献出版社,2017,第123页。

　　③　王融:《中国互联网监管二十年》,访问日期:2018年7月29日,http://www.tisi.org/4944。

播功能对意识形态安全构成挑战，监管核心自然围绕内容展开。互联网产业从媒体、娱乐、商贸等服务业延伸至更为复杂的公共服务乃至第二、第一产业（工业互联网），监管主题顺势扩展到市场、经济类监管以及保障消费者权益和公共安全的社会性监管。最终，互联网推动着网络空间与实体空间高度融合，网络安全与国家安全融为一体，不仅包括内容监管，而且安全监管更是渗透到网络层和数据层。国内外政治、经济环境能够在一定程度上影响监管的内容和方向，但互联网技术和产业自身的发展才是影响互联网监管变迁的决定性因素。

（二）监管体现出强力权威特征

1. 政府为主导

就我国的互联网监管而言，从政策制定到具体监管实践，政府都是监管规则的主要设计者和执行者。政府能调用各种资源，包括立法、司法以及大众舆论等，体现产业自治的行业协会也是在政府指导下开展工作。

2. 监管手段强力有效

监管作为安全保障而存在，因此手段须强力有效。从事前环节针对业务的双许可机制，到事后发现违法内容，及时断开接入、关闭网站等处理措施都提升了监管的及时性和效率。

3. 代理式监管普遍

我国从引入互联网监管时就确立了代理式监管思路，即由互联网企业来承担对传播信息的审查责任，如果发现自身业务平台上有违法信息，要及时阻断、保存记录并报告主管部门。与美国、欧洲在互联网发展初期所确立的平台不对他人发布的信息负责的做法相比，我国互联网企业自发展起步时就承担了更多的协助监管义务。

4. 运动式治理

多个监管部门共同参与的专项治理行动贯穿了我国互联网发展历程，从早期的网吧专项治理，到针对互联网视听节目、淫秽色情网站、网络赌博、网络游戏等业务的专项治理，再发展到专项治理的常态化、持续化（如针对网络侵权盗版的"剑网行动"、打击淫秽色情信息的"净网行动"等）。专项治理加强了监管部门之间的协作配合，让监管制度在实践处置中得到演练，为监管实施效果及修正提供了重要的验证渠道。

运动式治理打断常规，暂时打断、叫停官僚体制中的常规运作过程，强调依法性；用非常规手段，自上而下、政治动员来调动资源、各方力量和注意力；其目的是替代（突破、整治）原有官僚体制及其常规机制，完成某项任务，合法性源于传统政治需求和特定历史阶段。

运动式治理的优点表现在短期效果显著。调动了一切可利用资源，例如，删帖、销号、禁言、关闭网站等。此外要注意到，互联网空间与传统社会的"话语形构"和运作逻辑不同。运动式治理的情境是传统社会，运作机理是嵌入传统社会中，运动式互联网治理更须重视新场域中的文化持有者及其文化。运动式治理中，要提防以惩罚的数据主义逻辑回避了更深层威胁，实际上更需管理的是嵌入网络结构中的信息传播系统和日常交往方式，而非技术管理自身。科层制、"命令—控制"型规制低效，很难有效应对不确定性和持续增长的变动性。此外，运动式治理需秉持一种"内部的、深度的"视角。

文化志中"emic/etic"描写理论：emic 是文化承担者对本身的认知，代表着内部的世界观，是内部的描写。"深度描写"，例如孩子挤眼，可能是调皮，也可能是眼部出现疾病，这体现出了文化符号复杂性，学者余英时提倡一种"内部研究"的立场、马林诺斯基也提出要秉承"文化持有者的内部眼界"。而 etic 代表一种"外来的、表层的、不深入的"观察，是一种利用外来观念认知、剖析异己的文化。要寻求互联网治理的"地方性知识"（吉尔兹），此处的地方不只指空间、时间、阶级和各种问题，也指特色，即把对事件的本地认识与本地想象联系在一起。地方性知识蕴含对研究对象的社会情境考量，分析特定历史条件，寻求合法性依据。

（三）监管主体多元，监管的权力能力不同

互联网监管部门主体众多，据统计，在中央层面就涉及50多家不同机构，在不同程度、不同领域参与网络监管，但当前来看，以"三驾马车"为核心，主要监管机构为三家：网信办、工信部和公安部。此外，随着互联网从媒体属性发展到产业属性，以工商总局为代表的市场性监管机构影响力也不断提升。这些监管部门基于机构自身的历史渊源，管理职责不同，在监管风格上差异较大。可以看出，治理主体擅长宏大的叙事风格，强调普适性与权威性。

管理主体的权力能力分析。国家能力一般分为：专断权力和基础权力：

专断权力指国家能够单方面实现的权力，即甩开精英、民间社会团体，不与之协商就有权采取行动的范围。基础权力指国家能够事实上实现的权力、实际渗入和统合民间社会的能力、将决策施及整个治域的能力。基础权力是理想的社交媒介管理模式，因此，新媒介治理应倚重国家的基础权力，通过统合新媒体场域中的各种民间资源来实现。

（四）提防网络管理权呈现出"内卷化"

互联网的构成如下：存在于网络社会中的组织体系和各种规范，这囊括了企业组织、管理部门和架构、各种规范、攀附象征价值以及各种动态的人际关系等。网络中的人际关系极具地方性知识，诸如"路人转粉、粉转路人、粉转黑、黑转粉、互粉"等。作为信息权力寄身的互联网有边界模糊、节点弹性、地方性、弱连接等特点。

内卷化现象是吉尔兹提出的概念，指一种社会或文化模式在达到一程度后停滞不前，无法转化为另一种高级模式的现象。即边际效益递减、没有发展的增长。如晚清时期的科举制度等，不是依靠提高旧有或新设机构的效益，而靠复制或扩大传统社会中的国家与社会关系。

知识链接：各国的网络治理①

1. 美国

自 1978 年以来，美国先后通过了 130 项和互联网有关的法律，完备的法律体系涵盖了网络犯罪、儿童保护、知识产权、电子商务、域名注册、国家安全等领域，为互联网发展提供了有力保障。分级和过滤是美国网络管理主要采取的技术手段，分级主要是通过对网络上纷繁复杂的信息进行分级整理，将不符合法律规范、道德规范的信息屏蔽掉。例如分级系统 PICS（Platform for Internet Content Selection）技术标准协议，过滤主要通过过滤软件来实现，Cyber Patrol 是美国过滤软件的代表。政府通常制订一个封堵用户方位的"互联网地址清单"，对网络不良信息进行过滤和筛选。对网络犯罪，美国尝试引入大数据概念。大数据可以帮助警察分析历史案件，发现犯罪趋势和犯罪模式，找出共同点和相关性，通过分析城市数据源和社交网络数据来预测和防控犯罪。

---

① 《互联网时代》主创团队：《互联网时代》，北京联合出版公司，2015，第 205 页。

2. 英国

英国成立了网络观察基金会，这是由政府牵头成立的互联网行业自律组织，主要职责是对网络内容进行分级标注并接待投诉。英国网络观察基金会密切监管着互联网上的内容，尤其重视对于可能影响青少年的色情暴力、涉及恐怖主义危害国家安全这两类信息的监管。2008 年，英国内政部还提出"监听现代化计划"，监听并保留英国互联网上所有人的通信数据。

3. 德国

在德国，《多媒体法》《刑法法典》等法律法规对什么是互联网上的不良信息、什么样的言论应受法律保护、什么样的信息应受到法律制裁等，做出了具体的解释。

二、网络新闻监管

互联网管理是分工合作、协调发力的机制。国家网信办协调工信部、公安部和其他部门对网络信息内容实施监督管理。公安部负责网络安全监督、维护网络公共秩序和公共安全、防范和惩治网络违法犯罪活动。国务院其他部门在职责范围内负责管理，调控的问题有三方面：

（一）内容导向

网络内容事业的主旋律和首要原则：弘扬正能量、净化网络空间以营造绿色、健康的互联网生态。导航类网站应分类明确、导航全面，绝非传播情色低俗信息的平台，更不应该以大量色情图片及低俗信息博取网民眼球、赚取高浏览量。

《互联网新闻信息服务管理规定》第一章第三条规定：互联网新闻信息服务单位从事互联网新闻信息服务，应当遵守宪法、法律和行政法规，坚持为人民服务、为社会主义服务的方向，坚持正确舆论导向，维护国家利益和公共利益。这是从事网络新闻信息服务的总要求和总规定，也是行政执法的总依据。关于网络新闻信息服务行政管理的具体条款，《互联网新闻信息服务管理规定》第三章第十九条规定如下：

互联网新闻信息服务单位登载、发送的新闻信息或者提供的时政类电子公告服务，不得含有下列内容：

（一）违反宪法确定的基本原则的；

（二）危害国家安全，泄露国家秘密，颠覆国家政权，破坏国家统一的；

（三）损害国家荣誉和利益的；

（四）煽动民族仇恨、民族歧视，破坏民族团结的；

（五）破坏国家宗教政策，宣扬邪教和封建迷信的；

（六）散布谣言，扰乱社会秩序，破坏社会稳定的；

（七）散布淫秽、色情、赌博、暴力、恐怖或者教唆犯罪的；

（八）侮辱或者诽谤他人，侵害他人合法利益的；

（九）煽动非法集会、结社、游行、示威、聚众扰乱社会秩序的；

（十）以非法民间组织名义活动的；

（十一）含有法律、行政法规禁止的其他内容的。

处罚的方式包括：立即删除；警告，可以并处 1 万元以上 3 万元以下的罚款；情节严重的，由电信主管部门根据有关部门的书面认定意见，按照有关互联网信息服务管理的行政法规的规定停止其互联网信息服务或者责令互联网接入服务者停止接入服务。

（二）新闻信息源失范

规范新闻信息源是网络新闻传播秩序管理的重要方面，《互联网新闻信息服务管理规定》第三章第十六条规定："应当标明新闻信息来源，不得歪曲原新闻信息的内容。"

第五章第二十八条规定：转载来源不合法的新闻信息等行为，由职能部门依据各自职权责令改正，并予以警告，处 5 000 元以上 3 万元以下罚款。本规定适用于商业网站，对新闻网站同样适用。

2015 年 5 月，国家网信办分七批公布了 379 家可转载新闻的新闻单位名单。

（三）篡改标题

标题党是管理的重点。《互联网新闻信息服务管理规定》对歪曲原新闻信息内容的处罚有：责令改正，给予警告，并处 5 000 元以上 3 万元以下的罚款。

 知识链接：七条底线和九不准

七条底线：

法律法规底线；

社会主义制度底线；

国家利益底线；

公民合法权益底线；

社会公共秩序底线；

道德风尚底线；

信息真实性底线。

九不准：

反对宪法所确定的基本原则的；

危害国家安全，泄露国家秘密，颠覆国家政权，破坏国家统一的；

损害国家荣誉和利益的；

煽动民族仇恨、民族歧视，破坏民族团结的；

破坏国家宗教政策，宣扬邪教和封建迷信的；

散布谣言，扰乱社会秩序，破坏社会稳定的；

散布淫秽、色情、赌博、暴力、凶杀、恐怖或者教唆犯罪的；

侮辱或者诽谤他人，侵害他人合法权益的；

含有法律、行政法规禁止的其他内容的。

纵观和互联网相关的法律法规，在具体内容和制订呈现方面也存在一些问题。例如：表达过于简单；行政规章和规范性文件主导，缺乏法律上的权威性；立法的部门多元；法规在内容上呈现出不一致；缺乏保护性条款；权力划分不合理等。[①]

本章小结

网络治理之所以得以实施，依靠的不是个别部门或相对单纯的政治措施，而是多层级、多主体、包含各种逻辑和传统的综合手段。中国互联网监管历史阶段可划分为：监管的引入和奠基阶段、监管体系全面建立阶段、监管优化与扩展阶段、监管重构升级阶段等。网络新闻的管理主体是国家和地方各级互联网信息管理部门。网络新闻管理的客体是互联网新闻

---

① 张国良：《互联网与中国 20 年：变革与创新》，上海人民出版社，2016，第 27—28 页。

信息服务机构。在网络新闻信息管理行政执法中，主要依据的是《互联网新闻信息服务管理规定》。我国互联网的管理大致经历了从先发展、后治理到边发展、边管理的一个过程。但是在管理过程中也存在一些问题，如治理资源匮乏，治理的措施大多来源传统的治理技术，这可能引发更多、更复杂的问题。互联网管理的最大影响是互联网和中国历史之间实现了可通约性。

关键名词

代理式监管；运动式治理；基础权力

思考题

1. 中国互联网监管可分为哪些阶段？
2. 网络新闻管理行政执法的依据有哪些？
3. 我国互联网监管的特征有哪些？
4. 我国网络新闻的内容导向有哪些？

延伸阅读

1. 李永刚：《我们的防火墙——互联网时代的表达与监管》，广西师范大学出版社，2009。

2. ［美］詹姆斯·克里斯：《社会控制》，纳雪沙译，电子工业出版社，2012。

3. 郑永年：《技术赋权：中国的互联网、国家与社会》，东方出版社，2014。

4. 李一：《网络行为失范》，社会科学文献出版社，2007。

第十四章 新媒介传播伦理和素养

自媒体伦理是人们在自媒体使用中所有道德关系的总和。自媒体伦理存在于自媒体传播中的各个环节，主体在自媒体平台上生产、积累、共享和传播信息，在此过程中所产生的善与恶、义与利、知与行、荣与辱的关系问题统称为自媒体伦理问题。对自媒体伦理的研究，就是去探索自媒体行为中善与恶的矛盾，确立正义与非正义的理性抉择。面对一种新型传播媒介，要对其信息传播中的各个环节进行伦理的规范。

第一节 新媒介传播伦理

在网络伦理议题中，既包括一些基本的理论探讨，如网络伦理的哲学基础、学科归属、理论支撑等，又涉及一些对网络道德具体问题和交叉议题的研究，如网络隐私、网络知识产权、电子监视、网络安全、有害信息审查、网络社会结构、网络文化冲突、网络政治民主等方面。

一、网络传播伦理的发展

网络伦理学发轫于20世纪四五十年代的美国。美国著名计算机伦理学家特雷尔·拜伦在《伦理学与信息革命》一文中指出，计算机伦理学的非正式开始可以追溯到20世纪四五十年代控制论的创始人罗伯特·维纳那里，这段时间正是计算机技术的发展和成熟阶段。1985年，德博拉·约翰逊出版第一部计算机伦理方面的教科书《计算机伦理学》，但并不认为计算机形成全新的伦理问题，而仅是使原有的伦理问题有所改变而已。同年詹姆斯·摩尔在《什么是计算机伦理?》一文中对"计算机伦理"的理解进一步深入。20 世纪 90 年代中后期,计算机伦理学的发展进入了更为成熟的阶段。我国到 20 世纪 90 年代晚期才有相关专著出现,1998 年,严耕等在《网络伦理》一书中,对网络伦理进行了界定,指出"网络伦理为人们通过电子信息网络进行社会交往时而表现出来的道德关系。随着研究的不断深入,目前我国关于网络伦理研究的重点,倾向于网络文化、网络社会、网络道德这些宽泛问题的抽象探讨"。我国在网络传播伦理的研究上思维比较固定,研究脉络也比较笼统。往往过分侧重对网络传播中道德失范的批判,认为很多伦理问题都如洪水猛兽般影响人们的日常生活,继而提出很多应该如何应对网络伦理失范、如何从法律上制约、如何教人提高道德修养的建议。这在多元价值取向的今天本身就很矛盾,当我们把对伦理问题的研究最后退到以法律为唯一可靠的指导时,其本身就脱离了伦理学应有的研究范围,因为伦理学是研究关于道德的哲学。从另一方面讲,伦理学包含着那些关于正义、美德、善良等思想史的争论,并且伦理学强调推理能力和充分的论证。[1]

关于网络传播伦理失范问题,主要分为两个类别:

一是新媒体技术及管理。互联网空间中存在资讯泛滥、信息成灾、网络恶搞、网络谣言等种种传播伦理失范现象,而针对新兴媒体的建设和监管又存在诸多空白和缺失,管理和加强行业自律等是治理网络传播伦理失范之策。有研究者提出了网络传播把关人的合力治理模式,在网络传播系统中对传受者发布的信息进行中继和过滤,并把对传受者的网络行为进行约束和塑造的人、组织、技术、制度等统称为把关人。

二是网络环境下的新闻传播伦理与法规。主要从新闻传播伦理的角度,重点梳理网络传播陷阱、媒介假事件、泛娱乐化现象、色情、暴力、人肉搜索、网络恶搞、谣言欺诈等传播伦理失范行为,提出加强传受双方媒介素养教育和网络伦理教育、营造责任追究的制度环境和加强法律监管

---

① 卢辉灿:《传播过程视域下微博传播伦理研究》,硕士学位论文,华南理工大学新闻与传播学院,2013。

等对策，以期在伦理困境中突围，减少传播失范的产生。①

二、自媒体传播伦理的特点②

（一）内在性

自媒体伦理是一种内在的传播规范，包含三个层次的内容：自媒体礼仪、自媒体规范、自媒体原则。自媒体礼仪是能使自媒体正常运行的最基本的行为规则；自媒体规范是自媒体礼仪的升华，是已经明文规定或约定俗成的行为标准和道德评价标准；自媒体原则是自媒体礼仪与自媒体规范的总括，是自媒体伦理关系的集中体现。这三个层次由浅到深，自媒体伦理的规范对象是自媒体参与者，对于参与者而言，伦理虽然不具有法律强制性，但是却有舆论约束性。自媒体为草根用户提供的服务不仅多元化，而且更加广泛，更具有深度，网民的自由度、认知力和选择性空前增大，这也增加了网民受到侵害，发生道德事件的概率。

（二）开放性

与现实社会的道德伦理比较，自媒体伦理更具有开放性。自媒体作为网络媒体的典型代表已在世界范围内使用，所以自媒体伦理与传统道德伦理相比，其所在的基础环境更加开放，自媒体伦理的研究对象不再受地域、宗教、文化等客观因素制约，而是面向所有自媒体参与者。自媒体伦理最基本的原则与规范适用于所有自媒体，自媒体伦理的具体内容又因地域、人文、国情等因素的差异而不同。

（三）草根化

自媒体伦理中的道德主体是普通网民，而非专业的新闻传播者。作为一种高度开放的媒体，不限制身份、学历、性别，也没有对社会地位的苛刻要求。每个人都可拥有自己独立的博客、播客、朋友圈、网络社区等，每个人仿佛在不知不觉间从以前的受众，成为信息的传播者。网民在现实世界中的一些不敢企盼的想法，通过自媒体可以实现，个体的价值得到提升，主体意识得到满足。每个"草根"都可用自媒体技术展现自我，传递

---

① 李文冰、强月新：《传播社会学视角下的网络传播伦理失范治理》，《湖北大学学报（哲学社会科学版）》2015 年第 2 期。

② 朱严峰：《自媒体伦理研究》，硕士学位论文，广西大学公共管理学院，2013。

生活中的感触，发表自己的言论，这种自由在现实社会中很难实现。

（四）内容多元化

传统的道德管理是自上而下的，把少数人的思想理念定为道德标杆，再统一向大众传播，传统的管理模式使人们的道德观念和行为都要高度统一。自媒体的出现打破了这种自上而下的说教模式。自媒体涉及的领域广、主体个性意识强，出现的问题也十分尖锐和复杂多样，这意味着自媒体伦理与传统道德伦理相比，将会出现更多新内容，向着多元化的方向发展。

第二节　网络新闻伦理

某一行业从业者的行为标准和道德原则被称为职业伦理，在网络新闻的传播过程中，建立了一套行业从业者公认的从业标准，实现传播主体的自我约束与规范。网络新闻伦理涵盖了新闻媒体伦理、社会道德、社会责任诸多方面。网络新闻道德失范现象正日益引起人们的关注，对这些现象的类型进行归纳并分析其危害很有必要。

一、网络新闻伦理失范[①]

网络新闻伦理失范主要有：虚假新闻充斥、不良信息泛滥、侵权现象严重以及舆论导向偏失等几类现象。

（一）虚假新闻充斥

虚假新闻来自媒体网站和网络用户两部分。大量发布虚假新闻的主要是非专业新闻网站，这类网站由于缺少专业采编人员，没有一套按照新闻规律运转的新闻生产机制，加之对轰动效应和经济效益的追求，因此成为虚假网络新闻的主要来源。传媒集团下属的网站是传统媒体设立或创办，开办者是已有一定影响的新闻传播机构，由于相对权威性，其发布的虚假新闻更易引起轰动，从而对社会造成不良影响。网络用户个人发布的虚假新闻，这类虚假新闻来自于网络用户自由发言的网上社区或其他交流场

---

① 　孟彩珍：《试论网络新闻的伦理建构》，硕士学位论文，北京邮电大学人文学院，2009。

所，发布数量远超媒体网站，是虚假新闻的主要来源。有些虚假新闻对于社会稳定和经济秩序构成了直接危害。这类假新闻多用内部人士、消息灵通人士、据传等词句开头吸引受众注意。

（二）低俗信息泛滥

国内一些个人主页为了扩大影响，提高知名度，有意链接境内外不良新闻网站。一些媒体网站对不良新闻不加审查地放在网上，特别是在网站的服务区内，如免费个人主页、搜索引擎、网上论坛、链接以及各种云等新媒介平台，为不良信息的泛滥提供了方便。

（三）侵权现象严重

网络新闻的侵权行为主要集中在两个方面：侵犯著作权和侵犯名誉权。网络传播中，侵犯著作权的危害和可能性越来越大，通过网络可以搜索出源源不断的图文、音像信息，然后将其作为新闻信息来源或新闻背景。不管是原文、原图、原声使用，还是编辑改动后加以利用，都侵犯了原作者的著作权。网络的开放性使得网上不经许可任意使用传统媒体新闻资源成为常态，这样使侵犯著作权现象更复杂。某些用户假冒公众人物在网上发表不负责的新闻消息或者对公众人物诽谤、诋毁和谩骂，对当事人的名誉造成恶劣影响，对网络自由的滥用，使侵犯名誉权的行为防不胜防。

（四）舆论导向偏失

网络新闻的舆论导向偏失表现在多方面：报道内容不加选择，只要能吸引眼球就好；报道方式求新求怪，只要能成为热点就行；报道角度刻意标新，重在彰显"个性"。特别值得注意的是，有些网络新闻刻意推崇反智和种族对立，弘扬民粹主义和狭隘的民族主义。

（五）极端网络行为①

自媒体具有明显的社群聚合性，聚合了各种不同文化背景、宗教信仰的群体，而且这些群体还具有无组织性和临时性的特点。由于价值观、兴趣爱好、个人性格等方面的差异，在面对公共议题时，网络空间中容易产生群体极化现象。自媒体群体极化的负面作用极大，会导致"非理性、攻

---

① 叶耿标：《基于自媒体平台的传播伦理研究》，硕士毕业论文，广西大学新闻传播学院，2013。

击性"的网络行为，表现为黑客攻击、网络语言暴力等。

（六）过度分享

过度分享的意思是为引起别人对自己的关注而揭露过多的个人资讯。2008 年，美国《韦氏新世界词典》选其作为年度的风云词。自媒体时代，为了满足自己的需求，人们不断通过自媒体分享自己的观点、生活，随时随地在自己的圈子报告行踪，与圈子好友进行互动。互动参与性为自媒体用户提供了参与信息传播的机会，满足了人们的表达与被关注的心理需求，导致一些用户"分享成瘾"，引发过度分享的问题。

二、新媒介暴力[①]

新媒介呈现出快速发展之势，新媒介暴力也迅速成为媒介职业伦理中一个焦点问题。依托技术与资本的双重推动，新媒介暴力体现在三个方面：

（一）内容暴力

媒介化社会处在一个信息过剩的时代。媒介组织对技术和渠道的绝对掌控，造成受众对有效信息获取和无效信息过滤相对困难。一方面，受众生活在媒介化社会的"信息海洋"之中，却又时常置身于"信息孤岛"之上。看似世界一体化的互联网世界，实际上依然被划分为不同的区间和模块，海量信息如何筛选、不同语言的表达如何解码、彼此对立的观点如何辨别，依然更多地依赖于媒介的拟态环境建构和议程设置，信息内容获取的主导权并不在受众手中。另一方面，尽管媒介化社会是一个开放系统，但以互联网技术为基础的信息获取方式实际上依然是一个封闭的、单向度传播过程。用户通过媒介获得的信息以及信息背后的立场、观点和价值观，实际上是经过媒介过滤和再加工的。在该过程中，媒介组织的利益往往会被置于信息传输之中，"观点"冒充"信息"隐瞒媒介的真实目的，信息理性常被媒介对受众的观点暴力所替代。

（二）渠道暴力

用户选择某种渠道，就须接受媒介渠道单方面制订的"渠道契约"，

---

① 刘明洋、吕晓峰：《媒介化社会视角下的新媒介伦理建构》，《山东社会科学》2017 年第 8 期。

诸如，广告、游戏等信息被频繁推送，强制用户打开消息网页、恶意捆绑推送，然而，对于大部分捆绑阅读、恶意推送、预置软件等做法，生产商和运营商为了规避法律风险和消费者投诉，实际上预留了技术解决的空间，这些是渠道中的硬暴力行为。在多数情况下，渠道暴力以技术霸权为隐含前提、以软暴力的形态出现。对于普通用户而言，该技术既不被告知也缺乏专业操作能力。这实际是利用技术优势和数字鸿沟强制实施的渠道暴力。因此，渠道暴力实际上是媒介渠道与媒介受众的关系失衡，是工具理性的缺失。原因在于媒介化社会的技术、资本和话语权优势依然由大众传媒、科技公司和互联网巨头掌握。

（三）技术暴力

"人手一个充电宝、举着手机找信号、出门先要找 Wi‐Fi"的情况已是手机依赖者的"标配"。从美图软件到自拍杆的流行，社交辅助功能既优化了用户体验，也在更大程度上禁锢了受众思维，媒介技术对人的控制已经渗透到生活各方面：出门吃饭每道菜必须拍照发微博、花费数个小时拍照、美图发朋友圈，打开手机无论有没有消息也要刷一刷微博和朋友圈。在媒介化社会中，技术暴力表现得更加充分，既表现在传播者身上，也表现在接受者身上。就传播者而言，技术暴力常体现为一种技术依赖，拥有技术、资本、组织优势的互联网巨头与科技企业进军媒介市场，以这样的背景形成的新媒介群体几乎无一例外贴上技术媒介的标签。通过融合的方式引进和接受新兴媒介技术，传统媒介也与技术媒介建立关联。作为一种供使用的有效工具，从技术使用走向了技术依赖，技术正在吞噬和替换媒介和信息。

第三节　新媒介与青年文化伦理

新媒介最频繁的接触者和使用者是青少年，该群体的好奇性、不成熟性、叛逆性和冲动性等因素很容易导致道德的失范和偏激化发展。新媒体构成当今最为突出的青年亚文化情境，一系列问题亦在新媒体场域出现，诸如网瘾问题、游戏问题、黑客问题、恶搞问题、网络语言问题等，正是这些问题构成了青年文化在中国当下的存在形态，其伦理的向度尤其富有矛盾、混杂和冲突的意涵。

案例：

郑州警方近日发现一个名为"耽美（BL）小说网"的网站，一个月内点击量从几万次猛增到几十万次，最多的时候近百万次。这些被点击的小说，描写的都是一些男同性恋之间的恋情，作者以年轻的女性为主，年龄普遍在 20 岁左右。"耽美（BL）小说网"的服务器虽然设在郑州，但 32 名签约作者却分布在上海、广州、重庆、十堰、宝鸡等十多个城市。警方决定迅速出击，实施全国抓捕。这件事情发生之后，网上一度有过激烈的争议。在天涯论坛上，有人认为这是"一群变态女孩""露骨的性爱描写，变态的性取向""一直以为 BL 就不是正常人看的……""这些腐女写的完全违背伦理道德的东西比写男女之间的更加厚颜无耻，严重污染青少年的心理健康"。耽美文化于 20 世纪 90 年代早期由日本传入我国大陆地区，在 21 世纪伴随着互联网的飞速发展而广泛流行开来，并形成了"同人女"群体。"同人女"群体通过耽美文化试图在主流文化和意识形态中开创出一个有意义的中介空间：一个能够被发现，且能够用以表达某种另类身份的认同空间，传达出一个离经叛道的声音。①

一、新媒体中的青年文化冲突②

（一）"道德恐慌"

这是社会学家和文化研究学者在考察主文化试图规范青年文化的伦理冲击时使用的概念。20 世纪 70 年代的英国社会学家约克·扬（Jock Young）在其《吸毒者》一书中首次使用"道德恐慌"一词，指出在青年人吸毒的问题上，媒体不断将这一现象边缘化，不断煽动公众愤怒的行为，不但没有解决好毒品的危害问题，反而导致了异常行为的增加，引起更大的社会混乱。这一观察和分析的视角被英国的当代文化研究中心（CCCS）的青年亚文化研究学者大力推崇。英国学者斯坦利·科恩于 1972 年发表的博士论文《民间魔鬼与道德恐慌》，对 20 世纪 60 年代中期英国

---

① 《郑州破获黄色小说网站，签约作者多是 20 岁女孩》，访问日期：2017 年 7 月 28 日，http://news.ifeng.com/society/1/detail_ 2011_ 03/21/5271646_ 0. shtml。

② 陈霖：《新媒介时代青年亚文化的伦理冲突及其建设性资源》，《青年探索》2013 年第 6 期。

社会关于"摩登族和摇滚迷"的道德恐慌进行研究，并对"道德恐慌"这一概念做出影响深远的阐释："在任何一个道德恐慌时期，社会都是恐慌的主体。这个时期，某一个体或群体被定义为对社会价值、利益构成威胁。大众媒体将其本质呈现为一种类型化的刻板模式。"英国文化研究学者霍尔等人在通过对一起抢劫伤人案的研究而写成的《监控危机》一书中，将文化霸权的理论运用于媒体文化功能的分析，指出英国媒体以英国警官、法官、政治家和编辑为主的"专家们"发出一致的声音，制造出"道德恐慌"，对公众产生影响。

（二）价值的冲突

在我国，各种趣缘群体建立的贴吧等社交媒介迅速进入年轻人的交往活动中，各群体或小组在视频网上放上了自制的视频等，这些促成了青年文化更为自由的表达和呈现方式，种种伦理冲突亦随之而起。

1. 分享与垄断的对立

自由作为一种伦理价值的取向，新媒介语境下的青年文化赋予其首要的内涵在于分享的精神。代表黑客精神的"利维原则"第二条表明，黑客们坚持"所有的信息都应当是免费的"。这里"所有的信息"主要是指那些对大多数人有用，却又被主流文化加以限制的元素。黑客向来主张软件代码共享。实践中出现的自由版权（copyleft）概念，是与版权（copyright）截然相反的版权理念，实质就是共享，认为网上的信息，即便是一首歌或者一篇文章，也要允许别人转发、享用、复制，只有用这种思路才能有效制止以前所谓的盗版。

2. 多元与权威的对立

在青年文化的各种富有创造性的恶搞中，很多是针对权威而来。网络上的一些恶搞视频的素材大多来自主流文化，却经过网络用户不经意间的游戏之作，经由网络的传播和分享，引起亚文化族群的广泛称赞和效仿。

3. 以游戏精神对抗功利原则

1975 年美国《比特》杂志创办，第一期便登出标题醒目的文章：《计算机——世界上最伟大的玩具!》，这种游戏精神一直是青年文化实践的动力，它意味着对商业力量或政治力量的拒斥。

新媒介情境下的青年亚文化在伦理价值取向上与主流文化的冲突，暴露出主流文化伦理价值体系的缺陷和困境，也凸显出青年文化在伦理问题上的危机。这需要以客观理性的科学态度对待，不容忽视的一个问题是，青年亚文化实践本身蕴含着丰富的伦理资源。在直观的层面上，青年文化在伦理价值取向上多以另类、少数和偏离为特征，这意味着主流文化的伦理取向对亚文化的界定，也由此凸显社会的价值分歧、争议甚至对抗。但是，个人或群体所信奉的价值是在具体的社会历史语境中建构的，它不是任意的，也不是一成不变的。在实践意义上，价值分歧与争议本身是一个社会过程，而且是价值建构过程的一部分。

二、网络游戏传播的伦理①

就网络游戏传播而言，它是一个将游戏通过网络从发送到接收的过程，其中所涉的主体至少包括：发送者、接收者和网络管理者等。网络游戏带来的影响有正面也有负面的，这些影响的大小和三方主体密切相关。但是，一般情况下网游商家往往成为千夫所指的对象，被指责只从赚钱出发忽视甚至无视自己的道义责任或社会责任。伦理问责的对象应包括以下主体：

（一）网络游戏发送者

网络游戏发送者泛指网游产业中的有关商家，包括如下几类：网游开发商、网游运营商和网游服务商。网游开发商的主要任务是网游的设计开发，采用最新技术打造出一款款网游产品；网游运营商指直接为用户提供网游服务的厂商，主要负责网游产品的营销及渠道建设；网游服务商主要指网吧等经营者，为网络游戏玩家提供场所、设备等服务。

虽说网游商家以营利为目的是正当的，但利益的获取手段也有正当与不正当之分，在确定获取什么样的利益、怎样获取利益的择选中蕴含着一定的道德要求。网游商家应当承担相应的伦理责任，但又不能将网游的负面影响全都归罪于网游商家，也不能将消解负面影响的责任全由网游商家承担。

（二）网络游戏接收者

网游接收者可分为主要参与者、次要参与者和隐性参与者三类。在我

---

① 方文洁：《网络游戏传播的伦理分析》，硕士学位论文，华中师范大学新闻传播学院，2014。

国，主要参与者指网游玩家，次要参与者可指玩家的家长，隐性参与者可指玩家所在学校的教育工作者。各类网游接收者的伦理责任，都应以尊重青少年的身心健康为基本道德要求，但由于各类接收者的社会地位与身份不同，如何承担责任应该有侧重和主次之分。少年网游玩家和在校学生是构成中国网游玩家的最大群体，又是最易被网络游戏侵袭身心健康的群体。青少年虽然无法决定网络游戏是否健康，但他们对玩什么样的游戏、怎样玩游戏还是有一定的主动选择权的。从家长方面来看，网络游戏对玩家造成的负面心理问题主要有思想偏见、过度使用、精神沉浸、社会隔绝、人际冲突、消极避世。[①] 家长为防范网络游戏对孩子的负面影响所采取的措施是彻底的，但着力点大都放在"禁止"上而非"引导"上，后者比前者更能体现家长所应承担的伦理责任。从学校教育工作者方面而言，我国青少年网游玩家中绝大多数是在校学生，学校教育工作者最关注的是学生的学业，学生因贪玩网游而荒废学业的事例数不胜数，成为"业精于勤而荒于嬉"的最好注脚。因此，学校教育工作者和家长一样大都对网络游戏并无好感。

（三）网络游戏管理者

网络游戏管理者涉及多个规范网络信息或内容传播的政府主管部门。文化部是网络游戏的主管部门之一，其承担的伦理责任体现在管理职责之中，即要为网络游戏的健康传播制定政策、确立制度，以保障网络游戏传播所涉各方的正当权益，并使网络游戏传播所涉各方履行伦理责任。2002年以来，文化部等部门在对网络游戏的管理中，逐步建立起主体资格准入、进口网游内容审查、国产网游产品备案、网游虚拟货币发行及交易规范、日常巡查监管等基本制度，在规范和引导行业健康发展方面起到积极作用。网络游戏管理者实施网络游戏传播中的伦理规范，具体包括如下几方面：[②]

一是明确"应当"与"不当"的行为。就我国游戏产业实践看，文化

---

① 北京大学文化产业研究院、人民网研究院：《快乐消费的文化底色：网络游戏评论文集》，人民日报出版社，2013，第 1 页。

② 林拓：《"互联网 + 游戏"：影响未来的"边缘革命"》，《华东师范大学学报（人文与社会科学版）》2017 年第 3 期。

部明文规定对包含有以下 10 方面内容的网络游戏不得提供批准文号：反对宪法确定的基本原则的；危害国家统一、主权和领土完整的；泄露国家机密，危害国家安全或者损害国家荣誉和利益的；煽动民族仇恨、民族歧视，破坏民族团结，或者侵害民族风俗、习惯的；宣扬邪教、迷信的；散布谣言，扰乱社会秩序，破坏社会稳定的；宣扬淫秽、赌博、暴力，或者教唆犯罪的；侮辱或者诽谤他人，侵害他人合法权益的；危害社会公德或者民族优秀文化传统的；有法律、行政法规和国家规定禁止的其他内容的。在很大程度上，只有对"行为"所涉对象明白无误，才能较好防范或避免行为主体钻空子或被误伤。

二是确立从"一般"到"具体"的行为约束机制。网络游戏传播所涉各方都须遵守针对全体网民提出的伦理规范，但他们也分属于特定的群体，也必须遵守与此相关的具体的伦理规范，分类道德规范只有针对特定行业、特定群体的活动特点，才能发挥最大的调节与引导功能。

三是采取可提高伦理规范执行力度的配套措施。当代社会的伦理规范多以公约、规则、戒律、条例等形式出现，要提高其执行力度，就要求颁布这些伦理规范的主体具有权威性与公信力，一般应是政府部门或相关的行业协会。再者，由条款表述的伦理规范，虽然可起到明示的作用，但若没有相应的制度建设，就很可能沦为一纸空文，2010 年推出的《网络游戏管理暂行办法》，或许可视为加强网络游戏传播中伦理规定。

第四节　新媒介伦理建构

建构新媒介伦理体系需围绕三个关系的建立而展开，即媒介与人的关系、媒介与媒介的关系、媒介与社会的关系。[①]

一、新媒介伦理建构的维度

（一）媒介与人的关系

首先是要重塑"媒介人"。媒介化社会的核心要素是人，"媒介人"既

---

① 刘明洋、吕晓峰：《媒介化社会视角下的新媒介伦理建构》，《山东社会科学》2017 年第 8 期。

包括专业媒介从业人员，也包括非专业媒介参与人员。在社交、互动的媒介形态下，每个人都有"媒介人"的特征。重塑的核心是培育一种适应新媒介生态的媒介素养，以这样的媒介素养为基础，进行媒介信息的采集、加工、处理、发布，同时以这样的素养为指向进行媒介运营，实现媒介的良性成长。其次是构建新型传受关系。在媒介化社会视角下，传受关系进一步进化为信息产品生产者和消费者的关系，二者相互融合，互为彼此。解决好传受者和生产消费者之间的伦理问题，需实现传受双方、生产消费双方的有效沟通。

从传播者和生产者角度看，要逐步改变对技术霸权和传播场域话语权的依赖度，尊重和发现受众价值，从受众视角思考问题、提出对策、发出声音。从受众和消费者角度看，既要正确认识媒介化社会环境中的信息、技术和渠道的关系，也要尽量避免受到媒介娱乐化、游戏化的影响。

媒介化社会背景下，媒介与人的伦理关系，突出表现为如何处理技术和文化的伦理关系。要想在文化中认清方向，与技术所产生的偏颇和压力保持距离十分必要。技术本身虽然是中性的，但技术的使用目的和手段则有善恶之分。

（二）媒介与媒介的关系

在政府规制层面，我国对媒介的治理偏向内容和形式层面，尚未完全涉及产业层面。随着媒介市场的发展和成熟，在媒介伦理的重新建构过程中，产业视角将是一个全新的重要视角。在宏观层面推动媒介产业的供给侧改革，实际上是要解决目前已经存在的媒介平台、渠道过剩问题，以及相关联的信息供给过剩问题。对总量进行盘点，要有所限制，形成更加高效和科学的媒介秩序。

（三）媒介与社会的关系

媒介是媒介化社会的形成基础和基本形态。在媒介化社会中，媒介所承担的社会角色，已不是传统的社会守望、社会监督，而更加倾向于社会参与和建设。在社会前进的动力体系中，媒介的驱动作用也更加明显。重置媒介的社会角色，实际上是在社会总体框架下，在社会组织、社会交往和社会生态等领域，更好发挥媒介的作用。媒介伦理与社会伦理并举。在媒介化社会背景下，媒介影响人们生活的方方面面，媒介伦理作为一种生活思维也在潜移默化中改变社会伦理，从某种程度上看，社会伦理的要求也通过媒介的传播、塑造和影响得以体现。

二、解决伦理问题的三个层面

在新媒体传播中，重建网络交往的价值取向很重要。努力塑造和谐的价值观念，做到网络交往自由与规范责任、公德与私德、共享与互惠、兴趣与专业等几个方面的统一，尊重数字的表达方式，具体包括如下：[①]

（一）技术层面

新媒体是发展中的技术，很多问题还没有显现，如果等到所有的伦理问题都暴露再解决则为时已晚。这需要在具体的新媒介问世初期进行技术预测，在媒介使用的过程中评估技术，及时调整反馈的问题。在新媒介创新扩散的所有阶段，不能只关心新媒介的合理性、高效性和经济性，不能只关注利润目标，要引入伦理评价体系，避免有可能发生的问题，对已经产生的问题要及早解决。

（二）道德层面

从传统伦理中汲取智慧，对规范新媒体有重要意义。新媒体中的一些要求也要符合传统道德规范。如中国传统道德中的"大道"和西方传统中的"德性"，都可以作为新媒介的道德来践行，在制定"新新媒介"道德标准的时候都可以参照，一旦确定了道德标准，就以"道德律"的形式教育和规范网民，培养人们理性使用"新新媒介"的素质，把理性内化为网民的道德习惯。在利用传统道德规范"新新媒介"时，须结合时代和具体技术的特点，有选择、有改动地学习。

（三）制度与法规层面

新媒介平台上用户空前自由，传统的监管审查方式难以奏效，政府需要改变管理方式，变堵为导，积极参与到"新新媒介"的传播当中，以一个参与者而不是管理者的身份引导"新新媒介"，最大限度地发挥民主优势。政府要营造符合实际的文化舆论氛围，制作适合各种"新新媒介"的文化产品，对媒介使用者产生"春风化雨"的影响。"保底"用的法律法规更要跟上。当下，我国在"新新媒介"方面存在法律漏洞。

---

① 虎业勤、沈继睿：《"新新媒介"的伦理问题与对策研究》，《华北水利水电学院学报（社会科学版）》2012年第5期。

（四）规范自媒体营销活动

在商品经济高度发达的今天，商业运作已渗透到生活的每一个领域。自媒体拥有数量庞大的用户群，早已成为商家的营销重地，而政府在这一领域存在的监管缺位导致许多伦理问题。对政府而言，应通过对自媒体营销活动进行有效的法律监管，使之既能保证自媒体的公共领域属性，又给予商业化运作合适的空间。①

第五节　新媒介素养

移动互联网时代，新媒介素养主要指公众接触、使用新媒介及解读新媒介信息时所表现出的素质与修养，在结构上包含相互关联的三个环节——传者、媒介信息与受众。美国新媒介联合会将"新媒介素养"定义为"由听觉、视觉以及数字素养相互重叠共同构成的一整套能力与技巧，包括对视觉、听觉力量的理解能力，对这种力量的识别与使用能力，对数字媒介的控制与转换能力，对数字内容的普遍性传播能力以及轻易对数字内容进行再加工的能力"。② 新媒介素养在结构上迥异于传统媒介素养，出现了扁平化的拉伸趋势。在接触信息、传播信息、理解信息与运用媒介上，新媒介几乎提供了普通受众同传播者之间同等的地位与权力，拉平了传统媒介中传者与受众之间的巨大差距，使传统媒介素养的金字塔式结构向扁平结构转化。③ 新媒介素养是公民社会个体素养的重要组成部分，是信息时代不可或缺的社会"通行证"。它通过对媒介资源的"公平使用"，帮助人们成长为批判的思考者、有力的沟通者和积极的公民。

一、概念与核心技能

1997 年，我国学者卜卫发表国内第一篇论述媒介素养教育的论文——

---

① 叶耿标：《基于自媒体平台的传播伦理研究》，硕士毕业论文，广西大学新闻传播学院，2013。

② 李德刚、何玉：《新媒介素养：参与式文化背景下媒介素养教育的转向》，《中国广播电视学刊》2007 年第 12 期。

③ 余秀才：《全媒体时代的新媒介素养教育》，《现代传播（中国传媒大学学报）》2012 年第 2 期。

《论媒介教育的意义、内容和方法》，对"媒介素养"在西方发展演变的历史进行了追溯。新媒介素养的概念可以从参与式文化的角度来观察和思考：培养新媒介素养也可以说是拥有一项社会技能，包括一些判断和认知的核心技能。无论新媒介素养的概念如何演变，它都与整个社会及技术的发展密切相关，并不断向媒介素养的最终目标——人的全面化发展靠拢。① 芮必峰教授认为，新媒介素养至少应该具有正确认识新技术条件下的信息生产、掌握新媒体使用技能、具有理性交往能力等新内涵。② 大数据时代媒体人应该具备的"新媒介素养"，主要包括评判新媒介、新技术的新态度，运用新媒介、新技术的新技能，获取、解读、运用数据信息的新能力以及较高的职业伦理道德标准。③

新媒介素养不是用来进行个人表达的技巧，而是一项社会技能或者是在一个较大社区中的互动方式。青少年应该具备的新媒介素养有11大核心技能，即游戏能力、模拟能力、表演能力、挪用能力、多重任务处理能力、分布性认知能力、集体智慧能力、判断能力、跨媒介导航能力、网络能力、协商能力等等（如表14-1所示）。④

新媒介素养更强调互动交往的能力，个人传播的目的不仅是要表达自己的观点想法，更关键的是通过表达来参与社会的构建。新媒介素养教育的重点在于，指导人们理性认识媒介及信息，积极主动利用网络、手机等新媒介获取信息，同时具备正确使用新媒介参与传播活动的能力。在参与式文化背景下，新媒介素养水平反映在运用媒介信息进行互动交往的能力上，通过媒介实现个人与社会的交流、个人与周围环境之间的互动，达到不断完善自我的目的。

① 张琳：《"微"时代背景下大学生新媒介素养研究》，硕士学位论文，云南师范大学，2015。

② 芮必峰、陈夏蕊：《新传播技术呼唤新"媒介素养"》，《新闻界》2013第14期。

③ 杨宁：《大数据时代媒体人的新媒介素养》，《中国广播电视学刊》2015年第2期。

④ 李德刚、何玉：《新媒体素养：参与式文化背景下媒介素养教育的转向》，《中国广播电视学刊》2007年第12期。

表 14 - 1　新媒介素养能力框架①

能力要素	要求	能力示例
游戏	同环境一起做实验并将其作为一种解决问题的方式	通过拆装来了解某物体是如何工作的
表现	为了发现和即兴表演而采用其他身份的能力	为了体验新事物或者解决问题而采用不同的身份，例如在线游戏、角色扮演
模拟	解释和构造真实世界的动态模型能力	喜爱类似的东西
挪用	抽取有意义的媒体内容，进行内容的重新混合	综合他人的公开作品来完成创作，如混合音轨、艺术拼贴、视频剪辑
多任务	洞悉周围环境，根据需要转移注意力	听音乐的同时能够把功课做好
分布式认知	与能够扩展自己智力的工具进行有意义地交互的能力	想了解更多关于这个主题时，通常都知道该怎么做或者向谁咨询
集体智慧	与他人一起朝着一个共同的目标探索并切磋知识的能力	乐于同其他人一同工作
判断	判断不同信息源的信度和效度	能够有效判断通过网络获取的信息是否正确和可靠
跨媒介导航	在多模式中跟随故事情节和信息的能力	能够在不同平台（TV、杂志、网络、社交媒体）上跟随自己喜爱的节目、演员、音乐家等
网络	查找、综合和传播信息的能力	乐于在社交网络上分享喜爱的链接或有创新的作品
协商	在不同的社区间穿梭，挑战和尊重多种视角，把握和遵守规范	通过上网、在线游戏、参加在线社区或论坛学习新知识

---

① 李金城：《新媒介素养：概念与能力框架》，《浙江传媒学院学报》2017 年第 2 期。

二、新媒介素养存在的问题[①]

(一) 侵权现象严重

通过非正常途径，侵犯他人隐私的行为表现在黑客和人肉搜索两方面：黑客利用网络程序漏洞，窃取他人或组织的计算机密码、账户、文件或机密，以谋取不正当利益；人肉搜索行为通过现代信息科技，侵犯他人隐私。

(二) 信息解码偏差导致传播偏向

大众媒介信息传播的偏向造成受众理解失误，导致信息解码的失误与偏差。霍尔在"编码—解码"理论中将受众解码的模式分为三类：主导—霸权型、谈判型、对抗型。由于新媒介在信息编码方式上比传统媒介更复杂，往往兼具声音、视频、图片、文字等形式，是传统媒介信息符号的糅合，且新媒介传播的信息海量会让受众在信息海洋中无所适从，因此，新媒介受众在主导—霸权和对抗两种解码类型上，通常会出现解读的极端现象。如新媒介用户比传统媒介时代的受众更加盲从和躁动，在解码时也更加情绪化与极端化。在网络虚拟环境中，趣缘群体形成一个圈子，意见愈来愈集中和狭隘，形成群体极化现象。网民的狂躁极端表现甚至从线上谩骂转向线下行为。许多民众解码时的偏差与极端行为，虽与新媒介的特性相关，但与民众的新媒介素养低下有密切关系。

(三) 对新媒介的沉溺和依赖

许多人习惯于过去传统媒介的传播形式，难以跟上新媒介的最新发展步伐，从而在新媒介的运用上难以适应。另外，在新媒介素养中，了解新媒介属性并熟练运用是一个不断学习和实践的过程。许多青少年出现病态化的"新媒介依赖心理"——人人一部手机，不分时间和地点在刷屏，这对青少年的身心健康和学习是一大危害。

三、提高媒介素养的路径

(一) 树立正确的媒介观

(1) 要懂得媒介所塑造的世界是一个"拟态环境"，媒介对客观世界

---

① 余秀才：《全媒体时代的新媒介素养教育》，《现代传播（中国传媒大学学报）》2012 年第 2 期。

的反映是带有选择性的，并非完全客观真实的反映。新媒介素养教育就是告诉用户要理性分辨和正确认识媒介信息建构出来的世界。

（2）媒介对大众的世界观、人生观、价值观起到极其重要的作用。人们的世界观、价值观、人生观等都是在媒介的影响之下形成的，都带有媒介的烙印，甚至媒介对人们的影响不亚于学校和家庭教育的影响。新媒介素养就是要使网络用户正确认识到媒介信息背后所隐藏的深层含义，从而理性判断和取舍。

（二）信息处理能力

在信息爆炸的时代，受众的信息处理能力尤为关键。首先要学会批判和反思媒介及其内容、辨别信息的真伪、分析信息背后隐含的意义，在此基础之上对信息进行正确地取舍。其次，在媒介化社会中人们置身于信息的海洋中，往往很难找到自己所需的信息，因此只有提高辨别和过滤的能力，才能真正享受新媒介给人们带来的丰富资源。

四、新媒介素养教育①

新媒介素养教育实施的情况包括：集中对新媒介的考察和运用；立体化、全方位的渗透；分散零碎，尚无整体性的教学体系；实验意味强，教育实践与理论建构互相支持等。

（一）实施主体

新媒介素养需要在教育实践中发展成熟。对很多科研机构和研究者而言，学校是必不可少的实验基地，因而最佳方式是与中小学校合作，一方面可从中小学的教学中汲取和总结经验，另一方面也可试验或推广科研成果。在美国，不少高等院校或研究机构都成立相关的科研项目、计划、工作坊等，相关活动开展得如火如荼，成为推动新媒介素养教育实践的一支先锋力量。像新媒介素养领军人物亨利·詹金斯所在的麻省理工学院的比较媒介研究项目（MIT's Comparative Media Studies program，简称 CMS），与各地中小学合作开展了不少促进青少年新媒介素养的活动。除了科研机构外，还有一些社会力量，如社会团体、民间协会、非营利性组织，甚至个人名义的教育项目、活动等，也是推动新媒介素养教育实践的积极力量。

---

① 曹洵：《西方新媒介素养教育：现状与趋势》，《青年探索》2013 年第 5 期。

（二）教学设计与内容

在新媒介素养的教育设计与内容方面，目前多以项目的方式推动，每个项目有相对明确的主题和教学目标。比较典型的如麻省理工学院"新媒介素养工程"，针对不同维度的新媒介素养能力开发了不同主题的教育活动，旨在培养学生的挪用能力的活动——首先启发学生思考，如将现有的一种媒介，如书、电影、电视剧、漫画书的内容，转换为电子或电脑游戏的形式，应该怎么做？接着撰写报告介绍其游戏设计。另一个以训练跨媒介导航能力为目的的活动，要求运用文本、演示文稿（PPT）、故事板、相机、摄像机等不同媒介来讲述同一个故事，从中激发学生思考每种媒介对故事的整体经验所造成的影响。而培养学生判断媒介的"真实"和"虚构"表达能力的活动，则让学生搜集表现某一事件的照片，教师教导学生如何通过更换图片使事件意义发生改变，帮学生树立"文本是多义的，意义是建构而成"的观点。

（三）教学方法

尽管具体的教学手段、策略灵活多样，但教学方法的核心是"参与"——以学生为中心的、强调学生的体验与愉悦的参与式教学方法。媒介素养教育存在两种互不相容的理论视角，文化研究视角和预防视角。前者看重学生对媒介的体验，教学法不仅包括以学生为中心的意义理解过程，而且尝试提高学生在体验媒介时的愉悦程度。后者将媒介素养教育视为保护年轻人不受媒介侵害的工具，这种理念在当前仍有极大影响力。在新媒介素养教育上，有的国家采用文化研究的指导思想，这是新媒介素养教育一个突出表现。

（四）发展趋势

通过对新媒介素养的发展现状的介绍和特点总结，在相关教育实践领域有如下的发展趋势：①

1. 青少年群体仍是主要的教育对象

青少年是最迫切需要、也是最便于进行教育的对象，因而在今后很长的一段时间内，青少年群体，特别是在校中小学生仍将是主要的研究和教育实践对象，相应的教育理论也将主要适用于青少年群体。

---

① 曹洵：《西方新媒介素养教育：现状与趋势》，《青年探索》2013 年第 5 期。

2. 从课堂教学向课外、家庭、社会更大范围辐射

随着"媒介是一个环境，而不只是一种工具"的媒介观在新媒介环境下逐步得到公认，新媒介素养教育也要求建立起一个"家庭—学校—社会"互相联系的立体网络以便更好实现教育目标，因而接下来将会以学校为中心阵地，进一步扩大教育范围，带动全社会更多力量参与。

3. 进一步整合教育资源

随着研究的深入，要求统一认识、整合资源的愿望也会越来越强烈，客观条件也会日趋成熟。最终在新媒介素养的核心理念、主要内涵等理论基础和基本框架方面达成共识，促进全国范围内教育资源的有机整合。在我国，目前要形成统一的教材、具体的教育方针还不太现实，但在核心概念上形成共识是可能的。

4. "新媒介素养"理论进一步发展成熟

寻求理论的合理性和方法的科学性，很多教学方法、策略均借鉴于或直接来源于已有的教育理论、理念，如游戏式学习、协作式学习、参与式学习、远程学习、同伴学习等等。

本章小结

自媒体伦理是人们在自媒体使用行为中所有道德关系的总和，存在于自媒体传播中的各个环节，主体在自媒体平台中进行信息的生产、积累、共享和传播。网络新闻道德失范现象正日益引起关注。对这些现象的类型进行归纳并对其危害进行分析极其必要。网络新闻道德失范主要有虚假新闻充斥、不良信息泛滥、侵权现象严重以及舆论导向偏失等四类现象。网络游戏是一个将游戏通过网络从发送到接收的过程，其中涉及的主体至少包括：发送者、接收者和网络管理者等。网络游戏所带来的影响，有正面也有负面的，这些影响的大小和三方主体密切相关。新媒介伦理体系的建立，需围绕三个关系的建立展开，即媒介与人的关系、媒介与媒介的关系、媒介与社会的关系。"新媒介素养"，主要应该包括评判新媒介、新技术的新态度，运用新媒介、新技能获取、解读信息的新能力。当前新媒介素养教育实施的情况包括：集中对新媒介的考察和运用；立体化、全方位的渗透；分散零碎，尚无整体性的教学体系；实验意味强，教育实践与理论建构互相支持。

关键名词

新媒介素养；过度分享；道德恐慌；"编码—解码"；媒介人

思考题

1. 自媒体传播伦理的特点是什么？
2. 网络新闻伦理失范表现在哪些方面？
3. 新媒介暴力包括哪些？
4. 亚文化的价值冲突表现在哪些方面？
5. 网络游戏管理者的伦理责任有哪些？
6. 新媒介素养教育的发展趋向是什么？

延伸阅读

1. 牛静：《新闻传播伦理与法规：理论及案例评析》，复旦大学出版社，2015。

2. 韩爱平，张玉玲：《网络新闻传播伦理》，河南大学出版社，2016。

参考文献

一、专著

[1]《互联网时代》主创团队. 互联网时代[M]. 北京:北京联合出版公司,2015.

[2]斯丹迪奇. 从莎草纸到互联网:社交媒体 2000 年[M]. 林华,译. 北京:中信出版社,2015.

[3]范卫锋. 新媒体十讲[M]. 北京:中信出版社,2015.

[4]腾讯传媒研究院. 众媒时代:文字、图像与声音的新世界秩序[M]. 北京:中信出版社,2016.

[5]卡斯特. 网络社会:跨文化的视角[M]. 周凯,译. 北京:社会科学文献出版社,2009.

[6]蔡之文. 网络传播革命:权力与规制[M]. 上海:上海人民出版社,2011.

[7]查德威克. 互联网政治学:国家、公民与新传播技术[M]. 任孟山,译. 北京:华夏出版社,2010.

[8]卡斯特. 网络社会的崛起[M]. 夏铸九,王志宏,等译. 北京:社会科学文献出版社,2001.

[9]卡斯特尔等. 移动通信与社会变迁:全球视角下的社会变革[M]. 傅玉辉,何睿,薛辉,译. 北京:清华大学出版社,2014.

[10]李普曼. 幻影公众[M]. 林牧茵,译. 上海:复旦大学出版社,2013.

[11]特纳. 普通人与媒介:民众化转向[M]. 许静,译. 北京:北京大学出

版社,2011.

［12］塞勒.移动浪潮［M］.邹涛,译.北京:中信出版社,2013.

［13］李彦宏,等.智能革命:迎接人工智能时代的社会、经济与文化变革［M］.北京:中信出版社,2017.

［14］艾登,米歇尔.可视化未来:数据透视下的人文大趋势［M］.王彤彤,沈华伟,程学旗,译.杭州:浙江人民出版社,2015.

［15］迈尔－舍恩伯格,库克耶.大数据时代［M］.盛杨燕,周涛,译.杭州:浙江人民出版社,2013.

［16］洛尔.大数据主义［M］.胡小说,朱胜超,译.中信出版社,2015.

［17］西门柳上,马国良,刘清华.正在爆发的互联网革［M］.北京:机械工业出版社,2009.

［18］格雷厄姆,达顿.另一个地球:互联网＋社会［M］.胡泳,等译.北京:电子工业出版社,2015.

［19］麦克卢汉,秦格龙.麦克卢汉精粹［M］.何道宽,译.南京:南京大学出版社,2000.

［20］施拉姆,波特.传播学概论［M］.陈亮,周立方,李启,译.北京:新华出版社,1984.

［21］阿尔蒙德,鲍威尔.比较政治学:体系、过程和政策［M］.曹沛霖,郑世平,公婷,等译.上海:上海译文出版社,1987.

［22］麦克卢汉.理解媒介:论人的延伸［M］.何道宽,译.北京:商务印书馆,2000.

［23］北京大学文化产业研究院,人民网研究院.快乐消费的文化底色:网络游戏评论文集［M］.北京:人民日报出版社,2012.

［24］李良荣.网络与新媒体概论［M］.北京:高等教育出版社,2014.

［25］刘津.博客传播［M］.北京:清华大学出版社,2008.

［26］李永刚.我们的防火墙［M］.桂林:广西师范大学出版社,2009.

［27］拉奥,斯加鲁菲.硅谷百年史:伟大的科技创新与创业历程:1900～2013［M］.闫景立,侯爱华,译.北京:人民邮电出版社,2014.

［28］唐旭军.中国新媒体发展报告(2017)［M］.北京:社会科学文献出版社,2017.

［29］彭兰.社会化媒体:理论与实践解析［M］.北京:中国人民大学出版

社,2015.

　　[30]弗雷泽,杜塔.社交网络改变世界[M].谈冠华,郭小花,译.北京:中国人民大学出版社,2013.

　　[31]豪.众包:大众力量缘何推动商业未来[M].牛文静,译.北京:中信出版社,2009.

　　[32]张国良.互联网与中国20年:变革与创新[M].上海:上海人民出版社,2016.

　　[33]黄旦.新闻传播学[M].修订版.杭州:浙江大学出版社,1997.

　　[34]喻国明,等.新闻传播的大数据时代[M].北京:中国人民大学出版社,2014.

二、期刊文章

　　[1]彭宇,庞景月,刘大同,等.大数据:内涵、技术体系与展望[J].电子测量与仪器学报,2015,29(4):469－482.

　　[2]喻国明.大数据方法:新闻传播理论与实践的范式创新[J].新闻与写作,2014(12):43－45.

　　[3]喻国明.大数据方法与新闻传播创新:从理论定义到操作路线[J].江淮论坛,2014(4):5－7,2.

　　[4]杨雅.大数据分析与可视化技术:新闻传播的新范式——"大数据与新闻传播创新"研讨会综述[J].国际新闻界,2014,36(3):161－168.

　　[5]李金城.新媒介素养:概念与能力框架[J].浙江传媒学院学报,2017,24(2):15－19.

　　[6]吴小坤.大数据时代新闻传播学研究的重构与进路[J].南京社会科学,2016(11).

　　[7]张志安,曹艳辉.大数据与新闻传播研究:热点与反思[J].中国出版,2017(10):3－11.

　　[8]刘义昆.大数据时代的数据新闻生产:现状、影响与反思[J].现代传播,2014,36(11):103－106.

　　[9]郑保卫,叶俊.从印刷、电报到互联网:论马克思主义媒介技术观的历史演变[J].新闻大学,2016(2):20－28,147.

　　[10]王永周,邓燕.基于大数据预测的消费者购买决策行为分析[J].商

业经济研究,2016(23):40 – 42.

[11]欧阳日辉.从"+互联网"到"互联网+":技术革命如何孕育新型经济社会形态[J].人民论坛·学术前沿,2015(10):25 – 38.

[12]陈建功,李晓东.中国互联网发展的历史阶段划分[J].互联网天地,2014(3):6 – 14.

[13]樊拥军.BAT"三国争霸"的传媒经济战略共性[J].传媒观察,2015(4):22 – 24.

[14]王国华,骆毅.论"互联网+"下的社会治理转型[J].人民论坛·学术前沿,2015(10):39 – 51.

[15]于峰,卢瑾.政治参与:参与式民主的核心[J].人民论坛,2011(10):52 – 53.

[16]匡小阳,邹艳斌.网络媒体助推新型公民政治文化的形成和发展[J].苏州科技学院学报(社会科学版),2005,11(4):133 – 137.

[17]胡洁萍,杨树林,孙丽.新媒体的特征及其发展趋势探析[J].北京印刷学院学报,2014(5):22 – 24,45.

[18]彭兰."新媒体"概念界定的三条线索[J].新闻与传播研究,2016(3):120 – 125.

[19]杜国清,黄升民,邵华冬,等.楼宇电视新媒体产业发展对策研究[J].现代传播(中国传媒大学学报),2015(12):9 – 13.

[20]高红波.视听新媒体节目的类型与特征[J].编辑之友,2013(9):80 – 83.

[21]王勇.媒介新技术、新媒介环境与青少年社会化[J].湘潭大学学报(哲学社会科学版),2010(1):91 – 94,98.

[22]童兵.新媒体时代舆论表达和舆论引导新格局[J].新闻爱好者,2014(7):5 – 7.

[23]陈力丹,毛堪文.时空紧张感:新媒体影响生活的另一种后果[J].新闻记者,2014(1):66 – 71.

[24]周瑞金."新意见阶层"在网上崛起[J].炎黄春秋,2009(3):52 – 57.

[25]童兵.官方民间舆论场异同剖析[J].人民论坛,2012(13):34 – 36.

[26]全燕."后真相时代"社交网络的信任异化现象研究[J].南京社会

科学,2017(7):112-119.

[27]周睿鸣,刘于思.客观事实已经无效了吗:"后真相"语境下事实查验的发展、效果与未来[J].新闻记者,2017(1):36-44.

[28]张丽宁.基于"长尾理论"的图书馆信息服务模式的变革[J].图书馆论坛,2008(1):95-97,56.

[29]王姝,陈劲,梁靓.网络众包模式的协同自组织创新效应分析[J].科研管理,2014(4):26-33.

[30]冯小亮,黄敏学.众包模式中问题解决者参与动机机制研究[J].商业经济与管理,2013(4):25-35.

[31]袁宏伟.基于互联网的"免费"商业模式创新研究[J].商业研究,2010(12):192-196.

[32]李涵.网络环境下个人信息"被遗忘权"研究[J].当代传播,2016(3):75-79.

[33]李艺.大数据时代的被遗忘权[J].当代传播,2016(2):74-77.

[34]史昱天,赵宇翔,朱庆华.代际学习:连接数字原住民和数字移民的新兴研究领域[J].图书与情报,2017(2):63-71.

[35]Mec 尚扬媒介中国."数字原住民"的真需求[J].中国广告,2012(3):46-47.

[36]李舒欣,赵宇翔.新媒体环境下数字移民的媒介素养探索:基于智能手机应用的扎根分析[J].图书情报工作,2016(17):94-102.

[37]杨建宇.数字难民的数字机遇:创建包容性信息社会的政策重点[J].青年记者,2013(24):38-39.

[38]崔明健.论手机网民知情权的公益诉讼救济:以手机网民知情权的法律特征分析为基础[J].济南大学学报(社会科学版),2016(1):50-55.

[39]张文壕,祝天智.关于我国网络民主的主体探究:基于形成、结构和特点的分析[J].岭南学刊,2014(2):10-15,93.

[40]倪志娟.网络空间的性别问题[J].中州大学学报,2005(3):108-110.

[41]王小波.网络化与社会性别结构[J].天津社会科学,2005(1):75-78.

[42]杨威,张秋波,兰月新,等.网民规模和结构对网络舆情的驱动影响

[J].现代情报,2015(4):145 – 149,158.

　　[43]康彬.新媒体时代的受众研究:由麦奎尔的《受众分析》谈起[J].新闻知识,2011(1):30 – 32.

　　[44]杨光宗,刘钰婧.从"受众"到"用户":历史、现实与未来[J].现代传播(中国传媒大学学报),2017(7):31 – 35.

　　[45]冷亚军,陆青,梁昌勇.协同过滤推荐技术综述[J].模式识别与人工智能,2014(8):720 – 734.

　　[46]朱夏,宋爱波,东方,等.云计算环境下基于协同过滤的个性化推荐机制[J].计算机研究与发展,2014(10):2255 – 2269.

　　[47]王利明.人格权法的发展与完善:以人格尊严的保护为视角[J].法律科学(西北政法大学学报),2012(4):167 – 175.

　　[48]郝永华,周芳.人肉搜索的第一个十年(2001—2012):基于集体行为理论的实证研究[J].现代传播(中国传媒大学学报),2013(3):129 – 134.

　　[49]丁一,郭伏,胡名彩,等.用户体验国内外研究综述[J].工业工程与管理,2014(4):92 – 97,114.

　　[50]张小强,郭然浩.媒介传播从受众到用户模式的转变与媒介融合[J].科技与出版,2015(7):123 – 128.

　　[51]葛自发.新媒体对"积极受众"的建构与解构[J].当代传播,2014(1):71 – 73.

　　[52]曹海峰.分众时代:小众传播趋势下大众文化现象与研究[J].大连理工大学学报(社会科学版),2009(2):115 – 118.

　　[53]吴鼎铭.网络"受众"的劳工化:传播政治经济学视角下网络"受众"的产业地位研究[J].国际新闻界,2017(6):124 – 137.

　　[54]彭宇,庞景月,刘大同,等.大数据:内涵.技术体系与展望[J].电子测量与仪器学报,2015(4):469 – 482.

　　[55]喻国明.大数据方法:新闻传播理论与实践的范式创新[J].新闻与写作,2014(12):43 – 45.

　　[56]杨雅.大数据分析与可视化技术:新闻传播的新范式——"大数据与新闻传播创新"研讨会综述[J].国际新闻界,2014(3):161 – 168.

　　[57]刘义昆.大数据时代的数据新闻生产:现状、影响与反思[J].现代传播(中国传媒大学学报),2014(11):103 – 106.

［58］张志安,曹艳辉.大数据与新闻传播研究:热点与反思［J］.中国出版,2017(10):3－11.

［59］倪宁.大数据时代的传播观念变革［J］.西北大学学报(哲学社会科学版),2014(1):139－145.

［60］喻国明,郭超凯,王美莹,等.人工智能驱动下的智能传媒运作范式的考察:兼介美联社的智媒实践［J］.江淮论坛,2017(3):134－138,15.

［61］吕尚彬,刘奕夫.传媒智能化与智能传媒［J］.当代传播,2016(4):4－8.

［62］刘芬.人工智能与新媒体的进化路径［J］.中国传媒科技,2016(10):18－20.

［63］刘通,熊忠辉.智能技术:传媒业态未来发展的核心能力［J］.视听界,2016(4):23－27.

［64］何慧媛,贺俊浩.人工智能时代来临,媒体如何创新转型:“人工智能与媒体未来”研讨会综述［J］.中国传媒科技,2016(12):5－12.

［65］官建文.人工智能会给新闻业带来什么［J］.新闻与写作,2017(6):67－68.

［66］梁智勇,郑俊婷.人工智能技术对新闻生产的影响与再造［J］.中国记者,2016(11):72－75.

［67］潘晴晴.人工智能:开启人机合作新型传播方式［J］.现代试听,2017(4):44－47.

［68］陈昌凤,石泽.技术与价值的理性交往:人工智能时代信息传播:算法推荐工具理性与价值理性的思考［J］.新闻战线,2017(17):71－74.

［69］白红义.平衡速度与深度的“钻石模型”:移动互联网时代的新闻生产策略［J］.新闻实践,2010(6):29－31.

［70］赵雅文.网络传播“新闻标签”的价值及作用［J］.新闻大学,2010(1):75－79.

［71］上海交通大学舆情研究实验室.2014年中国网络舆情研究报告［J］.新闻记者,2015(2):21－28.

［72］唐涛.基于大数据的网络舆情分析方法研究［J］.现代情报,2014(3):3－6,11.

［73］高歌,张艺炜,黄微.多媒体网络舆情演进机理研究［J］.图书情报

工作，2015(21):6-14.

[74]魏超.新媒体技术发展对网络舆情信息工作的影响研究[J].图书情报工作,2014(1):30-34,71.

[75]徐迅雷.发现"公民网络围观年"[J].观察与思考,2011(2):24-26.

[76]乔莉萍,刘慧卿.如何使网络围观现象发挥积极效应[J].传媒观察,2011(8):11-13.

[77]张明杰.牢牢把握网上舆论工作主动权:学习习近平关于做好网上舆论工作的重要论述[J].党的文献,2017(2):19-25.

[78]王国华,冯伟,王雅蕾.基于网络舆情分类的舆情应对研究[J].情报杂志,2013(5):1-4.

[79]刘小三.互联网思维下的新媒体营销探析[J].互联网天地,2014(5):40-43.

[80]马智萍.新媒体营销策略研究[J].中国集体经济,2014(16):55-56.

[81]佘双好.当代社会思潮的内涵、特征及其研究意义[J].学校党建与思想教育,2011(19):7-11.

[82]张军,张俊华.当代社会思潮对我国主流意识形态的影响分析[J].理论探讨,2016(1):73-76.

[83]毕红梅,李婉玉.移动互联网时代社会思潮的传播特征及引领路径:基于主流意识形态建设的视角[J].思想教育研究,2016(5):47-51.

[84]王多.冲击力、行动力与控制力:新媒体与执政权力关系的思考[J].华东师范大学学报(社会科学版),2017(3):23-26.

[85]赵鼎新.西方社会运动与革命理论发展之述评:站在中国的角度思考[J].社会学研究,2005(1):168-209,248.

[86]刘颖.反全球化运动:新社会运动理论的视角[J].欧洲研究,2005(2):58-72,2.

[87]杨雄、雷开春."新社会运动"视野下的青年集体行动[J].青年探索,2016(1):48-54.

[88]赵春丽,朱程程.新媒体在转型国家社会运动中的角色及启示:从"阿拉伯之春"看新媒体的政治角色[J].社会主义研究,2015(2):148-155.

[89]蔡立辉.论公共管理的特征与方法[J].武汉大学学报(哲学社会科学版),2002(4):432-439.

[90]杨宁.大数据时代媒体人的新媒介素养[J].中国广播电视学刊,2015(2):89-92.

[91]邓力.新媒体环境下的集体行动动员机制:组织与个体双层面的分析[J].国际新闻界,2016(9):60-74.

[92]魏超.新媒体技术发展对网络舆情信息工作的影响研究[J].图书情报工作,2014(1):30-34,71.

[93]邱林川,苗伟山.反思新媒体事件研究:邱林川教授访谈录[J].国际新闻界,2016(7):11-23.

[94]翟杉.我国微博政治参与研究[J].湖南社会科学,2011(6):9-12.

[95]曹洵.西方新媒介素养教育:现状与趋势[J].青年探索,2013(5):51-56.

[96]马中红.新媒介与青年亚文化转向[J].文艺研究,2010(12):104-112.

[97]蔡骐.新视野与青年亚文化研究[J].青年学报,2017(3):7-13.

[98]罗自文.网络趣缘群体的基本特征与传播模式研究:基于6个典型网络趣缘群体的实证分析[J].新闻与传播研究,2013(4):101-111,128.

[99]芮必峰,陈夏蕊.新传播技术呼唤新"媒介素养"[J].新闻界,2013(14):62-66.

[100]陈霖.新媒介空间与青年亚文化传播[J].江苏社会科学,2016(4):199-205.

[101]林品.青年亚文化与官方意识形态的"双向破壁":"二次元民族主义"的兴起[J].探索与争鸣,2016(2):69-72.

[102]林拓."互联网+游戏":影响未来的"边缘革命"[J].华东师范大学学报(哲学与社会科学版),2017(3):22-23.

[103]方兴东,张静.中国特色的网络治理演进历程和治网之道:中国网络治理史纲和中国路径模式的选择[J].汕头大学学报(人文社会科学版),2016(2):5-18,2,94.

[104]胡泳,车乐格尔."网络主权"辨析[J].新闻与传播研究,2016

（1）:102 – 110.

　　［105］李文冰,强月新.传播社会学视角下的网络传播伦理失范治理［J］.湖北大学学报（哲学社会科学版）,2015(2):13 – 18,148.

　　［106］刘明洋,吕晓峰.媒介化社会视角下的新媒介伦理建构［J］.山东社会科学,2017(8):113 – 118.

　　［107］陈霖.新媒介时代青年亚文化的伦理冲突及其建设性资源［J］.青年探索,2013(6):13 – 18.

　　［108］虎业勤,沈继睿.“新新媒介”的伦理问题与对策研究［J］.华北水利水电学院学报（社会科学版）,2012(5):81 – 84.

　　［109］李德刚,何玉.新媒介素养参与式文化背景下媒介素养教育的转向［J］.中国广播电视学刊,2007(12):39 – 40.

　　［110］余秀才.全媒体时代的新媒介素养教育［J］.现代传播（中国传媒大学学报）,2012(2):116 – 119.

三、报纸

　　［1］蔡肖兵.大数据,难点是求真［N］.人民日报,2014 – 05 – 13(21).

　　［2］王臣.BAT 江湖加速影视 IP 增值　视频网站盈利突围待考［N］.21世纪经济报道,2015 – 11 – 10(20).

　　［3］张天潘.互联网亚文化:从虚拟进入现实［N］.南方都市报,2017 – 09 – 10(AA19).

　　［4］陈炜敏.“网络直播 +”时代到来?［N］.济南日报,2016 – 07 – 07(B01).

　　［5］刘阳.谁来戳破在线直播的泡沫［N］.人民日报,2016 – 08 – 04(17).

　　［6］李铎.年收入为何能破亿? 网红商业运作解密［N］.北京商报,2016 – 02 – 03,(D1).

　　［7］喻国明.基于互联网逻辑的媒体发展趋势［N］.人民日报,2015 – 04 – 19(5).

　　［8］陈莹,辛璐.提高农村网民媒介素养［N］.吉林日报,2015 – 11 –07(7).

　　［9］阎密.阿里新乡村研究中心:2018 年中国农村网民规模将达 2.4 亿［N］.国际商报,2017 – 02 – 13(A8).

［10］宣言.不能让算法决定内容［N］.人民日报,2017－10－05(4).

［11］张意轩,于洋.大数据时代的大媒体［N］.人民日报,2013－01－17(14).

四、学位论文

［1］张冠文.互联网交往形态的演化:媒介环境学的技术文化史视角［D］.山东大学,2013.

［2］张翔.中国青年手机网民手机人际交往的使用与满足［D］.南京大学,2012.

［3］梁慧婷.网民新闻跟帖中的语言暴力研究［D］.湘潭大学,2016.

［4］陈璟浩.突发公共事件网络舆情演化研究［D］.武汉大学,2014.

［5］常锐.群体性事件的网络舆情及其治理模式与机制研究［D］.吉林大学,2012.

［6］方付建.突发事件网络舆情演变研究［D］.华中科技大学,2011.

［7］黄舒蔚.网络围观现象研究［D］.湖南师范大学,2012.

［8］张莉芳.微信自媒体运营模式研究［D］.黑龙江大学,2016.

［9］周路.自媒体的运营策略研究:以《罗辑思维》为例［D］.江西师范大学,2015.

［10］李东.作为变革诱因的新媒介:传播与当代中国社会文化变革［D］.武汉大学,2014.

［11］于菁竹.二次元的迷因:日本动漫标志性视觉的启示［D］.中央民族大学,2016.

［12］徐萌.“粉红经济”影响下小众首饰的现状及发展趋势研究［D］.中国地质大学,2016.

［13］卢辉灿.传播过程视域下微博传播伦理研究［D］.华南理工大学,2013.

［14］朱严峰.自媒体伦理研究［D］.广西大学,2013.

［15］孟彩珍.试论网络新闻的伦理建构［D］.北京邮电大学,2009.

［16］叶耿标.基于自媒体平台的传播伦理研究［D］.广西大学,2013.

［17］方文洁.网络游戏传播的伦理分析［D］.华中师范大学,2014.

［18］张琳.“微”时代背景下大学生新媒介素养研究［D］.云南师范大

学,2015.

五、网络资源

[1]陈琳,沈晴. 新社交媒介的二次元时代[EB/OL]. (2014 – 07 – 11)[2018 – 07 – 11]. http://tech. sina. com. cn/i/2014 – 07 – 11/04189487578. shtml.

[2]腾讯游戏. 2015—2016 中国泛娱乐产业发展白皮书[EB/OL]. (2016 – 03 – 07)[2018 – 07 – 26]. http://games. qq. com/a/20160307/052889. htm

[3]胡泳. 关于互联网的十一种隐喻[EB/OL]. (2015 – 01 – 21)[2018 – 08 – 10]. http://sike. news. cn/statics/sike/posts/2015/01/218851741. html

[4]王玄. 二次元群体,真的需要一个专属社交平台吗?[EB/OL]. (2015 – 10 – 18)[2018 – 07 – 11]. http://www. tmtpost. com/1445107. html.

[5]《第二人生》[EB/OL]. [2018 – 07 – 01]. http://www. baike. com/wiki/《第二人生》.

[6]豆瓣网. 赛博空间独立宣言[EB/OL]. (2011 – 06 – 29)[2018 – 07 – 01]. https://www. douban. com/group/topic/20771202/.

[7]Ivy Wigmore,卢雪译. 雾计算 fog computing[EB/OL]. (2014 – 04 – 16)[2018 – 08 – 12]. http://www. cstor. cn/textdetail_9207. html.

[8]周逸梅. 首家图像识别与纸媒结合 京华时报云报纸首发[EB/OL]. (2012 – 05 – 17)[2018 – 07 – 01]. http://media. sohu. com/20120517/n343396758. shtml.

[9]百度百科. 车载电视[EB/OL]. [2018 – 07 – 01]. https://baike. baidu. com/item/车载电视/416969.

[10]networking social[EB/OL]. [2018 – 08 – 12]. http://www. baike. com/wiki/social + networking.

[11]文化部. 文化部关于加强网络表演管理工作的通知:文市发〔2016〕12 号[EB/OL]. (2016 – 07 – 07)[2018 – 07 – 01]. http://www. gov. cn/xin-wen/2016 – 07/07/content_5089153. htm.

[12]中国日报网. "网络直播平台"治理. [EB/OL]. (2016 – 05 – 09)[2018 – 07 – 01]. http://language. chinadaily. com. cn/2016 – 05/09/content_

25155817. htm.

　　[13]新浪科技. 传重庆日报旗下三家报纸将合并 或近期宣布[EB/OL]. (2017 – 08 – 31)[2018 – 07 – 27]. http：//tech. sina. com. cn/2017 – 08 –31/doc – ifykpysa2096541. shtml.

　　[14]杨逸. 网易新闻专题是怎么刷爆微信朋友圈的？[EB/OL]. (2014 – 11 –28)[2018 –07 –01]. http：//www. pingwest. com/a/40087.

　　[15]全媒派. 两会报道解读：从"自嗨"到刷屏，今年两会央媒玩得有点"猛"[EB/OL]. (2017 –03 –13)[2018 –07 –01]. http：//news. qq. com/a/20170313/050925. htm.

　　[16]童兵. "互联网 +"的发展对媒介环境的冲击与改变[EB/OL]. (2017 –06 –24)[2018 –07 –27]. http：//www. sohu. com/a/151592066_405942.

　　[17]沙雪良. 中央统战部：新媒体从业人员属于新的社会阶层人士[EB/OL]. (2016 – 07 – 05)[2018 – 07 – 27]. http：//www. xinhuanet. com/zgjx/2016 –07/05/c_135489506. htm.

　　[18]中国互联网络信息中心. 权威发布：中国网民规模已达 7. 51 亿，手机网民占 96. 3%[EB/OL]. (2017 – 08 – 04)[2018 – 07 – 25]. http：//www. sohu. com/a/162200457_114760.

　　[19]张志安. 媒体格局重构背景下，怎样把握用户未来？[EB/OL]. (2017 – 09 – 01)[2018 –07 –02]. http：//www. sohu. com/a/168905958_465245.

　　[20]吴晨光. 2 000 万自媒体人必读：吴晨光内容分发新逻辑全揭秘[EB/OL]. (2017 – 09 – 02)[2018 – 07 – 20]. http：//www. sohu. com/a/169133294_440492.

　　[21]中华网. 重点新闻网站发展历程[EB/OL]. (2015 –08 –04)[2018 – 08 –12]. http：//media. china. com. cn/cmyj/2015 –08 –04/478956. html.

　　[22]全媒派. 什么样的资讯短视频更受欢迎？腾讯新闻提出了十条"军规"[EB/OL]. (2017 – 06 – 09)[2018 – 07 – 21]. http：//www. sohu. com/a/147374890_465296.

　　[23]流光逐云. 快看漫画：一场刚成了"一半"的生意[EB/OL]. (2014 – 12 –15)[2018 –07 –10]. http：//www. huxiu. com/article/103956/1. html.

　　[24]徐志斌. 如何利用短视频，精准营销引爆市场？[EB/OL]. (2017 – 10 –19)[2017 –10 –19]. http：//www. sohu. com/a/198888558_114819.

[25]王融.中国互联网监管二十年[EB/OL].(2017 – 08 – 10)[2018 – 08 – 01].http://www.tisi.org/4944.

[26]凤凰游戏.独特的文化现象 二次元正向传统文化发起冲击[EB/OL].(2015 – 11 – 23)[2018 – 07 – 24].http://games.ifeng.com/a/20151123/41511331_0.shtml.

[27]张庆杰.亚文化资本的转换:"同道大叔"的星座文化帝国[EB/OL].(2017 – 07 – 19)[2018 – 07 – 25].https://baijiahao.baidu.com/s? id = 1573415398317005&wfr = spider&for = pc.

[28]魔漫,脸萌,bilibili……漫画与社交结合的五种体位[EB/OL].(2015 – 06 – 01)[2018 – 07 – 26].http://www.sohu.com/a/17100823_115207.

后 记

    网络与新媒体专业是顺应移动媒介发展、融合而产生的新闻与传播学类新专业。2012 年教育部开始组织申报该专业，到 2017 年，全国将近 170 所高校设置了该专业，其发展势头之猛可见一斑。从 2014 年到这本书成稿之前，编者承担了 4 届《网络与新媒体概论》课教学，发现本课程缺少基于完整、系统的教学实践而形成的教材，这是编写本教材的动因。

    在本门课程的内容架构、教学模式上，陕西师范大学网络与新媒体系教学团队一直在探索、总结和反思，这构成了本教材的特色。在大类招生模式下，部分同学会分流到其他专业去学习，因此，本教材更在意给读者呈现出一幅知识地图，想传达的观点是，新媒体嵌入到日常生活的结构中，不要再试图把生活划分为线上线下，不要秉持一种二元对立的观点，日常生活理应包括新媒体所带来的一切，在"互联网＋"时代，不论将来从事什么职业，具备良好的新媒体素养都是必要的。在新媒体空间，哪里的人群密集，本课程的教学实践关注点就应转移到那里。基于此，编者特意把与青年有关的新媒体使用编入教材，比如网络游戏、青年文化、新社会运动、大数据、智能传媒等内容。当然，在教学实践中，这些内容也是同学们颇为感兴趣的。

    感谢陕西师范大学新闻与传播学院领导给予本教材大力支持，感谢本教材编辑张建明老师的辛苦工作。

    本教材适用于中高校的网络与新媒体专业学生及相关爱好者。

    教材中有少量文字和图片无法标注出处，请作者联系本书编者，我们将按照著作权法中的规定来处理。囿于编者的学识和能力，本教材难免存在不足，敬请批评指正。

编　者

2018 年处暑